U0165092

农政与财政

明清社会经济

吴　滔　著

中华书局

图书在版编目(CIP)数据

农政与财政:明清社会经济/吴滔著. —北京:中华书局,
2024.4
(中大史学文丛)
ISBN 978-7-101-16324-7

Ⅰ.农…　Ⅱ.吴…　Ⅲ.中国经济史-研究-明清时代
Ⅳ.F129.48

中国国家版本馆 CIP 数据核字(2023)第 163761 号

书　　名	农政与财政:明清社会经济
著　　者	吴　滔
丛 书 名	中大史学文丛
责任编辑	欧阳红
责任印制	陈丽娜
出版发行	中华书局
	（北京市丰台区太平桥西里38号　100073）
	http://www.zhbc.com.cn
	E-mail:zhbc@zhbc.com.cn
印　　刷	河北新华第一印刷有限责任公司
版　　次	2024 年 4 月第 1 版
	2024 年 4 月第 1 次印刷
规　　格	开本/920×1250 毫米　1/32
	印张 10⅛　插页 2　字数 263 千字
印　　数	1-1500 册
国际书号	ISBN 978-7-101-16324-7
定　　价	62.00 元

《中大史学文丛》编辑说明

　　中山大学历史学科肇始于学校创立之日，近百年来，始终在中国学术界占有重要的一席之地。在中国现代学术史上影响深远的"中研院历史语言研究所"，即在中山大学筹设。1952年，岭南大学并入中山大学，历史系由此兼祧两校史学之学脉。傅斯年、顾颉刚、陈寅恪、岑仲勉、梁方仲、朱希祖、刘节、朱谦之、陈序经、罗香林、容肇祖、端木正、戴裔煊、梁钊韬、朱杰勤、金应熙、陈锡祺、蒋湘泽、何肇发等多位大师、名家，先后在历史系任教，为历史系奠定了丰厚的基础和优秀的传统。他们的学术事业，构成中国现代史学史上的精彩篇章，他们创设并发展的诸多学术领域，至今仍为历史系具有特色和优势的学术园地。其教泽绵长，历史系历代学人均受沾溉，濡染浸润，以研求学问为职志，以守护学风为己任。

　　近数十年来，历史系同仁奋发有为，在继承前辈学术传统基础上，依托新时期不断改善的治学条件，把握当代史学发展趋势，在学术道路上艰辛求索，在秦汉史、魏晋南北朝史、隋唐史与敦煌学、宋史、明清史、中国近现代史、中国社会经济史、中外关系史、历史人类学、东南亚史、国际关系史、世界古代中世纪史等学术领域，勤奋治学，作育英才，取得了丰硕的成果。历史系学者的研究既体现了深耕细作、发幽阐微的朴实学风，也突出了跨学科交叉的特色，以及对学术理念和方法执着追求的精神。近年，历史系之中国古代史、中国近现代史均曾被评为国家重点学科,世界史学科亦被评为广东省重点学科,显示了历史系学术实力整体上的提升。

在这一发展过程中,历史系教师出版、发表了众多学术成果。编辑出版这套《中大史学文丛》的目的,是将各位学者所发表的专题研究论文,按照各自的主题编辑成册,以集中展现他们多年治学的成就,供学界同行参考、指正。此次出版的是这套《文丛》的第一批,仅为历史系部分在职教师的研究成果。收入其中的论文均发表于改革开放时期,是在中国史学迅速发展并与国际史学界频繁交流的背景下所取得的学术成果。将这些成果结集出版,既可使各位学者得以借此机会对自己多年来的研究进行总结,也可以使我们回顾这一时期历史系学术发展的历程,以更好地筹划未来之大计。由于各位教师治学领域各异,故《文丛》并无统一的主题,但这样也许更能体现历史系作为一个学术集体的风貌。我们希望今后能继续编辑,以将其他同仁的学术作品渐次结集出版,持续地推进历史系的学术研究和学科建设工作。

《中大史学文丛》自 2015 年开始筹划。这一计划提出后,得到各位作者的积极回应。中华书局对我们这一计划给予大力协助和支持,近代史编辑部主任欧阳红女士进行了悉心策划和组织编辑的工作,各位责任编辑亦付出了大量的心血和汗水。在此一并致以深切的谢意!

《中大史学文丛》编委会

2016 年 6 月

目　录

前 言

之所以将这本小书定名为"农政与财政",主要是因为该书的主体是以本人的硕士学位论文《明清苏松地区仓储制度研究》及国家社科基金一般项目"区域史视野下明清两浙盐场灶户研究"的结项成果为基础的。从事明清社会经济史研究三十年来,虽不断积累学识,扩充研究领域,却始终没有偏离"洪范八政,食为政首"的学术初心。

遥想撰写硕士论文时的情形,犹在昨日。当时正求学于以方志专题资料庋藏见长的南京农业大学中国农业遗产研究室,自然而然,在探索治学门径时,会选择从研读地方志入手。然而,在翻阅资料室丰富的农史专题资料后,我并未将眼光聚焦于仓政一目,而是在通读正德《姑苏志》、同治《苏州府志》、崇祯《松江府志》、嘉庆《松江府志》等基础文献之后,重点从方志的艺文、人物、杂录等卷帙中寻找新的线索,陆陆续续摘抄出了七十余万字的史料长编。作为一名初学者,面对如此海量的信息,多少有些无所适从,除了反复阅读咀嚼,别无捷径可走。正是在这一过程中,我对"治史四匙"产生了朦胧的感觉,努力从不同的文本、文献中找寻逻辑性关联，并尝试搭建明清苏松地区仓储制度的实际运作图景。在那个社会史风靡一时的"激情年代"，我还自觉不自觉地将以仓储积累为基础的"乡村救济网络"作为研究的主题之一，这样的探索现在看起来无疑是非常稚嫩的，但对我之后的学术研究却具有深刻的意义。罗仑、章楷等先生在对拙文的审查意见中也希望我能继续就此点做进一步的展开。

硕士毕业后，肩负前辈的殷切期望，我开始了一些新的探索：一是将研究的区域扩大到整个江南，广泛阅读江南地区的各种文献；二是针对乡村救济中难以绕开的家族赈济领域，逐步积累相关知识。以硕士论文为基础，相继发表了一系列与"社区赈济"有关的学术论文。更为重要的是，我开始大量接触了家谱这一之前几乎没有碰过的文献。现在看起来，那时对家谱的使用至多算是方志人物传的简单延伸，难得要领。不过，无论是探讨"社区赈济"的区域及制度背景，还是平衡家族组织背后的"系谱性"与"功能性"，均显示出研究视野的不断拓展。

如果不是业师葛剑雄先生的"当头棒喝"，我或许会将本书的第一、第二章扩充成为博士学位论文。借助某些新的契机，在复旦大学史地所求学期间，我逐渐将研究的兴趣转向明清江南城乡关系史。诚然，想在"江南研究"这一显学中寻求突破，绝非易事，特别对于明清江南城乡关系这一类较为综括的题目来说，难度更甚。早在南京农业大学工作期间，我曾围绕南京地区的农村经济和市镇发展做过一些非常粗浅的工作，那时深受古典经济学分工理论的影响，分析框架没有超越既有的学术范式。其后经过十余年的摸索，逐渐在市场发育、镇管村形成机制等领域，形成了些许浅见。考虑到相关研究成果或已自成专著，或作为未来研究计划的一部分尚待完善，本书的第三章只选取"明末清初江南的棉布交易机制与银钱使用"一文作为当时研究的代表成果。该文通过明代松江棉布业市场交易中银和低色银之间置换机制的分析，考察了前人较少关注的江南市镇商用银之制造及其在流动过程中产生巨额利润等历史现象，揭示出这一现象背后所蕴含的贡赋经济所特有的市场逻辑。

第四章"盐政与漕政"所涉论文均是本人步入"不惑之年"以后所作，或涉及明代户帖的生产、传抄和使用；或从运输方式改变的角度重新审视明代漕运体制中的"冻阻"现象；抑或重点关注两浙盐场一条鞭法改革中盐课征收标准及课税客体的转变。内容虽显庞杂，但并未偏离明清社会经济史研究的基本问题。时常感慨，如果自己不是身处目前的年龄阶段，没有对研究兴趣做"适当减法"的实际需求，或许不会轻易将这些"半成品"呈现于此。

将相隔近二十年的学术成果结集出版，心中难免纠结忐忑。一方面，会思虑早年的研究是否经得起时间考验？另一方面则担心全书的连贯性。可转念又想，只要以制度和文献为中心，即便是"试水之作"，也自有其微光之益吧！因为它不但反映了在特定阶段本人真实的学术阅历，亦可成为新学术增长点的孕育之地。趁整理文稿之暇，让我有机会重新审视"过去之我"。当读到第一章所引之《济农仓条约》时，内中有"每岁秋成之际，将商税等项课钞及盘过库藏布匹，照依时价收籴"，"年丰米贱之时，各里中中人户，每户量与劝借一石，上户不拘石数，愿出折价者，官收籴米上仓"诸语，材料中所含"时价"、"折价"等重要信息，以当年学力，是无法处理好的难题①。而现在，这些已然成为本人目前从事的"明代价格研究"最直接的前提基础。从这个意义上，哪怕是表面上看似无关联的拼盘，仍可能在长期的累积过程中擦出新的火花。

上个世纪90年代以来，恰逢学术规范逐步确立。前三章所收的部

_____

① 《济农仓条约》，载李文海、夏明方、朱浒主编：《中国荒政书集成》第1册，天津古籍出版社2010年，第253页。

分论文由于发表年份偏早，所引文献仅标注了卷数，版本、页码等信息基本缺失。借此次重新录文之机，我的研究生金子灵、黄潇、毛悦、徐伟庆、田思晨、张婉莹尽可能地查核了所有征引资料，并统一了脚注的格式。在本书的出版过程中，欧阳红老师认真细致地审读书稿。在此对他们辛勤的付出表示衷心的感谢！

第一章　仓储与农政

第一节　明代苏松地区仓储制度初探

　　苏松地区的仓储设置时间至少可以追溯至唐代。唐太宗时就曾设立义仓,玄宗开元七年(719)又置常平仓①。宋元两朝则兼行常平、社仓二法②。进入明代,这一区域仓储制度日益完备,先后设立预备仓、济农仓、社仓、常平仓等。本文试就明代苏松仓政的演变和管理运营情况作一论述,以期丰富对此的研究。

一、明前期的预备仓和济农仓

　　预备仓作为一种以储粮备赈为主要职能的仓储制度,为明代所独

---

　　① 嘉庆《松江府志》卷28《田赋志·积贮》,《中国地方志集成·上海府县志辑》第1册,上海书店出版社1991年影印本,第611页。

　　② 乾隆《震泽县志》卷30《经略三·积贮》,《中国地方志集成·江苏府县志辑》第23册,南京:江苏古籍出版社1991年影印本,第273页。

有。洪武初,太祖出官钞二百万贯,并诏行省各选耆民运钞籴粮,于居民丛集处置预备仓,各州县东、南、西、北四所,以备荒年赈济;又于近仓之处,佥点"耆老"或"大户"看守。敛散皆有定规。此后直至晚明,预备仓"虽间有废毁,却一直为诸帝所屡屡讲求,遂成一代之制"①。

根据地方志的记录,明初预备仓在苏松地区曾普遍实施。大多数县份皆设仓"以贮官谷,多者万余石,少者四五千,仓设富民守之,遇有水旱饥馑,以贷贫民"②。下表列举了这一地区预备仓的创建年代及具体分布情形:

表1—1　明初苏松预备仓实施情况表

地　点	预备仓创建年份	备　注
吴　县		无
昆山县	洪武二十三年	一所(在县治北柴巷内)
常熟县	洪武二十三年	四所(东仓在开元乡,西仓在归政乡,俱二十六都,南仓在四十四都积善乡,北仓在九都崇素乡)
长洲县	不详	四所(东仓在葑门外王墓村,西仓在阊门外九都,南仓在葑门外二十五都,北仓在娄门外二十四都)
嘉定县③	建文元年	一所(在北门内五图)
崇明县④	不详	一所(在县治之南)

---

① 顾颖:《明代预备仓积粮问题初探》,《史学集刊》1993年第1期。

② 康熙《嘉定县志》卷7《赋役·荒政》,《上海府县旧志丛书·嘉定县卷》第1册,上海古籍出版社2012年,第552—554页。

③ 据光绪《嘉定县志》卷2《营建志·废仓狱》载:"北门内五图,基地六亩六分六厘六毫,明洪武十二年(1379)镇海卫百户陈贵建守御千户所廨,建文元年(1399),知县樊镇改建济农仓。"见《中国地方志集成·上海府县志辑》第8册,第52页按,"济农仓"宣德间才创立,此处"济农仓"当为"预备仓"之讹。

④ 许惟枚:《瀛海掌录》卷2《新建仓厫》记载,"邑(崇明)有预备仓,在县治之南",但建置年代未详。见《上海史料丛编》铅印本,上海市文物保管委员会1963年,第21页。

（续表）

地　点	预备仓创建年份	备　注
吴江县	洪武二十二年	四所（莫、徐二志各异。莫志云：东仓在二十四都勾渎村，西仓在震泽镇，南仓在六都，北仓在北门外；徐志云：东在三都，西在十一都，南在二十三都，北在二都）
上海县	洪武二十三年	四所（一在十九保，一在五十保，一在十八保，一在三十保）
华亭县	洪武二十三年	四所（八保之叶谢，四十二保之金泽，七保之盖家庄，三十五保之七宝镇）

资料来源：正德《姑苏志》卷 26《仓场》，隆庆《长洲县志》卷 11《仓场》，康熙《常熟县志》卷 3《官署》，道光《昆新两县志》卷 3《公署》，乾隆《吴江县志》卷 8《公署》，光绪《嘉定县志》卷 2《营建志·仓狱》，正德《松江府志》卷 14《仓廪》，弘治《上海志》卷 5《公署》，万历《青浦县志》卷 1《公署》。

　　从上表，我们可清楚地看到苏松地区的预备仓大部分在洪武二十三年（1390）左右建立，比太祖诏令晚了大约二十年。究其原因，概如乾隆《吴江县志》所云："吴江县建仓乃迟之二十年者，盖或至是始力行，或先谋储蓄而仓则后建也。"①另从预备仓的分布看来，并不是所有的县均有设置②；而且即使有设置的县，也不是都能按照规范建立东南西北四所，昆山、嘉定两县就仅立一仓于城内。总体上说，苏松地区的预备仓并未如规制那样有条不紊。尽管如此，洪武年间的预备仓政与后世相比，仍算是办理得较好的。而实际情况是，有明一代，预备仓在苏松地区多呈时兴时废的状态。洪武以后，由于大户的侵盗私用，预备仓谷空虚现象就已十分严重，从永乐元年（1403）三月编修杨溥《请预备仓储

---

　　①　乾隆《吴江县志》卷 45《积贮》，《中国地方志集成·江苏府县志辑》第 20 册，第 214 页。

　　②　据正德《姑苏志》、崇祯《吴县志》、同治《苏州府志》、民国《吴县志》等，吴县均无见预备仓的记录。

疏》可见："今南方官仓储谷，十处九空，甚者谷既全无，仓亦无存。"①针对这一情况，永乐年间许多地方均进行了仓储的修复工作，使谷储重新得以充盈。据正德《姑苏志》卷 26 记载：洪武后期，昆山县预备仓廒屋废毁，"永乐三年(1405)，主簿梁杲重建"。

除官籴粮米外，预备仓亦收贮"拨充余米及罚赎米"等；尤其是明代向有囚犯纳纸(币)赎罪之例，使罚赎谷在预备仓仓谷中占颇为重要的地位。在明朝初叶，由于仓粮在多数时间尚有存积，一旦遇灾异或者饥荒，预备仓仍能在一定程度上发挥作用，"次灾则赈籴，极灾则赈济"②，具有历代所设常平仓同样的功能：丰年以略低于市价收储谷物，歉年则减价出粜，还常于青黄不接时履行赈贷职能，"夏给冬收，以惠贫民"③，视具体情况，或只归原贷，或酌加一二分利息。尽管在永乐前期，朝廷曾令仓库从四乡移至城内④，但预备仓对救济灾荒的成效尚能正常维持。

至洪熙宣德时期，预备仓开始陷入严重的困境之中。究其原因，虽可直接归于仓政的腐败，例如"有司以为不急之务，仓廒废弛，赎谷罚金尽归乌有"⑤，以及看仓里甲大户侵盗私用，"粮多不入"⑥等。然而这背后实具有更为广阔的社会背景。成祖北迁后，漕运费用的大幅度增长，使苏松地区农民的实际赋税负担激增，"壤地不过二千里，而京师百

---

① 杨溥：《请预备仓储疏》，《御选明臣奏议》卷 2，《景印文渊阁四库全书》第 445 册，台北：台湾商务印书馆 1986 年，第 33 页。

② 鄂尔泰、张廷玉：《授时通考》卷 55《蓄聚门·常平仓》，《景印文渊阁四库全书》第 732 册，第 793 页。

③ 雍正《昭文县志》卷 2《官署》，《天一阁藏历代方志汇刊》第 138 册，北京：国家图书馆出版社 2017 年影印本，第 652 页。

④ 《明太宗实录》卷 80，"永乐六年六月丁亥"条，台北："中研院"历史语言研究所，1962 年校印本，第 1068 页。

⑤ 康熙《嘉定县志》卷 7《赋役·荒政》，第 552 页。

⑥ 民国《常昭合志》卷 7《积贮》，民国三十八年刻本，第 2—4 页。

万之众恃之以供物产,人力宜其竭矣",往往"常赋未充,甑釜已无烟矣"①。若遇青黄不接或者水旱灾荒,预备仓储更无法发挥其职能。农民的生活难以维持,不得不"贷于富家,富家又数倍取利,而农益贫"②。至有秋,"则先偿私贷,然后及公赋,公私既输而农则贫矣;农贫复假贷,或鬻子女,或弃本业,积贫至困如火销膏"③。税粮的重额和高利贷的盘剥,使大量农民不堪忍受,纷纷逃亡,"粮重去处,每里有逃去一半上下者"④。据统计,宣德五年(1430),苏州府所管县户口应是474263户,至次年三月的实在人户仅369252户,两者相较,失额达十万余户,竟占总户数的五分之一以上。在这样的背景之下,朝廷先后派遣工部右侍郎周忱巡抚江南,分别任命况钟、赵豫为苏州知府和松江知府。周忱到任以后,与况、赵二人通力合作,兴利除弊,在苏松地区进行了一系列社会经济改革,其中颇为重要的一项举措就是创建"济农仓"。

宣德七年(1432),苏松等地区农业丰收,明宣宗命以官钞平籴米石备荒。周忱与况钟、赵豫协谋而力行,除用官钞买粮之外,另采取向富人劝借、清理田赋、节省漕运开支等方法广为储粮。当年八月,况钟下令苏州属县:"委官各宜设法盖造仓厫,籴借米石,以备拨补秋粮,赈恤饥民。"⑤苏州府"出库储籴米三万石,劝借富人九万石,撙节漕运浮费五万石,搜剔豪右侵占绝户田租一十二万,通二十九万石,分贮六

① 张洪:《济农仓记》,载万历《常熟县私志》卷23《叙文》,民国二十二年抄本,第14页b。
② 《明宣宗实录》卷94,"宣德七年八月辛亥"条,第2135页。
③ 胡俨:《济农仓记》,载正德《松江府志》卷14《仓廪》,《原国立北平图书馆甲库善本丛书》第314册,北京:国家图书馆2013年影印本,第100-101页。
④ 杜宗恒:《上巡抚侍郎周忱书》,载顾炎武著、黄汝成集释《日知录集释》卷10《治地·苏松二府田赋之重》,上海古籍出版社1985年影印本,第792页。
⑤ 《况太守集》卷13《备米赈济偏灾榜示》,沈乃文主编:《明别集丛刊》第1辑,第35册,合肥:黄山书社2013年影印本,第94页。

县"①。其中,吴、长洲、吴江、昆山、嘉定五县各置六十间,常熟因贮米五万余石,增置仓四十间,共一百间。苏州府所属崇明县因地处海岛暂未置仓,当地如遇荒年,由长洲县仓拨粮一万石赈济②。松江府共谋得米6万石,分贮华亭、上海二县。这些仓厫总称"济农仓",是专为赈农而设置,"盖以农为天下本,苏松之农又为京邑之本"③。

宣德八年(1433),江南夏旱,米价飞涨,周忱发济农仓米赈恤饥民,然"尽发所储不足赡,田里多殍"④。为进一步完善济农仓制度,增加谷储的赈济能力,周忱又奏准实施"京俸就支法"。原来要运送至南京仓的100万石京俸,每石正额需向农民加征6斗耗米,充当运费。实行"京俸支法"后,改向苏、松、常三府直接支领,每石仅加船斗费1斗,余下的5斗耗米改入济农仓。仅此一项苏州府省耗米40万石,松江府省耗米15万石。这样,当年苏松各场积贮之盈及平籴所贮粮数额,"苏州为69万石,松江为21万石,两府共计90万石"⑤。同年,周忱又改革漕运加耗的原则,使济农仓谷的来源有了可靠的保证。其法,"官民田皆画一加耗。初年正米一石,加耗七斗,计输将远近之费为支拨。支拨之余者,存积县仓,曰余米。次年余米多,正米一石,减加耗为六斗;又

---

① 张洪:《济农仓记》,载万历《常熟县私志》卷23《叙文》,第14页b—第15页a。

② 《明宣宗实录》卷94,"宣德七年八月辛亥"条,第2135—2136页;另据正德《姑苏志》卷26《仓场》(《原国立北平图书馆甲库善本丛书》第308册,北京:国家图书馆2013年影印本,第1248页):正统间,周忱命崇明知县张潮建济农仓二,"一在县治西南,厫屋二十间,一在西沙兴教寺傍,厫屋三间"。

③ 张洪:《济农仓记》,载万历《常熟县私志》卷23《叙文》,第15页a。

④ 王直:《济农仓记》,载万历《长洲县艺文志》卷1,《稀见中国地方志汇刊》第11册,北京:中国书店1992年影印本,第1050页。

⑤ 杨亚非:《论明代苏、松地区的"济农仓"》,《徐州师范学院学报》1990年第2期。

次年,余米益多,减加耗五斗,最后令县各立仓贮余米,曰济农仓"[1]。如此递减递轻,不仅使耗米、余米成为济农仓米谷的稳定来源,而且民无偏累,"数年间,仓米大饶"[2]。宣德九年(1434)一月十九日,周忱正式上疏《奏设苏松常三府济农仓》,提出:"于三府所属县分,各设济农仓一所,收贮前项耗米……如此则农民所存济,田野可辟,税粮易完,深为民便。"[3]济农仓遂成为定制。

济农仓作为一项特殊的仓储制度,不独履行"遇后青黄不接,车水救苗,人民缺食之际支给赈济"[4]的职能,其职责甚至扩大至农业生产的各个环节,凡运输有损负,及筑堤防而力役亦借给之民,使不失所;其他如夏税麦豆、丝绵、户口食盐、马草、义役、逃绝积荒田粮、杂派等等,往往也多从济农仓开支。明定以仓粮用于上缴田赋和有偿性的服役,间接地减轻了贫民杂税和徭役负担,从而表明,济农仓已远远超越仓储赈贷的界限,它与周忱同时进行的其他一系列改革相配合,共同构成一种更具效力的农业再生产维护系统。这个系统以"济农"为名,其意义正如时人张洪所云:"所重在农,农重则本固,本固则百度举,常平、义仓之制亦行乎其中矣! 且使农民知其为我而设,虽有旱干水溢,有恃而不恐,谁敢放逸其心志或有侮予者乎? 有一事而兼众美者,此之谓也。"[5]自济农仓创立,每值耕作之季由济农仓"给借贫民各二石,秋成抵斗还官"[6],均不计利息,只要求秋成如数还官;到期无法偿还者,往往"多不追取"[7]。农民不必再由于缺乏口粮种子而迫于债责之苦。

---

① 万历《嘉定县志》卷 5《田赋·贫米所始》,《中国地方志集成·善本方志辑》第 1 编,第 3 册,南京:凤凰出版社 2014 年影印本,第 85 页。

② 光绪《嘉定县志》卷 3《赋法沿革》,第 70 页。

③ 《周文襄公年谱》,光绪十五年(1889)校补集印刊本,第 27 页。

④ 《周文襄公年谱》,光绪十五年(1889)校补集印刊本,第 27 页。

⑤ 张洪:《济农仓记》,载万历《常熟县私志》卷 23《叙文》,第 16 页 a。

⑥ 《况太守集》卷 2,第 27 页。

⑦ 《明史》卷 153《周忱传》,北京:中华书局 1974 年点校本,第 4216 页。

"自是民免假贷于富室以出加倍之息，田资之以治，赋由之不逋，公私利赖"①。济农仓虽然没能在全国范围得到推广，但至少对苏松地区的社会经济产生了深远而广泛的影响。

关于济农仓与预备仓的关系问题，在学术界一直悬而未决。不少人以为"济农仓"本即为预备仓设法，是周忱参己意行之，济农仓实是预备仓的一种特别形式。其主要证据在于，正统五年（1440）英宗曾命周忱在南直隶、苏州、松江等十府一州总督"预备之务"②，以及宣德八年（1433）二月初一日况钟在《预备散给谷种示》中仍称济农仓为预备仓③，但这并不足以说明两者就可以视为同一。与此相反，同样有关于预备仓和济农仓是以两种截然不同仓储名目存在的例证："预备仓以备荒岁赈济，济农仓以赈贫农于青黄不接之时，立法原各有所为。故宣德间虽设济农仓而预备仓仍为不废。惟其时所储不广，而（宣德）七年以官钞平籴及劝借之令，周忱又奏定为济农仓法，自此预备仓蓄益少，每遇荒歉，即发济农仓以赈云。"④由此推设，济农仓之推行与先其实施的预备仓从立意上就有所不同，它更大程度上体现了苏松这一特定区域的特殊需求。只是预备仓毕竟乃先皇祖制，即使不行其实，仍需存其名义。所以，实施济农仓并不意味对预备仓的取代。二仓在苏松地区实际上并行不悖，有些地区更直接易名为"预备济农仓"⑤。

随着景泰二年（1451）周忱的离任，苏松地区的济农仓制逐渐趋于紊乱。济农仓的可靠谷源"余米"又恢复为公赋，仓谷储备之萧然在所难免。在景泰五年（1454）大饥荒的考验中，已开始显示出济农仓的式

---

① 正德《姑苏志》卷 26《仓场》，第 371 页。
② 《周文襄公年谱》，光绪十五年（1889）校补集印刊本，第 42—43 页。
③ 《况太守集》卷 13，第 94 页。
④ 乾隆《吴江县志》卷 45《积贮》，第 215 页。
⑤ 康熙《松江府志》卷 22《仓廪》，《上海府县旧志丛书·松江府卷》第 4 册，上海古籍出版社 2011 年，第 478 页。

微。在昆山县，"济农、预备二仓皆无实积"①；在吴江县，"尽发济农仓所积以赈民，其后荐饥，莫有输者，仓由是虚且废"②。苏州府其他属县济农仓的命运也并不比昆山、吴江更好。在常熟县，由于"有司漫不加意，（济农）仓渐倾圮。至成化初年而遗址鞠为草莽，有力者佃为己业，邻近者侵为私舍，余粮无所储，则寄于东、南二仓，一耗于侵欺，再耗于浥腐，而储蓄荡然矣"③。长洲县的济农仓则已无实际意义，遂"更名预备仓"④。尽管弘治间进行的一系列重建维修工作，曾使苏州府的济农、预备仓恢复一时⑤，弘治八年（1495），巡抚都御史朱瑄出帑籴谷，于常熟、吴江、昆山等县先后重建济农仓⑥，其中吴江济农、预备二仓共积米 273000 余石备赈⑦。然而因无相应举措配合，仓谷缺乏可靠的来源，随着逐年赈粜，储积日渐减少，不免再遭倾废。

松江府济农仓保存完整的时间要久一些，成化十四年（1478），诸厰

---

① 同治《苏州府志》卷 71《名宦四》，《中国地方志集成·江苏府县志辑》第 8 册，第 849 页。

② 乾隆《吴江县志》卷 45《积贮》，第 215 页。

③ 正德《姑苏志》卷 26《仓场》，第 371 页。

④ 隆庆《长洲县志》卷 11《仓场》，《原国立北平图书馆甲库善本丛书》第 310 册，北京：国家图书馆出版社 2013 年影印本，第 1072 页。

⑤ 弘治三年（1490），稽州县积贮多寡以为殿最之令的颁行，可能成为修理济农、预备仓工作的直接动因。条文规定："天下州县预备仓积粮以里分多寡为差。十里之下，积粮至万五千石者为及数；二十里以下者为二万石；三十里以下，二万五千石；五十里以下，三万石；百里以下，五万石"；以下每增百里，则加 2 万石，至 800 里以下 19 万石。以积贮多寡作为官吏考成依据。参《明孝宗实录》卷 36，"弘治三年三月丙辰"条，第 772 页。

⑥ 参见正德《姑苏志》卷 26《仓场》，第 371 页；乾隆《吴江县志》卷 45《积贮》，第 215 页；道光《苏州府志》卷 23《公署 5·仓厰》，《江苏历代方志全书·苏州府部》第 16 册，南京：凤凰出版社 2016 年影印本，第 228 页。

⑦ 同治《苏州府志》卷 72《名宦五》，《中国地方志集成·江苏府县志辑》第 9 册，第 7 页。

仍算充盈，"余米无可著，以七万石寄积于水次西仓"①。但至正德年间，即周忱创立济农仓八十多年以后，由于"监守殃民，以便其私"，仓谷"日月耗蠹，遂以荡然"②。直至晚明，济农仓虽仍与预备仓同流并行，但因官方控制力的减弱特别是直接投资的大幅度裁减，其规模日见萎缩，已无法阻拦嘉靖朝开始的仓政变革。

二、嘉靖朝以后仓政的改制及兴废

自正统五年(1440)敕奖纳谷令实施，开民间输谷入仓之先例。景泰四年(1453)，又颁行问刑衙门责有力囚犯于缺粮州县仓纳米备赈之例，标准为："杂犯死罪六十石，流徙三年四十石，徒二年半三十五石，徒二年三十石，徒一年半二十五石，徒一年二十石，杖罪每一十一石，笞罪每一十五斗。"③如此广开渠道集结民间粮储，正为解决官方粮仓屡屡空虚的问题，这成为明中后期民间仓储勃兴的契机。正德嘉靖之际，苏松一带金花银制得以广泛推行。其时苏州府所征田赋，"正粮一百九十九万有奇，耗粮一百万有奇，通正耗三百万有奇……旧有金花银二十五万有奇，折民粮六十万有奇"④，金花银占正粮总数的 30％，占正耗粮总数的 20％。以银折征过多，田赋货币化趋势增强，势必会减少地方储备粮的实际数额，从而使官办的预备仓和济农仓形同虚设。在明初，苏松二府除岁输京师数百万石，余米皆留贮县仓，以备赈粜，"自金花银议

---

① 　光绪《重修华亭县志》卷 24《杂志下·轶事》，《中国地方志集成·上海府县志辑》第 4 册，第 792 页。

② 　正德《松江府志》卷 14《仓廪》，第 101 页。

③ 　《续文献通考》卷 41，《续修四库全书》史部第 762 册，上海古籍出版社 2002 年影印本，第 491 页。

④ 　霍韬：《嘉靖改元建言第三札》，载陈子龙等编：《明经世文编》卷 185，北京：中华书局 1962 年影印本，第 1890 页。

起,支兑外一概收银送京,诸方赋入半改折色,而仓廪之积耗矣"①。面临官方储谷严重不足这一现实,朝野人士纷纷对既有的仓储体制加以检讨。户部尚书梁材上疏中即叹道:"民不沾仁,凡以属之于官故也。"②一时办理民间仓储已成必行之势。

个别的民间仓储,在苏松地区大概自古以来都可以找到例子。不过,从嘉靖开始,特别是兵部侍郎王廷相请将义仓贮于里社并定为规制后,社仓制似乎已渐渐变为一个普遍的现象。这一时期推行的社仓较宋代更具有崭新的意义,即寓社仓于乡约之中。嘉靖五年(1526),巡抚都御史陈凤梧令苏松所属州县每里各设乡约所,"每月朔一会,务在劝善惩恶,兴礼恤患,以厚风俗"。乡社既定,然后"建社仓,积粟谷以备凶荒"③。这与王廷相所言办理初衷正相符合:"出之于民,而藏之社,社立正副,每月朔为会,社正率属读高皇帝教民榜申,以同盟之约,举众中善恶奖戒之,记其社米户口,上者出什之四,中什之二,下什之一,荒歉散及中下,大祲上户亦次及之,盖以有余补不足也。"④按照其规,"凡贷悉随于民,第登记册籍,以备有司稽考,既无官府编类之烦,亦无奔走道途之苦"⑤。应该说较官仓更具效力。

尽管嘉靖间社仓及与其类似的民间仓储在苏松二府已多有实施,但形成规模则要推迟至隆庆二年(1568)苏州知府蔡国熙的力行饬建。

---

① 乾隆《娄县志》卷7《民赋志下·积贮》,《中国地方志集成·上海府县志辑》第5册,第89页。

② 孙能传:《益智编》卷10,《原国立北平图书馆甲库善本丛书》第541册,第223页。

③ 民国《乡志类稿·公署》,《中国地方志集成·乡镇志专辑》第8册,第301页;王朝用:《王巷社约碑记》,载嘉庆《淞南志》卷13《艺文》,《中国地方志集成·乡镇志专辑》第4册,第927页。

④ 孙能传:《益智编》卷10,第223页。

⑤ 陆曾禹:《钦定康济录》卷2,载李文海等编:《中国荒政书集成》第3册,天津古籍出版社2010年,第1797页。

在此之前,虽有上海知县郑洛于县 96 区广泛建仓积谷的事例①,然而毕竟只限于个别县份。有关隆庆二年实施社仓的具体情况如蔡国熙亲撰《苏州府社仓事宜碑记》所载:"嘉靖丙寅,余承乏是邦。睹俗移化敝,亟欲一正之。复念民力殚匮,难与更化。深惟朱子社仓之制得补助之遗意,于是行所属州县定议,锐然举行。盖欲民耕耨得有所资,凶年得有所恃,财不殚于倍称之息,而俯仰稍裕,庶非心可戢,而礼义可兴也。蒙两院及兵道诸公轸恤民瘼,共主成之。而言官之建白,户部之檄行,适重厥事。爰同僚属,多方劝捐。惟士若民,闻风倡义,乐相捐助,贮诸各里中。计太仓以下诸邑,所积米谷,各不下数千石,诚可垂诸久远,永为民利。"②其时社仓广布于各都区,并勒石成书,以永其传。根据后来的文献及保存下来的碑刻记录,吴县二十八都区、五都十五图知纺字圩和吴江县二十九都兵字圩等处均发现有蔡国熙所撰《社仓事宜碑记》的遗迹③。从中可见此次社仓建置之普及并非虚文。

上述是由官方倡导、民间办理的事业。纯粹由民间自发举办的仓储形式明中后期也开始涌现。万历年间,常熟县席允信"载粟数千斛,分贮城中,半价粜以为赈"④,即是一例。当然,苏松地区民间仓储的密集展开并没有取代原有官仓的地位。济农仓和预备仓在一些地方仍时断时续实行,但由于积谷标准大为降低及科罚管理不严等其储谷数额已大打折扣。万历初年,仓谷支放由赈粜改为赈济,"不必复令饥民抵

① 嘉庆《松江府志》卷 41《名宦传二》,第 862 页。
② 《隆庆二年苏州府社仓事宜碑记》,载洪焕椿编:《明清苏州农村经济资料》,江苏古籍出版社,1988 年,第 294—295 页。
③ 参《隆庆二年苏州府社仓事宜碑记》(载洪焕椿编:《明清苏州农村经济资料》,第 294—295 页)、道光《浒墅关志》卷 3《官署》(《中国地方志集成·乡镇志专辑》第 7 册,第 94 页)、乾隆《吴江县志》卷 45《积贮》(第 215 页)。
④ 同治《苏州府志》卷 99《人物二十六·常熟县》,第 571 页。

还"①,更造成"预备一赈而不还"。当时华亭县预备、济农仓谷仅存一千四百石②,青浦县"每年奉例积谷陆百石"③,即便这样,仍是经营较好的个例。经营较差的如常熟县济农仓"收贮军储存留粮米,为春办白粮之所,民间号为白粮仓,而济农之实微矣"④。很多县由于官方谷仓兴废无常,经理维艰,不得不大量依赖于民间的捐助⑤。出现于松江府著名的"顾氏济荒米"即是其中的一个典范,其发挥作用时间之长,救济面之广,均较同时期的其他民间捐助更为突出。万历十六年(1588),国子生顾正心助义田 3200 百余亩,"除粮净米二千一百九十余石,每石定例四钱五分贮库,以备三县(上海、华亭、青浦)济荒"⑥。不仅在万历朝顾正心济荒米曾多次用以救济饥民,甚至到崇祯三年(1630)松江知府方岳贡仍"发贮仓顾氏济荒米七千余石平粜"⑦。

在明代,常平仓国家不为定制,一般由地方官员或绅士自发筹设。设置于万历二十四年(1596)枫泾四南区王带镇的常平仓应该是明代后

---

①　万历《大明会典》卷 22《预备仓》,第 1 册,扬州:广陵书社 2007 年影印本,第 409 页。

②　嘉庆《松江府志》卷 19《仓廪》,第 392 页。

③　万历《青浦县志》卷 1《公署》,明万历刻本,第 30 页 b。

④　雍正《昭文县志》卷 2《官署》,《中国地方志集成·江苏府县志辑》第 19 册,第 206 页。

⑤　"嘉靖八年(1529),令抚按晓谕积粮之家,量其所积多寡以礼劝借,若有仗义出谷二十石,银二十两者,给予冠带,三十石、三十两者,授九品散官,四十石、四十两者正七品,俱免杂泛差役,出至五百石、五百两者,除给予冠带外,有司仍于本家竖立牌坊,以彰尚义"。见嘉庆《松江府志》卷 26《田赋志·赈恤》,第 564 页。这使民间捐助大为活跃。在上海县,"故所除谷,民罚赎金所易谷,举邑之义助谷,悉贮于仓"见嘉庆《松江府志》卷 19《建置志·仓廪》,第 393 页。

⑥　光绪《重修华亭县志》卷 7《田赋上·赈恤》,第 460 页。

⑦　顾传金:《七宝镇小志·遗事》,《中国地方志集成·乡镇志专辑》第 1 册,第 405 页。

期苏松地区比较早的常平仓①。而规模最大的一次推行常平仓则是在崇祯九年（1636），由巡抚都御史张国维所发起。当时苏松一带旱蝗相继，民食艰难，张国维因"檄各县就济农仓旧址新之，易其署额曰常平，随市米三千余石以倡始之，每岁加益"②。"使郡郭内外总总林林，尽可待命于常平"③。建仓以吴县开其绪，仓甫成，适粟值腾涌，"民将铤而走险，赖今督抚分宜黄公威惠并行，亟发公所储米平粜饲饥，安良善而锄奸暴，吴遂获有宁"④。不过，明末最后几年，苏松地区常常因粮荒而爆发米骚动风潮，官府虽运用发常平仓谷等手段进行干预调节，但实效靡征，亦始终未能消除隐患。清以后，明代所设仓储经战乱的创毁，只剩零散存在，其全面的恢复和重建工作直到康熙朝才开始进行。

三、仓储的管理、运营

有关仓储管理的情况，多记录在各种类型的仓储规条或章程之中。明代预备仓条例在苏松地区鲜有流传，使我们难以更多地知晓仓库管理、运营的细节，并且只能依据其它较为零散的材料。明初，预备仓的直接管理者是乡村里社的绅衿富户，"在近仓之处，佥点大户看守"⑤，府州县官名义上则需巡查监察。与此同时，朝庭在乡村基层社会推行严密的里甲组织，里长、"老人"多为一方殷实富户，负责征派赋役，教化乡民，也管理预备仓这样的地方民政。他们被朝廷赋予很大的权力，是

① 宣统《续修枫泾小志》卷 2《志建置·仓庾》，《中国地方志集成·乡镇志专辑》第 2 册，第 445 页。

② 同治《苏州府志》卷 147《杂记四》，《中国地方志集成·江苏府县志辑》第 10 册，第 741 页。

③ 牛若麟：《常平仓记》，载崇祯《吴县志》卷 17《仓场》，《原国立北平图书馆甲库善本丛书》第 309 册，第 293 页。

④ 牛若麟：《常平仓记》，载崇祯《吴县志》卷 17《仓场》，第 293 页。

⑤ 杨士奇：《论荒政》，载陈子龙等编：《明经世文编》卷 15，第 114 页。

乡村社会的直接控制者,因而有"土官"、"仓官"之称①。晚于预备仓实行的济农仓,其条规得以保存下来,仓储的运营,原则上应遵从这些规条。

济农仓条约

——每岁秋成之际,将商税等项课钞及盘过库藏布匹,照依时价收籴。

——年丰米贱之时,各里中中人户,每户量与劝借一石,上户不拘石数,愿出折价者,官收籴米上仓。

——粮长、粮头收运人户秋粮送纳之外,若有附余加耗,俱仰送仓。

——粮里人等,有犯迟错斗殴等项,情照依故书量情责罚者,临时罚米上仓。

——每青黄不接,车水救禾之时,人民缺食,验口赈借,秋成抵斗还官。

——修盖仓廒,打造白粮船只,于积出附余米内支给买办,免科物料于民,所支米数,秋成不还。

——孤贫无倚之人,保勘是实赈给食用,秋成不还。

——人户起运远仓粮米,中途遭风失盗及抵仓纳欠者,验数借与送纳,秋成抵斗还官。

——开浚河道、修筑圩岸,人夫乏食者量支食用,秋成不还。

——府县及该仓每年各置文卷一宗,俱自当年本月初一日起,至次年八月三十日止,将一年旧管新收开除实在数目,明白结算,

---

① 据《明史·食货志》载:"初,预备仓皆设仓官"。见《明史》卷79《食货三》,第1925页。《大明会典》卷22载:"司、库、州、县、卫所预备仓添设土官。"见万历《大明会典》卷22,第1册,第407页。

立案附卷,仍将一年人户原借该还粮米,分豁已还未还总数,立案附于下年卷首,以凭查收。

——府县各置廒经簿一扇,循环簿一扇,每月三十日该仓具手本明白注销①。

依上可知,一至四条设定了仓谷来源,不外官钞收籴、民户捐纳、余粮加耗、犯罪罚赎;五至九条规定了仓储的职能和借还原则;十、十一两条则明确立案置簿,对仓政管理加以监督。尽管这一条约尚嫌粗略,但不可否认,它为后来的仓政管理,尤其是官仓的管理提供了借鉴。

官办仓储历来是奸伪易生,若不以条规稽核,在实际运营中,恐民不沾实惠,至明中后期,官仓管理已相当详备。从徐光启"放籴仓谷法"可见,仅出籴这一环节,就已达到非常细致甚至繁琐的地步。各县若遇放籴,计履行"当官较准斗斛等秤","置官单照式刊刻","经收守仓居民在仓发谷","单类送委官查销"等多项程序。"凡有保甲人民持银赴籴,富民即时将银秤收明白,备将保甲人名、银数并应与谷数、登记号簿及填单付籴谷人执候"②。明中后期社仓的勃兴,为仓政管理运营注入新的内容。其经营纲领为:"每岁五六月间散之,农人至冬复敛入本仓,花息二分,十年后渐减其息。"③清人俞森所辑《荒政丛书》,收录了明人张朝瑞、沈鲤、倪元璐、蔡懋德、汤来贺、沈兰等制定的社仓条规④。这些条规或多或少均仿效了著名的"朱子社仓条约",并且经历屡次追补,内容渐臻完具。其中,万历间进士昆山县人蔡懋德所制社仓条例,包括"定仓制"、"因仓基建仓"、"裕仓本"、"推仓长"、"发仓储"、"厘仓蠹"六

① 乾隆《吴江县志》卷45《积贮》,第214—215页。
② 俞森:《荒政丛书》卷8《常平仓考》,《文津阁四库全书》"史部·政书类",第662册,北京:商务印书馆2006年,第408页。
③ 万历《长洲县志》卷11《仓场》,台北:学生书局1987年影印本,第314—315页。
④ 俞森:《荒政丛书》卷10上、10下,第429—476页。

部分内容。第一部分"定仓制"开宗明义,既点明了与朱子社仓法的渊源联系,也突出其与保甲、乡约兼行的特色,条例中写道:"朱子社仓法初建之崇安开耀乡……今宜仿其意而消息之。即附乡约、保甲而行,每乡有约,每约有仓,以本里之蓄济本里之饥。权丰岁之赢,救歉岁之乏,缓急相通,不出同井,子母相生,总利吾侪。此乡中人何苦而不乐从哉!"①社仓与保甲乡约制度紧密结合,是明中叶以后苏松地区仓储管理运营的一大特色,并成为控制乡里社会最主要的手段之一。

以上,我们了解到,与其他地区相比,苏松一带不仅实施了曾在全国普遍推行的预备仓、社仓和常平仓,而且创立了颇具地区特色的济农仓之制。从总体趋向看,仓储系统经历了一个由官方统筹办理到社会各方参与的演进过程,这也与明中叶由于赋役、财政制度的改革,各级地方政府逐渐放弃对里甲户籍及各种社会事业管理权的社会变迁总趋势相联系。由此,我们可以比较清晰地窥见一种自上而下的权力转移,在这一转移背后又蕴含着明清苏松基层社会结构全面调适之发轫。

(原文载《中国农史》1996 年第 3 期)

第二节　论清前期苏松地区的仓储制度

清代苏州、松江地区的仓储制度在保存明代仓储传统的基础上,继续发展并日臻完备,不仅仓储的经营管理更加完善,而且其赈济饥荒和保存、重建生产潜力的功能也得到更充分的发挥。本文通过梳理清前期苏松地区②仓政的变迁历程,考察和分析仓储的管理运营情况,以期能够反映仓储制度在实际施行中的本来面目,及其维持、

---

①　俞森:《荒政丛书》卷 10 下,第 466 页。
②　文中的"清前期"系指顺治朝至道光朝期间,"苏松地区"包括苏州府、松江府和太仓直隶州。

分配的状况。

一、仓储的变迁历程

明代在苏松地区所设仓储，经历清初战乱，虽仍有零散存在[1]，但无论建仓规模，还是存储数额都极其有限，甚至有的仓库，其职能已远远超出赈济的范围。在常熟县，"官解白糈在（济农）仓春办，收贮军储存留粮米，并积谷赈济"[2]。华亭县济农仓，"间贮本邑兵粮充地方官兵之用"[3]。随着这一地区动荡不安局面的结束，清政府在粮食失收和自然灾害之际开始采用一些积极有力的措施，这些措施不外是整饬既成的仓储结构，有时也做出一些改进。所有这一切都和原来的办法及过去的政策别无二致。清初实行的一系列命令，自顺治十一年（1654）至十七年（1660）陆续发布。十一年（1654）诏各府州县俱有预备、常平仓及义仓、社仓积贮备荒，责成该道员稽查旧积，料理新储，"每年二次造册报部察积谷多寡，分别议奏以定功罪"[4]。十二年（1655），"题准各州县自理赎锾，春夏积银，秋冬积谷，悉入常平仓备赈，置簿登报布政司汇报督抚，岁终造报户部，其乡绅富民乐输者，地方官多方鼓励，毋勒以定数"[5]。十三

---

① 据康熙《嘉定县志》卷 7《赋役·荒政》（《中国地方志集成·上海府县志辑》第 7 册，第 570 页）："本朝仍设济农仓，积谷备赈，所谓防之于未然者也。"

② 康熙《常熟县志》卷 3《官署》，《中国地方志集成·江苏府县志辑》第 21 册，第 49 页。

③ 嘉庆《松江府志》卷 19《建置志》，《中国地方志集成·上海府县志辑》第 1 册，第 392 页。

④ 嘉庆《松江府志》卷 28《田赋志·积贮》，《中国地方志集成·上海府县志辑》第 1 册，第 612 页。

⑤ 席裕福、沈师徐辑：《皇朝政典类纂》卷 149《仓库·积储·常平仓》，沈云龙主编：《近代中国史料丛刊续编》第 89 辑，台北：文海出版社 1982 年影印本，第 1966 页。

年(1656),令各省修葺仓廒①。十七年(1660),户部议定常平仓谷,春夏出粜,秋冬籴还,平价生息,凶岁则按数给散贫户②。在这些诏令颁布前后,苏松地区或重修旧仓,或创建新仓,仓储制度渐入正轨。顺治七年(1650)嘉定知县随登云"督粮长重葺"济农仓③,顺治十四年(1657)娄县初析,"以华亭县道厅改建"常平仓④,等等,均是反映。总的说来,顺治朝的仓储虽直接地继承了明代的传统,但主要以恢复或建立官仓为主,尚不及明中后期那样重视社仓等民间仓储。从方志的记载可看出,清军入关后二十年间左右,许多地方的社仓都处于荒废状态,这种情形到了康熙朝才开始出现转机。

康熙朝苏松地区形势更进一步稳定,社会经济开始复苏,仓储法制递详,并与其他政治经济措施相配合,历康、雍、乾三朝盛世,不断得到完善和发展,形成一套较为完备的体系。康熙十八年(1679),"题准地方官整理常平仓,每岁秋收劝谕官绅士民捐输米谷,照例议叙;乡村立社仓,镇店立义仓"⑤。二十九年(1690),重申实力办理常平、义、社各仓米谷之诏,"应行直省各督抚,严饬地方官吏,家谕户晓。务使及时积贮,度终岁所食,常有余储"⑥。这些诏令拟定的规制虽未臻完整,但为清代的仓储体系提供了"三仓兼立"的基本模式。

---

①　《钦定皇朝文献通考》卷34《市籴》,《文津阁四库全书》"史部·政书类",第632册,北京:商务印书馆2006年,第717页。

②　《清史稿》卷121《食货二·仓库》,第13册,北京:中华书局1976年点校本,第3554—3555页。

③　康熙《嘉定县志》卷2《公署》,《中国地方志集成·上海府县志辑》,第7册,第460页。

④　乾隆《娄县志》卷2《建置志·仓庾》,《中国地方志集成·上海府县志辑》第5册,第33页。

⑤　同治《苏州府志》卷17《田赋六·积储》,《中国地方志集成·江苏府县志辑》第7册,第438页。

⑥　鄂尔泰、张廷玉:《授时通考》卷54《蓄聚门·汇考》,《文津阁四库全书》"子部·农家类",第732册,北京:商务印书馆2006年,第542页。

　　清代苏松地区常平仓、义仓和社仓的发展并不平衡。即便是较早恢复建设并渐成规模的常平仓，在康熙初尚未普遍建立。常平米谷多贮于总收仓内，盖因"其时积谷未及分贮本邑，无庸建仓"。直至康熙二十九年（1690）议准各省常平仓分贮各州县，仓廒才陆续设立，其中有个别县份甚或迟至雍正间才有建仓记录①。义仓在苏松地区的普遍设置，要推迟至嘉道时期；至于社仓，"国初以来，屡下诏饬力行仍未能举"②，在康熙朝虽间有试行③，但收效甚微。当然，并不排除有少数社仓可归入例外。康熙二十一年（1682）徐乾学、徐元文兄弟在昆山县建立的世德仓即属此类，其仓储米 2000 石赈贷于县之七十二区④。康熙三十四年（1695）甪直同善会办理的社仓亦取得较好实绩⑤。这些均属民间自办仓储，与雍正、乾隆间所办社仓，性质有着很大的不同。

　　雍正二年（1724）议定社仓事例⑥，由于立法完备，督促严厉，从雍正至乾隆间，苏松地区的社仓制度基本建立起来，并逐步得到发展。据方志所载，简列雍乾两朝各县社仓实施的情况如表 1—2。

　　① 参同治《苏州府志》卷 23《公署三·仓廒》，《中国地方志集成·江苏府县志辑》第 7 册，第 554 页；嘉庆《松江府志》卷 19《建置志·仓廪》，《中国地方志集成·上海府县志辑》第 1 册，第 612—614 页；宣统《太仓州志》卷 4《营建·仓廒》，《中国地方志集成·江苏府县志辑》第 18 册，第 46 页。

　　② 乾隆《吴江县志》卷 45《积贮》，《中国地方志集成·江苏府县志辑》第 20 册，第 216 页。

　　③ 据民国《太仓州镇洋县志附录·仓谷》："社仓始于康熙间太仓州。"（参见民国《镇洋县志·附录·仓谷》，《中国地方志集成·江苏府县辑》第 19 册，第 150 页）

　　④ 韩菼：《昆山县世德仓碑记》，载道光《昆新两县志》卷 37《艺文三》，《中国地方志集成·江苏府县辑》第 15 册，第 606 页。

　　⑤ 陈惟中：康熙《吴郡甫里志》卷 2《官署》，《中国地方志集成·乡镇志专辑》第 5 册，第 427 页。

　　⑥ 详《钦定大清会典事例（嘉庆朝）》卷 162，《近代中国史料丛刊三编》第 65 辑，台北：文海出版社 1992 年影印本，第 7271—7273 页。

表1—2 雍乾时期苏松社仓实施情况

县 份	建立年代	主持人	建仓数目及坐落
吴 县	乾隆七年至十一年	巡抚徐士林、陈大受等	六所：枫桥镇、蠡墅、木渎、光福、横泾、洞庭东山
长洲县	不详		四所：枫桥、浒墅、陆墓镇、蠡口
元和县	乾隆七年	知县黄建中	七所：娄门外、尹山南、唯亭、章练塘、周庄镇、角直镇、斜塘
常熟县	乾隆十一年	知县张耀壁	五所：城内、唐市、吴塔、田庄、福山
昭文县	雍正三年		五所：城内会济桥、梅李镇、张家市、何家市、董浜新市
昆山县	乾隆六年、十一年	知县蒋迪、沈懋学	五所：丽泽门外、朝阳门外、角直镇阳区、陆家浜镇、千敦镇
新阳县	乾隆十一年	知县张子介	五所：斜堰、留晖门外、拱辰门外、朝阳门外、真义
吴江县	乾隆六年	知县李鳞	五所：总收仓内隙地、同里镇、平望镇、盛泽镇、芦墟镇
震泽县	乾隆十一年	知县陈和志	三所：北门外、平望镇、震泽镇
华亭镇	雍正二年		一所：娄署东
娄 县	乾隆十七年	知县乔守仁	四所：本城、海慧寺、泗泾、天马山
南汇县	乾隆十七年	知县胡具体	三所：横沔镇、新场镇、小湾
奉贤县	乾隆十七年	知县李治灏	二所：县署东、南桥镇
金山县	雍正十二年		一所：朱泾镇道院巷
青浦县	乾隆六年	知县王理	三所：南门、珠街、黄渡
上海县	雍正七年、乾隆六年	巡抚陈大受	四所：城内二、洋泾、闵行
太仓州	乾隆六年	士民顾岐、绅士陆恬、里人王承烈等	两所：西门外小西铺、沙溪镇
镇洋县	乾隆六年至八年	知县金鸿、监生王承烈、何淑	三所：大西门外、刘河镇、鹤王市

（续表）

县　份	建立年代	主持人	建仓数目及坐落
嘉定县	乾隆初		未及建仓，城乡设社分储
宝山县	雍正十二年		一所：高桥
崇明县	乾隆七年	知县许惟枚	二所：朝阳门外、保镇（另分贮十四处）

资料来源：民国《吴县志》卷31《公署》、乾隆《元和县志》卷7《仓庚》、乾隆《长洲县志》卷7《仓庚》，光绪《常昭合志稿》卷14《公廨・仓》，道光《昆新两县志》卷3《公署》，《唐市志》卷上《国制》，《双凤乡・社仓》，乾隆《吴江县志》卷8《公署》、卷45《积贮》，乾隆《震泽县志》卷7《公署・仓》，嘉庆《松江府志》卷19《建置志・仓廪》，乾隆《娄县志》卷2《建置志・仓庚》，光绪《南汇县志》卷3《建置志・仓廒》，光绪《重修奉贤县志》卷2《建置志・仓廪》，宣统《太仓州志》卷4《营建・仓廒》，民国《镇洋县志》卷2《营建・仓廒》，光绪《嘉定县志》卷2《营建志・仓狱》，光绪《宝山县志》卷2《公署・仓储》，民国《崇明县志》卷7《经政志・仓廒》，许惟枚：《瀛海掌录》卷2《社仓》。

表1—2表明，就整个苏松地区而言，各县社仓的建立往往要经历较长时间，从雍正二年（1724）至乾隆十七年（1752）前后共历二十七年。其中绝大多数建立于乾隆六年（1741）至十七年（1752）之间，这显然与乾隆五年（1740）"江苏巡抚徐士林劝谕各州县增置社仓"[①]的号召有关。在这之前，配合雍正二年社仓事例的颁行，华亭、昭文、上海、宝山、金山等县曾相继建仓，但其规模与数量远不能与乾隆年间相比，且主办人亦多不见记录。创立于乾隆朝的社仓多由知县倡率，绅衿士庶捐建，有的甚至由巡抚直接主持，反映出社仓的性质并非纯粹意义上的民间仓储，官方的监督和控制仍比较严格。这也为嘉庆初年社仓的衰微留下隐患。在徐士林担任江苏巡抚以前，有些地区已有民间自发组织创立社仓，随着徐饬建社仓命令的颁布，这些仓储均要不同程度地受限于官仓网络，吴县洞庭东山社仓即是一个典型的例子。雍正十一年

---

① 同治《苏州府志》卷17《田赋六》，《中国地方志集成・江苏府县志辑》第7册，第440页。

(1733)，东山乡绅"数人谋捐积，凡得谷若干石，敛散之法悉依朱子当日行于崇安者，而人共乐共纳之便。行之数年，谷岁增，司事者益踊跃焉。乾隆七年(1742)，大中丞徐公来抚吴，橄州县亲行下里谕绅士捐积建仓，用朱子遗法，东山遂以所有谷数闻于官，于黄濠嘴建仓而贮焉"①。固然，政府权力在18世纪中前期介入原为民间的仓储机构是不争的事实，但并不意味着社仓就成了纯粹的政府机构。从根本上说，它始终仍未脱离来自民间仓储活动这一传统。如表1—2所列，太仓州两所社仓均系乡绅士民捐建，说明民间的主动力依然存在。况且，当时建立社仓的模式亦多以官民合办或官督民办的形式，仓谷实质上都是来自民间。昆山县千墩通裕社仓，即由知县蒋迪"按行村镇集士民耆老于淞南之清宁道院，劝谕田多有力之户捐输收贮"②。角直镇社仓亦是"元令黄建中来镇劝捐，各绅士踊跃捐输，严禹鑅捐房一所"，改置而成③。

　　按照成例，社仓"止于大村大镇分贮四处"④，有时也根据具体情况或有损益。从表1—2建仓的数目看，大多数县份在三至七所之间，与此大致相符合。当然，也不是一概而论。有的地方虽推行社仓制度但未实际建仓，如嘉定县，"国朝乾隆初议复社仓，劝输得谷一千五百十九石有奇，未及建仓，即于城乡设六社司分储"⑤。有的地方如崇明县，虽建有粮仓，但"各区离仓廑远，还借未免跋涉；且或隔数里海洪，或有几

　　①　金友理：《东山社仓记》，载乾隆庚午《太湖备考》卷13，《中国方志丛书》"华中地方"第40号，台北：成文出版社有限公司1970年影印本，第920—921页。
　　②　陆湄：《新建千墩通裕社仓记》，载嘉庆《淞南续志·艺文》，《中国地方志集成·乡镇志专辑》，第4册，第999页。
　　③　乾隆《吴郡甫里志》卷4《官署》，《中国地方志集成·乡镇志专辑》第6册，第31页。
　　④　许惟枚：《瀛海掌录》卷2《社仓》，《上海史料丛编》铅印本，上海市文物保管委员会1963年，第24页。
　　⑤　光绪《嘉定县志》卷2《营建志·仓狱》，《中国地方志集成·上海府县志辑》第8册，第52页。

处沙港，候潮守风，动致稽迟"。因而于全县二十八区之内，设一十四处分贮①。其实社仓制初行时，许多县均未建粮仓，而是各就便宜，在社长家收存谷储，后来随着条件的改善或实际需要才陆续建仓。譬如"乾隆五年(1740)，震泽县奉文劝捐共积社米五千余石，原择各乡社长二十一人，即以就近士庶所捐米贮其家，令司收放，知县陈和志以零星分贮稽察维艰，详宪建仓三所，每所选择正副社长董率其事，司其出纳，贫农之借缴仍便，而官府复不难于稽察云"②。

雍正乾隆年间，除了大力推行社仓外，苏松地区的常平仓制也日渐完备。调整常平仓谷定额，为此期间最为重大的举措。与康熙朝有制的仓额数相比，雍、乾两朝对仓谷足额更显重视，遇丰年告诫地方督抚预为积贮，歉岁则根据情形相机筹划，尽量保证定额。所以，乾隆中期以前，苏松地方常平贮谷较为充裕。

在清前期相当长的时间里，苏松地区的常平仓、社仓体系逐步形成并发展，且能够认真办理，管理制度亦很完备，对于稳定粮价，资助赈贷，救济灾荒，解救农民生产生活困难，发挥了积极的作用。但至乾隆末年，常平仓、社仓弊端渐萌。首先是社仓开始废弛，这与官府干预过多，胥吏侵占严重有直接关系。一时仓储多不足额，资金也多被挪用。尽管嘉庆四年(1799)的上谕再次强调："社仓原系本地殷实之户好义蠲输，以备借给贫民之用。近来官为经理，大半皆藉挪移，日久并不归款……着各该督抚等将各省社仓仍听本地殷实富户，择其谨厚者自行办理，不必官吏经手，以杜弊窦而裕民食。"③但仍无法改变苏松地区社仓

---

① 许惟枚：《瀛海掌录》卷2《社仓》，《上海史料丛编》铅印本，上海市文物保管委员会1963年，第24页。

② 乾隆《震泽县志》卷7《公署·仓》，《中国地方志集成·江苏府县志辑》第23册，第71页。

③ 嘉庆《松江府志》卷28《田赋志·积贮》，《中国地方志集成·上海府县志辑》第1册，第617页。

谷储有限的实际状况,以致多不能应付紧急需用。社仓已渐有名无实。据方志记载,嘉庆间,华亭、南汇、青浦、镇洋等县部分社仓已经圮废①。仓谷不得不存贮社长家②。常平仓的命运也好不到哪里。乾隆末期常平仓储已不甚充实,许多地方贮银而不贮谷。咸丰间,爆发了大规模的太平天国运动,苏松地区战乱连绵不断,给本来就岌岌可危的常平仓以毁灭性打击。苏州府各县常平仓均于咸丰十年(1860)毁于战火③,松江府和太仓州的常平仓亦遭严重破坏④。能够在此后修复的寥寥无几,故可以说,常平仓至此基本上名存实亡。

乾隆后期常平仓、社仓的式微,虽然能够在一定程度上反映苏松地区仓储积累的命运,但并未给这一地区仓储体系的发展画上句号。从嘉道开始,就有一些地方官员竭力为挽救苏松仓储制度而努力,这在很大程度上使清后期设置义仓的活动异常活跃。清代义仓在苏松地区的设置至少可以追溯至乾隆六年(1741)建立的平原义仓,此系"郡人前保宁知府陆锦建,积谷四千石,仿社仓法以贷佃农"⑤。这种纯粹的民间

① 参嘉庆《松江府志》卷19《建置志·仓廪》,《中国地方志集成·上海府县志辑》第1册,第387、389、390页;民国《镇洋县志》卷2《营建·仓廪》,《中国地方志集成·江苏府县志辑》第19册,第16页。

② 顾震涛:道光《吴门表隐·附集》,《江苏地方文献丛书》,南京:江苏古籍出版社1999年,第349页。

③ 同治《苏州府志》卷23《公署三·仓厫》,《中国地方志集成·江苏府县志辑》第7册,第549—558页。

④ 参光绪《松江府续志》卷10《建置志·仓廪》,《中国地方志集成·上海府县志辑》第3册,第259—261页;光绪《宝山县志》卷2《公署·仓储》,《中国地方志集成·上海府县志辑》第9册,第39页;宣统《太仓州志》卷4《营建·仓厫》,《中国地方志集成·江苏府县志辑》第18册,第46—47页;民国《镇洋县志》卷2《营建·仓厫》,《中国地方志集成·江苏府县志辑》第19册,第16页。

⑤ 民国《吴县志》卷31《公署四·仓庾》,《中国地方志集成·江苏府县志辑》第11册,第464页。

仓储形式，与后来官绅会办的义仓有所不同。除了道光间所设卫山义仓①与其性质相似外，此类义仓在清后期不占主流。较早由官方组织绅士设立的义仓是华娄义仓。嘉庆二十二年（1817），松江知府宋如林应举人朱书田、贡生顾鸿声等之请，"准将二十年华亭、娄二邑赈荒余钱，易归前拨苏州正谊书院之官田，岁取租息储备荒歉，并立石刊定规条（石存仓内），二十三年建仓"②。至道光间，与此性质上差别不大的义仓纷纷建立。道光五年（1825）至二十三年（1843），昭文、嘉定、川沙、昆山、太仓等州县纷纷建立义仓③。在此期间，所设林林总总的义仓，最著名的是陶澍、林则徐等组织捐建的"长元吴丰备义仓"。据载，"道光十四年（1834），制府安化陶公通饬各属建设丰备义仓，中丞侯官林公复于院署后建廒积谷以为之倡，于是各属吏仰承德意，而民之急公好义者咸踊跃从事"④。这类义仓实施的具体情形，如同治《苏州府志》节引道光上谕所言："苏州府城捐置义仓，存储谷石，系为接济民食之需。兹据该督等奏称前捐光禄寺署正韩范呈请捐田一千一百余亩，归入义仓以备公用，实属急公好义。韩范著交部，照例议叙，以示鼓励。此项仓

------

① 据同治《苏州府志》卷23《公署三·仓廒》："卫山义仓在太湖中卫山之巅，山当湖中，其民十岁九饥。道光间，释祖观悯之募建义仓，捐田一百二十亩九分，积谷备荒。"见《中国地方志集成·江苏府县志辑》第 7 册，第 554 页。

② 光绪《重修华亭县志》卷 2《建置·仓库》，《中国地方志集成·上海府县志辑》第 4 册，第 391 页。

③ 参光绪《常昭合志稿》卷 14《公廨·仓》，《中国地方志集成·江苏府县志辑》第 22 册，第 183 页；光绪《嘉定县志》卷 2《营建志·仓狱》，《中国地方志集成·上海府县志辑》第 8 册，第 52 页；民国《川沙县志》卷 6《工程志·仓廒》，《中国地方志集成·上海府县志辑》第 7 册，第 89 页；同治《苏州府志》卷 23《公署三·仓廒》，《中国地方志集成·江苏府县志辑》第 7 册，第 550、551、554、555 页；宣统《太仓州志》卷 4《营建·仓廒》，《中国地方志集成·江苏府县志辑》第 18 册，第 46—47 页。

④ 光绪《松江府续志》卷 10《建置志·仓廪》，《中国地方志集成·上海府县志辑》第 3 册，第 261 页。

谷系属捐办,其动用经费及此后收放谷石,均著免其造册报销。"①道光十五年(1835),韩范捐田1100百余亩,岁收租息专归义仓存储,日积日多,若遇年岁稍歉,即行减价平粜,以济民食。之后,郡绅陆仪等"先后续捐长洲、元和二县官则田荡五千一百余亩,归入义仓收租办粮,余剩变价解司,以为接济荒歉之用"②。另在松江府的奉贤和娄县,也有建立丰备义仓的记录③。

　　丰备义仓从仓谷来源来看,性质如社仓;从其功能上看,作用等同常平仓。但它既不出陈易新,亦不春放秋收,仅遇荒歉,即行散放。散放之际,先尽村中鳏寡孤独无告之人,次及极贫,又次及中贫。"盖以推陈出新,易滋蒙混,春放秋收,出借难偿,所以专主于凶荒散放,不在推陈出新,以求滋长,亦不必春借秋还,以收利息。亦陶澍鉴于当时社仓之弊,矫枉过直之举也"④。丰备义仓避免了一些常平仓、社仓经营中的弊端,在苏松地区实施取得了较好的成效。因而它不仅在太平天国战乱以后得以修复并继续维持,而且也为同治光绪年间与其性质接近的积谷仓的实行提供了样板。

二、仓储的管理

　　伴随着常平、社、义等仓储形式的更替,清代苏松地区的仓政管理向多元化发展,由官方颁行的各类仓储条规更趋完备。尽管在管理办法上有许多共同之处,但由于办仓原则上的差异,因而,从根本上讲,常

　　① 同治《苏州府志》卷17《田赋六·积储》,《中国地方志集成·江苏府县志辑》第7册,第439—440页。
　　② 同治《苏州府志》卷17《田赋六·积储》,《中国地方志集成·江苏府县志辑》第7册,第441页。
　　③ 参光绪《重修奉贤县志》卷2《建置志》,《中国地方志集成·上海府县志辑》第9册,第820页;光绪《松江府续志》卷10《建置志》,《中国地方志集成·上海府县志辑》第3册,第259页。
　　④ 冯柳堂:《中国历代民食政策史》,北京:商务印书馆1993年,第213页。

平、社仓、义仓等仓储形式可以说是各具特色。

常平仓的管理直接受制于中央，显得强硬而刻板。康熙三十四年（1695），"题准江南捐积谷以七分存仓备赈，以三分发粜，俟秋收买谷还仓"①。正式通过存粜定例，并著为通例。关于收贮内容在清代仓储曾有一次较大改革，即粜米易谷。其主要目的是为提高储存质量。这种改易康熙年间已偶有实行，至雍正三年（1725）达到高潮，鉴于当时南方诸省土脉潮湿，米易霉烂，不如稻谷可以耐久。经过议定："江（苏）、安（徽）等省，除安徽但有稻谷，原无存贮米石，无庸改易；江淮截漕米八万余石分作二年，改换稻谷，令地方官添造仓廒，以备收贮。"②仓谷定额是在常平仓基本恢复、稳定以后，才渐渐开始的管理措施之一。雍正十年（1732），江苏巡抚乔世臣"奏定通省常平仓均贮谷数，大县三万石，中县二万石，小县一万六千石，或动帑采买，或截漕拨贮，以足额数"③。乾隆九年（1744），巡抚陈大受又以江苏户口殷繁，常平仓谷旧额不敷备贮，奏请将捐纳监生之谷，"大县增贮一万石，中县八千石，小县五千石以为定额"④。谷额有定使采买有度，既不任意采买妨害民食，又不采买过少形同虚设，并为考核官吏、监督仓政提供了依据。一直到清末常平仓制度瓦解，各地定额均以此额为基准筹措奏报。为加强对常平仓的控制，朝廷于康熙年间就采取监粜制度，作为常平仓政管理的一项重要措施。即派遣国家最高监督机关专职弹劾百司的都察院大臣，亲自赶往各地监督常平仓平粜。监粜制度与督抚、道、府等各级监督机构，

① 同治《苏州府志》卷 17《田赋六·积储》，《中国地方志集成·江苏府县志辑》第 7 册，第 438 页。

② 同治《苏州府志》卷 17《田赋六·积储》，《中国地方志集成·江苏府县志辑》第 7 册，第 440 页。

③ 同治《苏州府志》卷 17《田赋六·积储》，《中国地方志集成·江苏府县志辑》第 7 册，第 440 页。

④ 同治《苏州府志》卷 17《田赋六·积储》，《中国地方志集成·江苏府县志辑》第 7 册，第 440 页。

共同组成了一个较全面的监督系统，从宏观、微观各方面维持常平仓的运行①。

　　相比较而言，清代社仓的管理就显得宽泛简便一些。往往"同志者数人谋捐谷，凡得谷若干石，敛散之法悉依朱子当日行于崇安者，而人共乐出纳之，使行之数年，谷岁增，司事者益踊跃"②。至乾隆年间，官方加强了对社仓的控制，但社仓管理仍保留了民办的传统。乾隆五年（1740），江苏巡抚徐士林"奏旨讲求朱子社仓事目，檄各属实力兴行社仓，以广积贮"③。二十四年（1759），巡抚陈宏谋颁行社仓条规，承袭之前社仓条约的种种优点，还增添了一些新内容。他颁布的条规，颇具代表性，虽仅十条，但内容较明代的《济农仓条约》已大大充实，尤其详细规定了准借标准、借贷限额、程序及文簿的管理与监督等内容④。条规中所反映的管理方法，严格又不失灵活。一方面，州县官员对社仓管理人员的任免有较大的决定权，对社仓运作负有监督之责；另一方面，社长作为社仓的直接管理者，在借贷时也具有很大的自主权，"凡出借日期，悉听社长酌定，通知借户赴借，不必赴官请示，不必差役传知"⑤。从而减少了官方不必要的干预，较好地处理了官民关系，故能够"清社仓之积弊，收社仓之实效"⑥。

　　嘉道年间义仓的勃兴使苏松地区的仓政管理迈上了一个新台阶。

----

　　①　张岩：《试论清代的常平仓制度》，《清史研究》1993 年第 4 期。

　　②　乾隆庚午《太湖备考》卷 13，《中国方志丛书》"华中地方"第 40 号，台北：成文出版社有限公司 1970 年影印本，第 921 页。

　　③　乾隆《震泽县志》卷 30《积贮》，《中国地方志集成·江苏府县志辑》第 23 册，第 278 页。

　　④　陈宏谋：《出借社粮檄（乾隆二十四年三月）》，载《培远堂偶存稿》卷 45，《清代诗文集汇编》第 281 册，上海古籍出版社 2010 年影印本，第 340—342 页。

　　⑤　陈宏谋：《出借社粮檄（乾隆二十四年三月）》，载《培远堂偶存稿》卷 45，第 341 页。

　　⑥　陈宏谋：《出借社粮檄（乾隆二十四年三月）》，载《培远堂偶存稿》卷 45，第 341 页。

与康乾时期常平仓和社仓完全按政府统一规定运作的情况不同，多数义仓都有自己制定的条约。一般，仓库设立董事，于"绅士中择其身家殷实，才具干练者二人，由府帖谕委办，专司收租完赋及报变采买各事宜。设遇平粜之时，计数承办"，"官长不欲苛求，吏胥不敢挑驳，局外人不准讦告"①。士绅们按照当时当地的实际决定义仓的经营和管理方式，使其运作实况呈现出复杂多样的面貌，且更为灵活，更注重实效。不仅如此，其规条亦更加完备、详致，涵盖了仓储管理的每一个细节。长（洲）元（和）吴（县）《丰备义仓规条》共计十六条，嘉庆间松江府华娄《义仓规条》竟有二十三条之多！② 当然，规条的完善与实际上的管理并不是一回事，欲了解仓政管理的实态，还要与仓储的运营情况结合起来进行考察。

三、仓储系统的运营

从字面上理解，仓储系统应包含两层意思：一为仓储的运作，一为仓储的经营③。在明代前期无论预备仓还是济农仓，均为政府办理，经营的色彩很淡，至多只具有运作（行）的意义。明中后期，伴随着民间仓储的兴起和商品经济的发展，不少民间仓储开始做一些经营性工作，才使仓库自身的增殖成为可能。至清代仓储的经营活动进一步扩大，已不仅限于义、社等民仓，甚至连常平仓也开始讲究增殖（诸如借贷取

---

① 嘉庆《松江府志》卷 16《建置志·公建》，《中国地方志集成·上海府县志辑》第 1 册，第 336—337 页。

② 参见同治《苏州府志》卷 17《田赋六·积储》，《中国地方志集成·江苏府县志辑》第 7 册，第 441 页；嘉庆《松江府志》卷 16《建置志·公建》，《中国地方志集成·上海府县志辑》第 1 册，第 336—337 页。

③ 按：这里我们讲的"经营"一词较之"运作"一词，多了保产增殖的意义。

利）。雍正以前,仓谷定额之规在苏松地区从未有效执行①,每年新收、开除数额亦多未有意识的记载,故无法了解官仓具体的运作情形。雍正十年(1732)江苏巡抚乔世臣正式确立仓谷定额,始有常平仓积贮数额长期变动的记录,这也为地方官吏的考成提供了方便。以下依据乾隆《震泽县志》卷30《积贮》所载,将乾隆元年至十年(1736—1745)常平仓的运作情况制成表1—3。

表1—3　1736—1745年震泽县常平仓收支统计表

年　份	收入数(石)	支出数(石)						
		平粜谷	囚粮米抵谷	递犯口粮米抵谷	赈灾米抵谷	恤贫口粮米抵谷	其　他	小　计
1736	2161.2	2161.2	133.12	0.68		551.4	0.3	2846.7
1737	6925.6	6086.33	105.9	2.44				6194.67
1738	7665.5	10248.72	128.8	4.54	2605.2		0.54	12987.8
1739	11323.3	6591.3	141.36	5.74				6738.4
1740	1540		102.82	5.14				107.96
1741	2583.24		148.64	7.27		251.76		407.67
1742	9896.1	4700	177.45					4877.45
1743	5.54	5366.8	181.38	4.84			1.2	5554.22
1744	52.2		178.18	3.37				181.55
1745	6608.06		138.98	4.27				143.25
合计	48760.74	40039.67						

说明:本表升以下之数值四舍五入。

根据表1—3可见,常平仓除具有平粜和赈济两大用途外,还常常支付囚粮、递犯口粮、恤孤贫口粮、流民口粮等。1736至1745年,共平

---

　　①　据梁方仲、顾颖、钟永宁、陈关龙等的研究,明代虽曾规定过预备仓谷储额,但因定额过高,所以收效甚微。参见梁方仲前揭文及顾颖《明代预备仓积粮问题初探》(《史学集刊》1993年第1期)、钟永宁《明代预备仓述论》(《学术研究》1993年第1期)、陈关龙《论明代的备荒仓储制度》(《求索》1991年第5期)。

粜六次，谷额 35154 余石；赈济一次，谷额 2605.2 石，其他支出 2280.16 石，总支出 40039.67 石。常平仓的收入主要依靠买补、捐输、留漕等途径，十年间震泽县常平仓总收入为 48760.74 石。收支基本上保持平衡，并且在数目上，应该有 8720 余石的盈余，若加上乾隆元年（1736）原存仓谷数 20233.47 石，共计应存仓谷数 28954 余石。而乾隆十年（1745）通计实存仓谷额为"二万四千五百三十四石三斗五升一勺有奇"①；两者之间存在较大差额。这一方面说明常平仓的运作侵耗过大②；另一方面，即使仍按实存额计，亦可表明，只要经办得法，常平仓运作能够达到增殖的目的。从表1—3 我们还能看到，常平仓尽管具有一定的再生能力，但经营性仍然不强，在一些年份由于采买不及时，甚至出现亏损。例如乾隆三年（1738）平粜谷 10248 余石，赈济谷 2605 余石，秋后买补了 7665.5 石。可见常平仓作为完全由政府处置的公共粮食储备，虽具有较高的理性化程度，但由于受仓谷来源的限制，只作单纯的米谷贮存，不进行任何投资活动，没有借息、租佃等经常性收入，至多在买补时因季节差价等因素而略有盈余。另外，按照定制，在苏松地区，常平仓谷"常年平粜以存七粜三为率，如遇岁歉价昂，准其逾额平粜"③；"价平停粜，不必拘于存七粜三"④。根据《震泽县志》记载，乾隆元年至十年的六次平粜，除三年的一次逾额赈粜外，仅二年和四年按

---

① 乾隆《震泽县志》卷 30《积贮》，《中国地方志集成·江苏府县志辑》第 23 册，第 277 页。

② 不排除这其中有很大一部分为胥吏所侵吞，但也有一部分为仓库正常损耗。乾隆十一年（1746）户部遵旨议定，"新收仓谷每年每石消耗一升，三年之后，谷性已定，不准再销"。参见乾隆《上海县志》卷 4《田赋四·积贮附》，《上海府县旧志丛书·上海县卷》第 1 册，上海古籍出版社 2015 年，第 513 页。

③ 光绪《松江府续志》卷 14《田赋志·赈恤》，《中国地方志集成·上海府县志辑》第 3 册，第 369 页。

④ 光绪《嘉定县志》卷 29《金石志》，《中国地方志集成·上海府县志辑》第 8 册，第 601 页。

"存七粜三"原则照额买补,其他或"存八粜二",或"存九粜一",均未照
"以七分存仓备赈,以三分发粜"的规定执行①。由此可以推知,常平仓
的管理规制和实际操作之间,的确存在较大差距。

　　社仓在性质上与常平仓有很大的不同。由于要履行借贷取利的职
能,必然会追求自身的增殖,使其带有浓厚的经营色彩。这也与社仓的
仓谷来源有很大的关系。明代苏松地区的社仓仓谷多取自民间,以听
民乐输为主。隆庆二年(1568)苏州府设立的社仓即采取此类形式:"惟
士若民,闻风倡义,乐相捐助,贮诸各里中。"②清初,社仓尚处于恢复重
建阶段,苏松一带曾一度以派捐作为聚积仓谷的主要手段,带有明显的
强制性。例如雍正年间采用随漕捐输的办法,"诏令田亩随漕捐社谷二
合"③。不过,派捐的办法自乾隆以后即被废止。乾隆元年(1736),总
督部院赵弘恩核定社仓事宜,规定"自元年为始,一概停止捐输。嗣后
倘有需要储备之时,听民乐输,不得仍前随漕完纳,亦不得拘定数目,以
从民便"④。正因为社仓谷源多取自民间,且由民间办理,因而其运作
具有很大的灵活性,经营起来也有较大盈余。一般"无谷农民春间借谷
于仓,秋成计息偿还,丰年加一取息,歉岁免息缓征"⑤;十数年后,不仅
会有相当幅度的增值,甚至息可遂捐。据嘉庆《直隶太仓州志》卷4记
载:"康熙年间捐积本谷二千四百九十三石五斗九合,雍正十二(1734)、

　　①　乾隆《震泽县志》卷30《积贮》,《中国地方志集成·江苏府县志辑》第23
册,第274—277页。
　　②　《隆庆二年苏州府社仓事宜碑记》,载洪焕椿编:《明清苏州农村经济资
料》,南京:江苏古籍出版社1988年,第295页。
　　③　民国《太仓州镇洋县志附录·县自治款产》,《中国地方志集成·江苏府
县志辑》第19册,第150页。
　　④　乾隆《上海县志》卷4《田赋四·积贮附》,《上海府县旧志丛书·上海县
卷》第1册,第514页。
　　⑤　民国《太仓州镇洋县志附录·县自治款产》,《中国地方志集成·江苏府
县志辑》第19册,第150页。

十三(1735)两年共收捐米抵本谷二千六十一石二升七合六勺,乾隆六
年(1741),士民顾岐、王憬等共捐米谷六千二百石零。又自康熙年间起
至乾隆六十一年(1796),共得息谷七千九百二十三石三斗八升六合有
奇。"①取息增值也是出于维持社仓的实际需要,"不如是,则无以久其
继而广其储,猝遇凶年粟皆尽,而民仍无以为活矣"②。当然,社仓的具
体运营情况要复杂得多。为了更进一步说明问题,以下仍以震泽县为
例,将乾隆元年至十年(1736—1745)社仓的收支情况制成表1—4。

表1—4　1736—1745年震泽县社仓收支统计表

年　份	出借米(石)	还仓生息米(石)	民捐米谷(石)	社长消耗米(石)	流民口粮(石)	实存仓米(石)	出借率
1736	若干	免息				1690.54	
1737	若干	免息				1690.54	
1738	若干	免息				1690.54	
1739	930.75	93.08				1783.62	52%
1740	821.75	82.18				1865.79	44%
1741	773.7	77.37	3287.61—3540.5③	15.47		5215.30—5468.19	14.8%—14.1%
1742	1826.77④	182.68		36.53		5361.45—5614.34	34.1%—32.5%

---

①　嘉庆《直隶太仓州志》卷4,《续修四库全书》"史部·地理类"第698册,上
海古籍出版社1995年影印本,第63页。

②　韩奕:《昆山县世德仓碑记》,载道光《昆新两县志》卷37《艺文三》,《中国
地方志集成·江苏府县志辑》第15册,第606页。

③　乾隆六年(1741),"绅士等报捐谷八千三十三石一斗,是年缴谷五千五十
七石八斗六升"。参见乾隆《震泽县志》卷30《积贮》,《中国地方志集成·江苏府县
志辑》第23册,第278页。一般,稻谷加工成米,出米率在六成五至七成,若依此计
算,以上缴谷折米当在3287.61至3540.50石之间。由于影响出米率的因素很多,
这里不拟取其平均值,只保证折米实数在较准确的范围内。

④　据乾隆《震泽县志》卷30《积贮》(《中国地方志集成·江苏府县志辑》第23
册,第278页),是年"出借米为八百二十六石七斗六升五合",但同时县志记录,生
息米为182.6765石,社长消耗米为36.5353石,若依借息10%,消耗米2%的定例
计算,出借米实应为1826.765石;由此推知,出借米826.765石有讹,因订正之。

（续表）

年　份	出借米（石）	还仓生息米（石）	民捐米谷（石）	社长消耗米（石）	流民口粮（石）	实存仓米（石）	出借率
1743	1592.5	159.25	21.5	31.85	0.27	5510.08－5762.97	28.9%－27.6%
1744	1231.8	123.18	35.42	24.64		5644.04－5896.93	21.8%－20.9%
1745	1431.8	143.18		28.63		5758.57－6011.46	24.9%－23.8%

资料来源:乾隆《震泽县志》卷 30《积贮》。

说明:本表升以下之数值四舍五入,出借率由出借米除以实存仓米算得。

雍正六年(1728),震泽县"奉文分拨吴江县社仓米一千六十七石七斗八升四合",贮于县社仓,运作至雍正十三年(1735),实存仓米1690.54 石,作为谷本①。尽管按雍正二年(1724)所规定的社仓之法,每石收息二斗,小歉减息一半,大歉全免,其息只收本谷;至十年后,息已二倍于本,只以加一行息,但在具体运营过程中,由于实际借贷量比较有限,"每岁借半存半"②,收取利息自然亦受到限制。自乾隆四年(1739)至十年(1745),每年出借率基本在 14%－52%之间,这就影响了收还仓生息米的数额;七年间,其自身增殖能力尽管比常平仓大得多,但终归有限,总共仅收有 860 余石息米。而与此同时,绅士捐米竟达 3344.53－3597.42 石,由此可见,社仓运营仍主要依靠民间捐助。有关社长消耗米,其缘起交代如下:乾隆六年(1741),江苏巡抚徐士林疏称:"社仓捐谷一切出纳,责成社长。每年修仓,鼠耗、铺垫、苫盖、晒掠、搬运人工,以及纸张、薪水等项需用颇多,原定每石于息谷内消耗一升,实多不敷,请每石收息十升之内,准其消耗三升。"户部议准,令按安

---

① 乾隆《震泽县志》卷 30《积贮》,《中国地方志集成·江苏府县志辑》第 23 册,第 277－278 页。

② 顾镇:《支溪小志》卷 4《往迹志》,《中国地方志集成·乡镇志专辑》第 10 册,第 76 页。

河之例办理，每石准消耗谷二升①。乾隆十一年(1746)，震泽知县陈和志详准动支息米易银增建社仓三所，实支息米 661.869 石，这样当年存仓米应在 5096.7—5349.6 石之间。而据乾隆县志记载，实存"本米五千九十五石六斗三升五合，息米一百四十二石三斗七升二勺一抄"，合计存仓米 5238 余石②。账面与实存额基本上相符合，这也表明社仓运营较常平仓不仅有更强的自我增殖能力，而且更具效力，在一定程度上能够避免官仓冒充、侵蚀等弊端。

至嘉庆朝，仓储的运营又经历了一次较大的变化，这与义仓的兴起密不可分。自嘉庆间华娄义仓创立，遂开义仓置产收租之先声。嘉庆二十二年(1817)设立的华娄义仓计有义仓田 786 亩余③，田产采用租佃制经营。在《华娄义仓规条》中对田产租佃的经营管理有较完备的规定，主要包括收租完漕、借槖佃户、增值仓产、严格槖赈标准等经营内容④。如此以收取田租作为义仓积谷的来源，实际上等于把一个固定数额的货币用来购买田产作为资本，通过租佃收取利息，实现资本的生息。以这种方式积谷，与当时商品经济和租佃关系的进一步发达密切相关。流行于清后期苏松地区各县的丰备义仓，包括最著名的长元吴丰备义仓均以类似的方式运营⑤。建立于道光十五年(1835)的奉贤县丰备义仓，由职员胡功余捐田 300 亩，贡生葛长华

① 乾隆《震泽县志》卷 30《积贮》，《中国地方志集成·江苏府县志辑》第 23 册，第 278 页。

② 乾隆《震泽县志》卷 30《积贮》，《中国地方志集成·江苏府县志辑》第 23 册，第 278—279 页。

③ 嘉庆《松江府志》卷 16《建置志·公建》，《中国地方志集成·上海府县志辑》第 1 册，第 335 页。

④ 嘉庆《松江府志》卷 16《建置志·公建》，《中国地方志集成·上海府县志辑》第 1 册，第 336—337 页。

⑤ 参同治《苏州府志》卷 17《田赋六》，《中国地方志集成·江苏府县志辑》第 7 册，第 441 页。

捐田 50 亩,各董陆续置田 332 亩,共置田 582 亩,作为仓储的经营资本①。在具体的运营过程中,绅士们将田地寄捐到丰备义仓,也使他们的寄捐田以外的私有田可能得到种种便宜②。实现义仓自我增殖还有另外一个渠道,即贮钱增值:把仓款存放在典当铺或押铺收取利息。该办法主要实施于晚清,有关情况笔者将另撰专文论述。

（原文载《中国农史》1997 年第 2 期）

第三节　明清苏松仓储的经济、社会职能探析

明清时期,苏松地区不仅实施了曾在全国普遍推行的预备仓、常平仓、社仓和义仓,而且创立了颇具地域特色的济农仓、积谷仓等仓储形式。上文曾对这一地区仓储的演进历程作过简要回顾,并初步探讨了其管理和运营的大致情况,但多只停留在体制和技术的层面上。若要真正反映仓储积累的实际效用,还要对其经济职能和社会职能做进一步的分析、评估。

一、仓储的平粜职能及其运作

一般来说,仓储系统主要履行平粜、借贷两大经济职能。清代中叶以前,平粜主要针对常平仓而言。常平仓主要为平抑粮价而设,每当春夏青黄不接或因灾歉、战乱引起市场谷价上涨时,政府以常平仓谷平价粜卖于市,以免"谷贵伤民";当谷物丰收、市场谷价下跌时,政府又动用库帑平价收购,以免"谷贱伤农",从而对市场起到稳定、调剂作用。籴、粜是常平仓最基本的职能,"常平"之名即由此而来。考察常平仓平粜的实际

---

①　光绪《重修奉贤县志》卷 2《建置志》,《中国地方志集成·上海府县志辑》第 9 册,第 820 页。

②　[日]山名弘史:《清末江苏省の义仓——苏州丰备义仓情况》,《东洋学报》第 58 卷,1976 年第 1—2 号。

38 / 农政与财政：明清社会经济

效用,最主要的因素当然是它与谷价的关系。从理论上讲,常平仓在春夏之际平粜,秋后买补还仓,应可以降低粮价的季节变动幅度。常平仓履行其平粜功能,主要是减小粮价有规则的季节变动和因天灾人祸引起的粮价骤然上扬等不规则变动的幅度。稳定粮价对于广大小农来说,不仅是维持简单再生产的条件,也是进行扩大再生产的条件。但在实际生活中,这种作用似乎并不明显;或者说,两者之间即使有联系,也十分微弱。

以震泽县为例,乾隆元年至十年(1736—1745),常平仓共进行 7 次平粜,其中有 6 年记录了平粜总价格,从而可以推算出这 6 年的平粜价;与表 1—5 中所列当年米价相比,平粜价无疑要低得多。但这并不能够说明平粜就起到了举足轻重的作用。我们对平粜价与当年米价变动作了相关分析,计算结果为相关系数 r=0.190(计算过程从略),说明平粜价与米价变动相关性很低,常平仓在日常对米价的调节几乎起不到应有的作用。

这其中有多方面的原因。首先,常平仓积谷量不足,尤其是人均常平仓积谷量更少(见表 1—6)。在苏松地区,新阳县人均仓储量最高为 0.153 石,川沙厅最低,为 0.018 石,各县平均为 0.062 石。如果从仓储额贮量与实际出粜需求量相差数量角度考虑,则更能说明问题。以松江府为例,嘉庆二十一年(1816),全府人口为 2484728 人,当时松江府每年出粜的仓谷(按存七粜三例)仅 45000 石,与青黄不接的二月至五月的 250 万石需求量相比,只占 1.8%。这还是在未考虑仓谷缺额的情况下的考察。

表 1—5 乾隆元年至十年震泽县常平仓平粜情况

年 份	平粜谷数(石)	总价格(银两)	平粜价(银两/石)	当年米价(银两/石)	平粜价与实际米价之差(银两/石)
1736	2161.20	826.65	0.38	1.00	0.62
1737	6086.33	2875.79	0.47	1.10	0.63
1738	10248.72	4611.92	0.45	1.30	0.85

（续表）

年　份	平粜谷数 （石）	总价格 （银两）	平粜价 （银两/石）	当年米价 （银两/石）	平粜价与实际米价 之差（银两/石）
1739	6591.3	3479.92	0.53	1.40	0.87
1740				1.20	
1741	2583.22			1.34	
1742	4700	3505	0.75	1.53	0.78
1743	5366.8	3301.24	0.62	1.60	0.98
1744				1.55	
1745				1.42	

资料来源：乾隆《震泽县志》卷 30《积贮》，其中当年米价据 Yeh-Chien Wang，
Secular Trends of Rice Prices in the Yangzi Delta，1638－1935，载王业键著：《清代
经济史论文集》（三），台北：稻乡出版社 2003 年，第 293 页。

表1—6　乾隆年间苏松属县人均常平积谷量

地　区	仓储额贮 量（石）	人口数	人均仓储 量（石）	地　区	仓储额贮 量（石）	人口数	人均仓储 量（石）
华亭县	20000	302529	0.066	奉贤县	20000	261898	0.076
娄　县	20000	260523	0.077	金山县	20000	391220	0.051
上海县	19000	529249	0.036	南汇县	19000	416497	0.046
川沙厅	2000	112462	0.018	青浦县	30000	210350	0.143
太仓州	20000	200298	0.100	宝山县	20000	277929	0.072
嘉定县	20000	421356	0.047	崇明县	16000	165175	0.097
吴　县	30000	1170833	0.026	长洲县	20000	266944	0.075
元和县	20000	217837	0.092	昆山县	20000	192895	0.104
新阳县	20000	130398	0.153	常熟县	20000	364216	0.055
昭文县	20000	248998	0.080	吴江县	20000	299889	0.067
震泽县	20000	306479	0.065	总　计	416000	6747975	0.062

资料来源：1. 各县仓储额贮量据嘉庆《松江府志》卷 28《田赋志·积贮》、同治《苏州府志》
卷 17《田赋六·积储》、光绪《宝山县志》卷 2《营建志·仓储》等；其中嘉定、崇明二县和太仓州
为估算数。

2. 各县人口数据梁方仲：《中国历代户口、田地、田赋统计》，上海人民出版社 1980 年，第
436—437、440—441 页；王树槐：《中国现代化的区域研究：江苏省，1860—1916》，台北"中研院"
近代史研究所 1984 年，第35—39 页。苏州府属县人口数为嘉庆十五年（1810）数字，松江府属县
人口数为嘉庆二十一年（1816）数字，嘉定县、太仓州为嘉庆二十二年（1817）数字，宝山县、崇明
县为乾隆三十六年（1771）数字。

其次，平粜价往往也离不开市场调节。为吸引外地米商，防止富户闭粜，地方官员平粜时往往不敢过分压低粮价。"谷少则贵势也，有司往往抑之。米产他境，与客贩必不来矣；米产吾境，与上户必闭粜矣。上户非真闭粜也，远商一至，牙侩为之指引，则阴粜与之，以故远商可粜而土民缺食。是抑价者欲利小民反害之也。故不如不抑"①。

又次，历来常平仓平粜一般只在县城进行，对广大乡村影响很小，受惠"止利于市民，与农民无涉"②，无法有效调节基层乡里的粮价变动。

明清时期，不少官绅士民试图从不同角度变革常平仓制，以便将其受益面扩大至整个基层乡村社会。明末清初陆世仪曾提出设立常平田，兼社仓、常平二法而胜之的办法："买田以为常平，岁收其所入之粟于仓，欲赈则赈，欲贷则贷，欲减价则减价；所粜之钱又可粜米，为来年张本，源源无穷，岁有增益……常平之法有粜而无赈，不如立子母仓。先以千石或万石为母，遇小饥则减价粜之，薄收其息，以入子仓便，岁恒小饥，则子母俱减价收息，大饥则母仓备粜，子仓备赈。"③乾隆元年（1736）新阳县举人王荃亦在奏陈积贮利弊时，"请推常平之法于乡社，因社仓之规而行以常平，条具甚悉"④。然而种种努力多因响应者绝少而难以实行。至清后期，设立于民间的义仓、积谷仓等兴起，始将仓储平粜职能履行于乡社以

---

① 周孔教：《荒政议》，俞森辑：《荒政丛书》卷 4，《文津阁四库全书》第 662 册，第 347 页。

② 陆世仪：《思辨录辑要》卷 16《治平类》，《文津阁四库全书》第 724 册，第 781 页。另据《陈确庵日记》云："城市便于平粜，不便于称贷，常平是救城市法；乡村便于称贷，不便于平粜，社仓是救乡村法。"载民国《太仓州志》卷 27《杂记上》，《中国方志丛书》"华中地方"第 176 号，台北：成文出版社有限公司 1975 年影印本，第 2033 页。

③ 陆世仪：《思辨录辑要》卷 16《治平类》，《文津阁四库全书》，第 724 册，第 781 页。

④ 同治《苏州府志》卷 97《人物二十四·新阳县》，《中国地方志集成·江苏府县志辑》第 9 册，第 517 页下栏。

下。据嘉庆二十二年(1817)《华娄义仓规条》,放赈和平粜同为义仓的主要功能①。而积谷仓的日常职能也与义仓相类似:"储谷进仓,每至第三年粜、籴一次,定期七、八两月出粜,十、十一两月收籴齐全。"②

由于义仓、积谷仓平粜的空间范围大大扩展,故平粜的效果也较常平仓显著。从清末枫泾义仓《平粜章程》来看,义仓粜籴"镇乡分别办理",这就使平粜受惠不再只囿于城镇。其法为:"镇上各户向系零籴,仓内设立米柜听籴。或一日,或二日,多至五日,并籴为限;大口每日七合,小口每日五合,按户给凭折。折上只编策号,无名姓,全人体面;底册注明名姓、坊里,以备检查。米柜设四个月为率。乡间各图离镇远者二十里,来去须费一日功夫,平粜时多在农忙,是以每户应有若干米一次并粜,以省农工。间有钱不凑手,听其分籴,以体贫户。三十八图分派十二日,挨图出粜,不准拨前预籴,只准过期补籴,以免拥挤紊乱。大口三斗,小口减半,米价照市七折左右。一俟镇乡平粜告竣,将籴户姓名米数,按户开明,分给各图,榜示镇上;将各户米折策号、籴去米数,逐一开明榜示。"③平粜价按实际米价的七折估算,厘定标准较震泽县常平仓的平粜价几乎高出1倍左右。

二、仓储的借贷职能及其实效

明前期实行于苏松地区的预备仓和济农仓,均履行过借贷的经济职能。永乐三年(1405),"定苏松等府水淹去处给米则例,每大口米一斗,六岁至十四岁六升,五岁以下不与,每户有大口十口以上者止与一

① 参嘉庆《松江府志》卷16《建置志》,《中国地方志集成·上海府县志辑》第1册,第335页下栏。

② 光绪《娄县续志》卷2《建置志·仓庾》,《中国地方志集成·上海府县志辑》第5册,第324页下栏。

③ 宣统《续修枫泾小志》卷2《建置志·仓庾》,《中国地方志集成·乡镇志专辑》第2册,第178页下栏。

石。其不系全灾，内有缺粮者，原定借米则例，一口借米一斗，二口至五口二斗，六口至八口三斗，九口至十口以上者四斗，候秋成抵斗还官"①。所谓抵斗还官，即为无利借贷，这是针对预备仓而言。济农仓的借贷主要用于资助贫苦农民耕种时所需的种籽与口粮，"每值耕作时，给借贫民各二石，秋成抵斗还官"②；借贷时，"必验中下户及田多寡给之"，"先下户，次中户"③。正因为预备仓、济农仓借贷多不计利息，无法实现自身增殖，因而长久维持很快成为不可能。

随着预备仓、济农仓日益陷入困境，复兴于明代中后期的社仓开始承担借贷的功能。至清代，社仓借贷更变成为一种常年性的资助方式。仓谷不论灾年或者常年，年年放贷，不断周转，借贷的作用越来越强；仓谷的常年借贷作为一项重要的经常性的接济方式，直接为从事农业生产的小农提供了再生产所需的种籽与口粮。一般来说，小农维持其简单再生产最为拮据的时间是每个生产周期之初，此时要为新的生产筹措必要的生产和生活资料，仓谷的适时发放正是以较低的利息借贷来解决小农的急需。在正常情况下，"贫民愿借者先报社长核定借数，自具甘赔保结，然后总报州县定期汇发。秋成还仓，加一收息，如遇歉岁免取其息。成灾缓俟来岁麦熟秋收，两次归还"④。与民间高利贷加三加四乃至更高的利息率相比，清代社仓借贷利息率"加一收息"无疑较低，这大大有利于农业生产的正常进行。

一般，常平仓主要执行赈粜职能，借贷一事基本上与其无涉。但在清代，苏松地区常平仓借贷的事例越来越多。乾隆七年(1742)，江苏省

---

① 嘉庆《松江府志》卷26《田赋志·赈恤》，《中国地方志集成·上海府县志辑》第1册，第561页下栏。

② 《况太守集》卷2《列传中》，沈乃文主编：《明别集丛刊》第1辑第35册，合肥：黄山书社2013年影印本，第27页下栏。

③ 《明史》卷153《周忱传》，北京：中华书局1978年点校本，第4213页。

④ 乾隆《上海县志》卷4《田赋四·积贮附》，《稀见中国地方志汇刊》第1册，北京：中国书店2012年影印本，第424页上栏。

十八州县水灾,动用常平仓"借给籽种口粮……秋成免息还仓"①;十三年六月庚申,贷江苏元和、吴江、昭文、昆山、新阳、上海、青浦、嘉定、宝山等二十州县卫本年被雹贫民②。据张岩的研究,清前期全国常平仓出借与平粜谷比例相当,可见借贷也成为常平仓的主要功能之一③。清代仓储有关则例规定,常平仓谷"许农民领借作为口粮籽粮……使耕种有资,无虑拮据"④;"凡贷有籽种,有口粮"⑤。籽种和口粮均为维持农民基本的生产条件所必备。当然,我们也应看到,常平仓借贷毕竟只限于灾歉之际的临事之举而非常年性的资助方式,而且在苏松地区也并未达到与平粜相埒的地步。实行于晚清的义仓、积谷仓等仓储形式虽主要承担赈粜的职责,但有时也兼及一些借贷性质工作。例如,光绪十六年(1890),法华乡值青黄不接,"借给谷息每亩八十文,又因米价昂贵,碾动仓谷每亩二升六合,极贫钱谷并给,次贫给钱不给谷"⑥。

表1—7　清雍正六年至乾隆十二年吴江县社仓出借情况

| 社本谷数(石) | 实贮息谷量 | 社息(石) | | 报告期本息总量(石) | 年平均周转速度(次) | 报告期年出借量(石) | 户　数(户) | 受益面(%) |
		入仓率	生息时期					
1068	4266	七分	1728	5334	2.5	6668	64007	10.4

仓储借给量到底能在多大程度上满足农民最基本的需求,这是考

①　光绪《钦定大清会典事例》卷276《户部·蠲恤·贷粟一》,第102册,清光绪二十五年石印本,第9页。

②　《高宗纯皇帝实录》卷316,《清实录》第13册,北京:中华书局1986年,第194页上栏。

③　张岩:《试论清代的常平仓制度》,《清史研究》1993年第4期。

④　《皇朝经世文编》卷40,《魏源全集》第15册,长沙:岳麓书社2004年,第249—250页。

⑤　王庆云:《石渠余记》卷1,北京古籍出版社1985年,第7页。

⑥　民国《法华乡志》卷3《荒政》,《中国地方志集成·乡镇志专辑》第1册,第67页上栏。

查借贷实绩的关键所在。以下试以社仓制度为例略作评估。由于社谷年年有借还，还仓时有利息，息又本，社谷逐年增加，故从社谷的借还量与周转速度，可考查出农民对它的依赖性。据徐建青计算，清雍正六年(1728)至乾隆十二年(1747)吴江社谷周转速度为 2.5 次，受益面为10.4%（见表 1—7）[1]。这表明，社仓或多或少可以抵消一部分高利贷的剥削，从而解决农民的生产资金，缓解农民的贫困状况，保证一部分农民受益，使其最低程度的简单再生产能够维持。当然，对仓储所抵消的高利贷的盘剥，也不宜估计过高。明清苏松地区农村高利贷的广泛存在即证明了仓储借贷作用的有限性："当春夏之交，农民之力畎亩而馈粥不继，未免出加倍之息，资之富人，富人与之若投饵。谷始登场则勾取其子本，以仅存之余，供倍蓰之赋，不足又举而偿之"。[2] 清末松江府高利贷盘剥就尤为严重。（见表 1—8）

表 1—8　清末松江府四县高利贷盘剥情况

县　份	高利贷盘剥记录	资料来源
华　亭	"有余之家，昔年放债，富者出本，贫者出利。夏月放出，冬月收入。"	光绪《重修华亭县志》卷 23《杂志上·风俗》
南　汇	"邑境偏僻，素无金融机关。贫者借贷无方，唯以物质于典商家，转运不灵，亦以物质于典富者。"	民国《南汇县志》卷 18《风俗志一·风俗》
金　山	"农人每当青黄不接之时，有射利者乘其急而贷以米，谓之放黄米。俟收新谷，按月计利清偿，至有数石之谷不足偿一石之米者。"	光绪《金山县志》卷 17《志余·风俗》

① 徐建青：《从仓储看中国封建社会的积累及其对社会再生产的作用》，《中国经济史研究》1987 年第 3 期。

② 张洪：《济农仓记》，王宝仁辑：《娄水文征》卷 9，道光十二年闲有余斋刻年，第 26 页。

（续表）

县　份	高利贷盘剥记录	资料来源
青　浦	农民"耕时贷米，至冬亦偿以米，其息甚昂，有一石偿二石者，谓之债米。"	光绪《青浦县志》卷2《疆域·风俗》

仓储积累正是通过平粜、借贷两大经济职能，来维持一部分农民的再生产，从而在巩固和维护农业经济发展的过程中取得了一定成效。但由于仓储积累量在社会总产品中的比重很小，而且其中大部分的使用仅限于维持简单再生产，因而它的作用终归有限；加上仓储制度在执行中的种种弊端，更使其效果大打折扣。因官胥豪强恃强中饱、克扣浮索而使仓谷亏空仅存虚籍的现象，时有发生。以崇明县为例，仅在清嘉、道两朝，县万安仓和社仓亏损即相当严重："嘉庆间，知县张南圭亏（万安仓）谷二千八百六十余石，又亏社仓存谷价银三千四百四两零。迨清查仅缴银三千四百四十三两零，而后历任亏银四百八十五两，迄未归补。道光时，知县熊传栗亏谷一千五百四十余石，则仅缴价银二百七十余两，知县明通亏谷价钱五千七百十二千，则不详赔补。"[①]

三、仓储系统的社会职能

所谓仓储系统的社会职能，主要指其社会控制的职能。无论履行平粜、借贷还是履行赈济，或更广泛意义上的社会救济职能，仓储系统的终极目的都是为了稳定和维护地方社会秩序。灾荒袭击造成的后果，在破坏农业生产之余，还导致饥馑频生、灾民流徙、抢米、暴乱等一系列的连锁反应，这一切都足以对社会的固有秩序产生冲击，造成社会动荡不安。而仓储体系能够通过施展其社会职能从而使社会秩序得到一定程度上的稳固，从而避免或减轻灾荒对社会的冲击，维持社会生活

---

① 民国《崇明县志》卷7《经政志·仓廒》，《中国地方志集成·上海府县志辑》第10册，第592页上栏。

的正常运转。

明中后期及清代各种设立于民间的仓储，从它的条例中我们可以看到，与传统官方的做法比较起来，受惠的范围显然扩大，不仅包括有田之家（地主），而且包含力田之家（佃农）。但与此同时，对受惠人资格的要求却更为严格。最明显的例子，是陈宏谋所制定的社仓条规，"不论佃业，凡种田之户，无力者均准借给。不种田者虽有别项生业，皆不准借，田多力能耕种者，亦不准借，生监、书役、兵丁之家，虽种田亦不准借"①；"凡着落保户代赔之户，明年不准再借。现有旧欠未还之户，目下亦不准再借"②。换言之，农民被分为"该受惠的"与"不该受惠的"，即他们是否符合经营本业、按时归还或果真贫穷，是判断的基本标准。而确立某种规范作为判断的标准，显然不仅是出于对"安分守己"、"自食其力"等观念的执着，更为重要的目的是为了整顿和维持地方社会秩序。追溯起来，这种情况与明清时期流行于这一地域的"立乡约"活动有密切的关联。明代的乡约制度，经过洪武至宣德时期的酝酿，正统至正德时期的初步推行，嘉靖以后步入全盛，乡约的内容和形式、数量和规模、理论和影响，都有了较大的发展和扩大③。在苏松地区表现为乡约与社仓、社学相辅而行。其情形如嘉靖五年（1526）昆山县知县王朝用在《王巷社约碑记》中所称："于本里内推选有齿德者一人为约正，有德行者二人为约副。照依乡约事宜，置立簿籍二扇，或善或恶者各书一籍，每月朔一会，务在劝善惩恶，兴礼恤患，以厚风俗。乡社既定，然后立社学，设教读，以训蒙童；建社仓，积粟谷，以备凶荒。而古人教养之

---

① 陈宏谋：《培远堂偶存稿》卷45《出借社粮檄》，《清代诗文集汇编》第281册，上海古籍出版社2010年影印本，第341页下栏。
② 陈宏谋：《培远堂偶存稿》卷45《出借社粮檄》，《清代诗文集汇编》第281册，第342页上栏。
③ 曹国庆：《明代乡约发展的阶段性考察——明代乡约研究之一》，《江西社会科学》1993年第8期。

良法美意悉于是乎寓焉！遵而行之，则四时和顺，百谷丰登，而赋税可充；礼让兴行，风俗淳美，而词讼自简。何待于催科？何劳于听断？而水旱、盗贼何足虑乎？"①以这种方式，既可加强村社内部的凝聚力，也有助于涵养人们的互助美德。入清以后，乡约制度进一步发展。在嘉定县，康熙间曾颁行"劝民十则"，"刊发万户，朝暮省视，时刻讲究，父教其子，兄劝其弟，夫训其妻，朋友各相劝勉，大家痛革前非，同心向化，以期不负"②。其中"务本业"一则正可以诠释限制仓储受惠人资格的深层含意："士农工商各有专业，经营力作必至成家，此有恒产者必有恒心也。若男不耕则无粟，女不织则无布，无粟无布，虽年丰而妻啼饥，冬暖而子号寒，所不免也。一遇饥寒必入匪类，卒至身不能保，岂非失业之害哉！劝尔四民各守本分，各安生理，勿见异而作辍，勿游惰以贪闲。"③直接以教化方式来参与治理地方社会秩序，这是民间仓储与官方赈济活动最大的分野所在，所谓"夫以教为养，养之大者，区区备豫不虞，固可恃"④。

明清时期，由于赋役负担过重，广大农民在正常年景也只维持勉强糊口的生活水平，当遭受灾荒时其生活的艰难、悲惨更是雪上加霜，由此引起的社会动乱对乡村秩序的稳定是一种经常性的威胁。事实上，苏松地区由灾荒引起的社会动荡绝不在少数。崇祯十三年(1640)吴江爆发了因为旱蝗所导致的由朱和尚率领的"打米"骚乱⑤。道光二十九

---

①　嘉庆《淞南志》卷 13《艺文》，《中国地方志集成·乡镇志专辑》第 6 册，第 593 页下栏。

②　康熙《嘉定县续志》卷 5《艺文·议》，《中国地方志集成·上海府县志辑》第 7 册，第 1112 页下栏。

③　康熙《嘉定县续志》卷 5《艺文·议》，《中国地方志集成·上海府县志辑》第 7 册，第 1113 页。

④　陈其元：《丰备仓碑记》，光绪《青浦县志》卷 3《建置·仓庾》，《中国地方志集成·上海府县志辑》第 6 册，第 77 页下栏。

⑤　乾隆《吴江县志》卷 40《灾祥·灾变》，《中国地方志集成·江苏府县志辑》第 9 册，第 189 页上栏。

年(1849)和光绪二十四年(1898)上海县法华乡先后发生两次动荡，尤以后者为烈："梅家弄乡民蔡鹪鸣锣聚众数百人，蜂拥邻邑仓间，美其名曰'借米'。娄青殷户数十家，三四日间劫掠一空。始焉抢米，继而衣饰、物件尽行掳掠矣；始焉日中为市，继而夜以继日、通宵达旦矣；始焉附近饥民，继而浦南、浦东、吴淞江北突如其来矣。如狼如虎，日不可以千万计。"①虽然最大程度地依靠仓储稳定社会秩序的功能也不能从根本上消除动荡的根源，但至少可以使动荡的次数有所减少，程度有所减轻。灾荒发生时，为了保持地方社会的安定秩序，进行救恤活动十分必要，仓储在特定的地域中的确发挥了救恤安民的作用。例如：康熙四十五年(1706)宝山县大饥，一时间"白昼不可行路，二人遇一人即剥衣夺货，民为罢市，村落各自防守，日夜不得安。二月，官设法赈济，各处富民捐米赈粥，至麦秋止"②。雍正十年(1732)飓风，"田庐淹没，死者无数"，常熟县鹤市饥民"思作不靖，一日数惊，又群聚掠富家，仓廪为空，邑令唐尊尧设粥厂于市南大悲殿，全活甚重"③。嘉庆九年(1804)春，嘉定大水，"六月初旬，南翔各米铺以食户计存粮，仅可支三日，民心皇皇，咸忧缺食。里中绅士朱抢英等先后呈请邑侯许公知玑、赵公曾发碾常平仓谷平粜，民困乃苏"④。以上三例说明，面临可能或已经出现的社会动荡，依靠仓储设厂赈饥、平粜仓米的确能够应一时之急，这也是仓储系统社会功能的具体体现。

明清时期，官方十分重视仓储在重大灾荒的非常时期对地方秩序

---

① 民国《法华乡志》卷3《荒政》，《中国地方志集成·乡镇志专辑》第1册，第67页上栏。

② 民国《真如志》卷8《杂志·祥异》，《上海乡镇旧志丛书》第4册，上海社会科学院出版社2004年，第261页。

③ 民国《增修鹤市志略》卷下《纪闻》，《中国地方志集成·乡镇志专辑》第11册，第492页下栏—493页上栏。

④ 张承先：《南翔镇志》卷12《杂志·纪事》，《中国地方志集成·乡镇志专辑》第4册，第527页上栏。

的控制作用。以清代为例,清前期朝廷的注意力集中在常平仓和社仓的运作上,咸丰以后常平仓瓦解并无望重建,社仓也出现流弊,地方官只能通过重视民间性质的义仓来表达其道德责任,希望义仓能在某种程度上取代常平仓和社仓,继续成为其关心民食、稳定地方秩序的象征。清末,苏松地区的一些义仓特别是位于府城和县城等官府控制力较强的地方义仓,在其建立过程中都有官府参与①。不管是士绅还是官府,建立备荒仓储的根本目的都在于维持社会秩序的稳定。不过,在某种程度上,仓储在履行其社会功能过程中,并不能够保证从根本上避免灾荒之际农业人口从社会常规中脱离出来,流动人口的增多往往会成为社会不稳定的因素。为了进一步加强对地方社会的控制,除了发挥仓储的社会功能,官方常常还要配合弹压、发帑、蠲免等手段。万历年间岁饥,松江府曾立一白牌,上书"饥民必救,乱民必斩"八字②,即形象地反映了官方是以稳定社会秩序作为"补强之措"的根本目的。至于赈帑减漕以资救济更是经常之举③。例如嘉庆九年(1804)夏五月,昆山水灾,"饥民纠党攘取富家储米,官严惩之。仍劝募平粜赈济,四境始安,减本年漕粮,缓征旧欠"④。尽管动用所有社会控制手段,能在极大限度上减少基层社会的动荡,但仍要受其他一些因素的制约。比如若遇时局不稳,即便恩威兼施,也未必能够消除隐患,一时人心思乱、骚动不断,在所难免。

---

① [日]山名弘史:《清末江蘇省の義倉——蘇州豐備義倉の情況》,《東洋學報》第 58 卷,1976 年 1—2 号。

② 佚名:《云间杂志》卷中,《丛书集成初编》第 3157 册,北京:中华书局 1991 年,第 23 页。

③ 有关研究详参罗仑、范金民:《清前期苏松钱粮蠲免述论》,《中国农史》1991 年第 2 期;徐建青:《清代康乾时期江苏省的蠲免》,《中国经济史研究》1990 年第 4 期。

④ 道光《昆新两县志》卷 39《祥异》,《中国地方志集成·上海府县志辑》第 15 册,第 637 页下栏。

从技术上说，明清苏松地区的仓储积累工作比之前并无任何突破，仓储积累在这一时期所要解决的，并非全是灾民所面对的基本生存问题，而是如何维护社会秩序的问题。当然，两者很难截然分开。正如陆世仪所云："民以食为天，故治术虽多端，万事皆根本于食，食足则人心安，食不足则变乱生，此常理也。即或不然，食足而变乱者有之，然根本既固，张弛繇我，虽衅蘖时起，可恃无虞。"①所以，只要仓储赈济工作做得出色，发生动荡的机会同灾歉的严重与否并不成正比。光绪间南汇县的三次仓储赈济工作即很好地说明了这一点：

> 光绪九年秋，霪雨为灾，放给仓谷一万九千七百九十六石有奇，赈济各图贫户，又提拨积谷存典正本钱八千九百二十二千四百三十一文，存典生息钱七千五百六千一百二十三文，于沿海修筑圩塘，以工代赈。

> 光绪十五年秋，大水为灾，提拨义仓积谷正息钱二万三千二百二十五千九百文，又八十千八百文接济贫户，又提拨义仓储谷一万四千九百三十七石三斗六升接济各图贫户，又提拨义仓储谷五千六十一石二斗接济各图贫户。

> 光绪三十一年秋，飓风为灾，海潮泛滥，提拨义仓积谷存款正本钱三千五百千文，又息本钱六千五百千文赈济沿海灾民，又提拨义仓积谷存款正本钱四万三千千文，建筑圩堤，以工代赈。②

从三次放给的数额巨大的钱谷来看，光绪九(1883)、十五(1889)、三十一(1905)年三次灾歉的规模当不小，由于赈济手段得力，尽可能地满足了灾民的生存需求，结果并未发生变乱。其中，"以工代赈"作为赈

① 陆世仪：《桑梓五防》，《丛书集成三编》第 21 册，台北：新文丰出版公司 1997 年，第 556 页。
② 民国《南汇县志》卷 5《义赈》，《中国方志丛书》"华中地方"第 425 号，台北：成文出版社有限公司 1983 年影印本，第 334—335 页。

济的方式之一,更是在使贫民得役力以糊口的同时,又发挥着减少流民、稳定地方社会的功用。例如修圩一事,"用欠租佃户,每工以一钱为率,或钱或米,现给一半,扣租五分"①;"在穷民可以受直救饥,而富户亦得自完其阡陌,一举而两利"②。从社会角度考察,仓储实质上是一种社会控制形式,其实施过程中处处体现出使人们遵从社会规范、维护社会秩序的作用。

　　不过,由于明清苏松地域社会的复杂性,即便最大程度地估计仓储赈济的社会职能,仍难以弥盖原则与事实之间的距离。这表现为,万历三十六年(1608)《庄元臣上巡抚救荒议》所描绘的"乱民四起,盗贼充斥。昼则乡里无籍,什百成群,望屋而设,排门而入,指囷而取,揭釜而食;斗粟尺布,搜索无遗,鸡犬豕羊,烹屠殆尽。夜则白巾黄帕,连桴鼓枻,持矛焚炬,突进争先;杀人如芥,弃尸漂湖,叫号之声,彻夜不止。人缨锋刃,户有疮痍,以旦夕未为鱼鳖之身,复遭豺狼吞噬之患,是洪水猛兽合并为灾也。虽欲求须臾之生,其可得邪"的图景不止一次地发生③。究其原因,大概有三:首先,仓廪积米有限,而饥民待哺无穷,"盖一县之大,待哺者不下十数万,仅以千石赈,其势不能遍及,不得则怨,得而不厌则亦怨"④。其次,仓储的赈济工作展开不及时,饥民为形势所逼以借米为名,打劫富户。这在地方志中屡见记载。崇祯十三年

---

① 嘉庆《直隶太仓州志》卷 20《水利下》,《续修四库全书》第 697 册,上海古籍出版社 2002 年影印本,第 330 页。

② 徐尚勋:《救荒议》,光绪《青浦县志》卷 8《田赋下·荒政》,《中国地方志集成·上海府县志辑》第 6 册,第 171 页上栏。

③ 道光《震泽镇志》卷 3《灾祥》,《中国地方志集成·乡镇志专辑》第 15 册,第 376 页下栏。

④ 民国《崇明县志》卷 7《经政志·仓廒》,《中国地方志集成·上海府县志辑》第 10 册,第 592 页下栏。

(1640)五月，吴江大水，庵村一带饥民"哗然群起，逼令殷户减价开粜"①。光绪十五年(1889)八月吴中大水，黎里四乡"人情汹汹，以借米为名，争向富家劫夺。村镇富户多有迁避省垣者。杨家荡、陆家荡等处甚至结党白昼抢掠，日必三四起"②。又次，地方官员不能体恤民情、关心民瘼，极大地影响到赈灾的效果。他们不但赈济不力，隐瞒灾情，而且乘势追比赋役，致使民不聊生；于是基层社会控制的失调引发了灾民不断高涨的不满情绪，社会秩序顿显紧张。明末清初的姚廷遴曾据亲身经历，详细记录了康熙三十五年(1696)水灾后上海县发生的一系列事件，形象地反映了因知县对待灾民残忍、冷酷而造成的地方社会动荡不安的势态③。

以上，我们考察了明清苏松地区仓储系统的经济职能和社会控制职能，从一个侧面认识到仓储赈济工作的实质及其局限性。研究表明，仓储积累在社会经济发展过程中主要起一种调节结构的功能，即维护自给自足的小农经济，保证其最低程度的简单再生产的进行，从而稳定社会秩序，保障社会赖以生存的最基本的物质条件。不过，这种调节功能主要表现在应急方面，而在控制米价变动和预防灾害等方面所起作用十分微弱。

(原文载《古今农业》1998 年第 3 期)

---

① 民国《庵村记·异纪》，《中国地方志集成·乡镇志专辑》第 13 册，第 696 页下栏。

② 光绪《黎里续志》卷 12《杂录》，《中国地方志集成·乡镇志专辑》第 14 册，第 476 页上栏。

③ 姚廷遴：《续历年记》，《清代日记汇抄》，上海人民出版社 1982 年，第 152—156 页。

第二章　社区赈济

第一节　明清时期苏松地区的乡村救济事业

　　明清苏松地区的乡村救济事业,总体上看仍不能脱离一定的基层积累,也就是说,在某种程度上需以仓储积累为中心。只是这种积累以民间不固定的临事性捐粟为主体,与传统意义上的比较固定的常年性仓储积累有着很大的不同。不仅如此,乡村救济还延伸及各种相互交错的社会经济关系和社区关联,从而构成施展社会救济职能的"乡村救济网络"。在这一网络中,既包括以地域为基础的义赈团体、以血缘关系为纽带的宗族救济组织、以传统道德规范为指导的民间慈善赈济机构等等,也包含官方的赈济设施。它们以各种形式相互交叉,尽管具有多种功能,但没有统一的原则。

一、民间救济资金的筹措

　　研究表明,明清时期的苏松地区,仓储系统特别是官方仓储所取得的赈济功效相当有限①。贫民不但在平时及轻微的荒歉时期必须独自解决生活问题，政府鲜能协助，即便遇到中级以上的灾荒，政府采取的救恤行动亦难以满足急需，其情形常常是，"官米之始，即有数万余石，籴者许自一斗以下。今官米日益乏，乃到一口一丁者验其籍，只许日籴一升，且不论其居止，南者调之北，东者发之西，人籴某行某铺，填其名，不得移易。于是乡民日奔走数十里外，百日籴此一升，得不偿劳"②。有时候由于发生灾荒已超过报灾时限，而错失开仓赈济，更导致"贫者租米半偿而无余可食，富者租收不起而仍遭重征，人皆大困"③。为弥补政府应尽职责的缺憾，建立在动员绅商出钱出力基础之上的救济形式在明清时期更趋广泛；与此相应，国家救济政策重心也不得不由直接赈济转化为劝民佐赈。或"示劝乡间殷户先行借贷接济"④，或"劝各绅富捐金发粟任恤"⑤，或"赈尽又纳粟补官以继之"⑥，不一而足。仓储积累不敷的普遍现象以及常常采取的解决之策，正如光绪《宝山县志》所称："宝山社仓霉烂无着，惟常平一仓约米五千石，本不敷一县十一厂之籴"，其所以能支持数月之久，是因采用"绅富量力出米，依原价行籴"

---

①　参拙文：《明代苏松仓储制度初探》，载《中国农史》1996 年第 3 期；《论清前期苏松地区的仓储制度》，载《中国农史》1997 年第 2 期；《明清苏松仓储的经济、社会功能探析》，载《古今农业》1998 年第 3 期。

②　陈山毓撰：《陈靖质居士文集》卷 6《杂著》，沈乃文主编：《明别集丛刊》第 5 辑第 42 册，合肥：黄山书社 2015 年影印本，第 359—360 页。

③　杨学渊：《寒圩小志·祥异》，《中国地方志集成·乡镇志专辑》第 1 册，第 430 页。

④　同治《苏州府志》卷 149《杂记六》，《中国地方志集成·江苏府县志辑》第 10 册，第 779 页。

⑤　龚文洵：《唐市补志》卷下《唐市志补遗》，《中国地方志集成·乡镇志专辑》第 9 册，第 586 页。

⑥　乾隆《吴江县志》卷 40《灾变》，《中国地方志集成·江苏府县志辑》第 20 册，第 187 页。

的方式来补苴①。

在民间社会,劝赈政策是国家本身储备有限,无力承担救济责任时对民间社会力量的发动。带有明显报效性质的劝捐佐赈,其对象多是富户殷商,奖赏以旌旗匾额或者官职,另以善报恶报相劝,此项筹集所占比例甚大,基本上均可归为"名誉性劝募"。这其中还包括很大一部分通过劝募所获得的官米②。从表面上看,民间捐输是处于传统的"保乡"、"睦族"观念,以地方利益为核心,系一种无偿捐献。但实质上这是财富与政治权力的一种互惠性交易,捐输者可由此得到更高社会地位和各种优免特权。例如明代规定:"敕奖为义民,免本户杂役。"③清雍正二年(1724)社仓之例亦称:"奉公乐善,捐至十石以上,给花红,三十石以上给匾奖义,五十石以上褒加奖励,其年久数多至三四百石……该督抚题请八品顶戴。"④倡导地方绅富捐钱助赈,一直是国家荒政的一项重要内容。劝赈既能增强政府的救济能力,亦能扩大灾民的受惠面。这种体制提供了地方士人以更具弹性的方式为乡民解决实际生活困难的机会。

以捐纳作为乡村救济的主要来源,除了解决地方仓储系统仓谷不足的困难局面外,更重要的功能就在于它为各个阶层利益集团提供了一条上升到较高社会阶层的社会流动机会,从而扩大了政权的统治基础。这种财富与权力地位的交易是在"急公好义"的美誉下进行的,较之有"鬻爵"之嫌的捐纳制度更合乎士大夫阶层的道德规范,因而倍受

① 光绪《宝山县志》卷3《赋役志·蠲赈》,《中国地方志集成·上海府县志辑》第9册,第88页。

② 据姚廷遴:《历年记》卷上(《清代日记汇抄》,上海古籍出版社1982年,第50页):"有等不屑去关粥者,赴县领票往各铺贱买官米,官米者,大户乡绅捐助之米也。"

③ 《明史》卷79《食货志三》,北京:中华书局1974年点校本,第1925页。

④ 顾震涛:道光《吴门表隐·附集》,《江苏地方文献丛书》,南京:江苏古籍出版社1999年,第349页。

绅富的欢迎①。而且,绅富积极参与公共事业不光是出于保护自己私人利益的动机,同时也在国家权力与乡村利益之间充当中间调节力量。对于许多绅富特别是设有功名的布衣来说,通过捐输取得某种准官僚的资格,并且具有一定的司法豁免权,固然使其对地方社会拥有更大的控制权和影响力,但通过"不求虚誉,不容纤私"②的善举,他们往往也能达到同样的目的。民国《乡志类稿》曾记录了明代洞庭东山士绅王文恪的事迹:"嘉靖癸未(1523)秋,米价腾涌,民甚不堪,一日有贫民六百余人诣公求饷,公曰:'吾只租田二百亩,仅用赡家,岂有余耶! 汝既远来,不能不与,但不多耳。'民曰:'得赐足矣! 曷敢望多。'公乃每人与米一升而去,次日至者八百余人,公复与之如数。次又男女至者千余人,公曰:'米已尽矣,为之奈何?'乃出银钱,每人以升米之值与之,民甚感忭。"③如果这个例子仍不够典型,那么,景泰六年(1455)松江岁饥,"郡民董昂、赵璧各出米四百石,例授冠带,二君力辞"④,则清楚地表明,此二人的初衷显然不是为了获取名位,这在很大程度上体现了地方士民对社区共同利益的认同感和荣誉感。绅富作为一个居于领袖地位和享有各种特权的社会集团,承担了若干社会职责,他们常常视自己家乡的福利增进和利益保护为己任⑤,他们对维护地方社会秩序有一种责无旁贷的使命感,而专致善举的行为多少能起到加强社区内聚力的作用。

这些没有功利目的的举动背后,我们可以发现一种"济贫安富"的

---

① 参陈春声:《清代广东社仓的组织与功能》,《学术研究》1990 年第 1 期。

② 嘉庆《贞丰拟乘》卷下《文》,《中国地方志集成·乡镇志专辑》第 6 册,第 459 页。

③ 民国《乡志类稿·丛录·杂记》,《中国地方志集成·乡镇志专辑》第 8 册,第 386 页。

④ 吴履震:《五茸志逸随笔》卷 7,《上海史料丛编》铅印本,上海市文物保管委员会 1963 年,第 398 页。

⑤ 张仲礼:《中国绅士》,上海社会科学院出版社 1991 年,第 48 页。

思想。其内容核心在于"惟减方可济贫,亦惟济贫始能安富"①。陆世仪曾对这一思想做过更深入的阐述:"治国之道,使富民出粟以养贫民,贫民出力以卫富民,此其常也。然其要在使贫富之心相通,贫民食富民之粟而知感,则其效力必勤,富民藉贫民之力而有用,则其出粟必乐"②。这正是中国传统社会民间长期保有的"济贫"和"崇善举"的思想根源。兴起于明末清初的民间慈善活动,不但主要以这种思想为基础,而且通过成立同善会和各种类型的民间慈善团体,使乡村救济事业日益成为一种经常性的福利措施。这表现在同善士于灾歉之际的放赈行为③,以及慈善组织平时履行"施棺代赈、施药赈粥"④的主要功能。有不少善堂"集赀存典生息,按月发给穷民"⑤,或"以余米查极贫之户,给票至善堂领取"⑥,均是体现。

二、社区救济模式

在民间捐助基础上进行的救济活动,其方式主要以赈济、平粜、借贷为主,因与官方组织的正赈、加赈等相区别,故也称作"义赈"。义赈

---

① 光绪《青浦县志》卷 8《田赋·荒政》,《中国地方志集成·上海府县志辑》第 6 册,第 172 页。

② 陆世仪:《思辨录辑要》卷 16《治平类》,《文津阁四库全书》"子部·儒家类"第 724 册,北京:商务印书馆 2006 年,第 782 页。

③ 参民国《乡志类稿·丛录·杂记》:乾隆二十年(1755),岁大祲,洞庭东山严晓山"倡捐谷米,同善士放赈,四鼓即起,始终理其事情,不假于仆从"。见《中国地方志集成·乡镇志专辑》第 8 册,第 259 页。

④ 民国《吴县志》卷 30《舆地考·公署三》,《中国地方志集成·江苏府县志辑》第 11 册,第 450—451 页。

⑤ 参光绪《宝山县志》卷 2《善堂》:"种德堂,在杨行东镇。经董张梦篆等倡捐经费,存典生息,作恤嫠之用,按月支给并置田。"见《中国地方志集成·上海府县志辑》第 9 册,第 63 页。

⑥ 民国《盛湖志》卷 3《灾变》,《中国地方志集成·乡镇志专辑》第 13 册,第 464 页。

的资助主要来自民间，它的组织方式多以社区为基本单位进行策划，这较之官方调粮赈济更易收到实效。其中有的是以乡镇为单位。例如宝山县自康熙十年(1671)于罗店、吴淞、高桥、江湾、大场、真如、杨行、月浦、广福、刘行十镇分别设置粥厂（当时还未从嘉定析出）①，一直至清末乡村救济工作均以镇、厂为单位运作，一般"就本厂捐钱，赈本厂饥民"②，"遇有公事，城乡各镇均分厂办理，而镇遂以厂名"③。道光以后为就食方便，先后增设盛桥、彭浦、殷行三厂④，并升为镇一级单位。市镇与社区救济机构的结合，不仅有效地帮助了那些亟待救助的灾民，而且由于加强了社区内部的联系，使其对社区事务实行全面干预成为可能。

以村落里甲图团为单位的社区救济模型往往更直接、更灵活地担负了实际的救助事宜。例如，"康熙四十四年(1705)饥，（上海）知县许士贞募士民支官廪，各就村落平粜"⑤。与这种赈济模型相关的种种行为，固然可以视为与同地域社会自我组织的演化过程一致，但仍受到官方意识形态与政治体制的制约与渗透。这主要表现为其不可能完全独立于基层政权编制之外。比如在川沙厅，"各就图团举董事，劝令量力

① 康熙《嘉定县志》卷23《记·辛亥设粥救荒记》，《中国地方志集成·上海府县志辑》第7册，第971页。
② 童世高：《钱门塘乡志》卷12《杂录志·灾祥轶事》，《中国地方志集成·乡镇志专辑》第4册，第65页。
③ 民国《真如志》卷1《舆地志·沿革》，《中国地方志集成·乡镇志专辑》第3册，第212页。
④ 参光绪《宝山县志》卷3《蠲赈》，《中国地方志集成·上海府县志辑》第9册，第90页；民国《盛桥里志》卷1《区域》，《中国地方志集成·乡镇志专辑》第4册，第535页。
⑤ 民国《法华乡志》卷3《荒政》，《中国地方志集成·乡镇志专辑》第1册，第64页。

输谷"①。在金泽镇,有余之家"呕出钱米属里正按各里分给"②。有的乡村救济组织还成为里甲、保甲组织的有机组成部分,为社区组织提供了必要的框架,因而成为社区发展的模式之一。其中,保甲法与乡村救济尤为密切,且常常发挥稳定基层社会的功效。据称,"保甲排门一法,延门编户,据口填丁,可以遍及无遗,使城市街坊与村落乡僻例而行之可也。丰年既以稽察善恶,凶岁即以审度贫富"③。万历四十八年(1620)岁饥,吴江知县派令平粜,国学生王顺阳"以东南一隅自任,使诸圩自举公正数人,给以信筹,十户一保,十保一总,每总各具一册,两月藏事,人咸称诵"④。

以地缘、血缘等真实的或虚拟的纽带联结起来,并且纯粹由民间自发的社区救济模型,亦在苏松地区以形形色色的方式存在。许多民间人士或本乎乡情,或基于实际,或源于理想,均为社区救济工作付出了相当的心力。尽管在理念上,应该对更大范围内的人付出关怀,但是民间的济贫活动在付诸实践时,由于能力的限制,往往只能局限于乡里。一些地方上的士人常以自身的财力,在灾荒中照顾邻里数十家至一二千家。例如,明季常熟人毛晋原"岁饥则连舟载米,分给附近贫家"⑤。康熙二十四年(1685)岁饥,盛湖监生王濂"出米数百石,就家设局,人给

---

① 光绪《松江府续志》卷 10《建置志·仓廪》,《中国地方志集成·上海府县志辑》第 3 册,第 261 页。

② 周凤池:《金泽小志》卷 6《杂记》,《中国地方志集成·乡镇志专辑》第 2 册,第 481 页。

③ 徐三重:《救荒议》,载顾传金:《七宝镇小志》卷 4《文集》,《中国地方志集成·乡镇志专辑》第 1 册,第 395 页。

④ 费善庆:《垂虹识小录》卷 6,《中国地方志集成·江苏府县志辑》第 23 册,第 454 页。

⑤ 同治《苏州府志》卷 99《人物二十六·常熟县》,《中国地方志集成·江苏府县志辑》第 9 册,第 581 页。

五六合,历三月余"①。乾隆六十年(1795),南汇缙绅周焕"于劝赈外捐赀独赈一乡,凡邻里就食,计日给钱者两阅月"②。乾隆年间,长洲县彭绍升也常年就所居仁一图平粜③。道光三年(1823)常熟人王苣伯曾"自振其邻近七图"④。他们的行动有时更促使一些原本迟疑的富家加入赈济的行列,受惠的人于是更多。康熙九年(1670)昆山县遭遇奇荒,霜区耆粮许福除自己募赈外,并"刊济饥果报,遍送巨室,凡城乡救饥事悉力任之。遂有王云程助米一百五十石,吴民望助棉四千五百斤,又有陈德公、沈鼎铭、汤圣沭等协力佽助,一时绅士并为感动出粟。计福所赈口数一百十万有余"⑤。在这些活动中,无论倡议、组织或出资,地方绅富往往在乡村救济网络中扮演着领袖的角色。

以血缘为基础的宗族性救济,常利用义仓、义庄、义田等宗族公有经济来达到收族的目的。清末苏州潘曾沂创办的丰豫荒备仓(也称丰豫义仓),即是一种以宗族力量为基础的社会救济机构⑥。但据冯尔康的研究,即使在宗族义田最为发达的苏州府吴、长洲、元和三县,这种公有经济在全社会经济中的比重并不高(仅占 1.22%),地位也不重要,所以在承认宗族义田、义庄多少能解决族众生活中一些困难的同时,也应看到其局限:缺乏公有经济的宗族更多,广大群众无从设想依靠宗族

① 民国《盛湖志》卷 9《义行》,《中国地方志集成·乡镇志专辑》第 11 册,第 511 页。
② 嘉庆《松江府志》卷 60《古今人传十二》,《中国地方志集成·上海府县志辑》第 2 册,第 431 页。
③ 同治《苏州府志》卷 149《杂记六》,《中国地方志集成·江苏府县志辑》第 10 册,第 778 页。
④ 民国《双浜小志》卷 2《人物·义行》,《中国地方志集成·乡镇志专辑》第 11 册,第 223 页。
⑤ 乾隆《昆山新阳合志》卷 28《人物·好义》,《江苏历代方志全书·苏州府部》第 88 册,第 100 页。
⑥ 潘曾沂辑:《丰豫庄本书》,清道光甲午年(1834)吴县潘丰豫庄刻本,第 6 页。

度过艰难的生活①。在大多数情形下,各宗族仍以各自能力,一般以"宗人就食者常数十人"的方式为多②。比如,明季荒旱,千墩人陈应奎"召内外亲属凡四十余家,聚其宅,出粟养之"③。

民间还有另外一种重要的救助方式,即合会。合会(也称集会)是民间一种合股凑集资金,获取利息的形式。在苏松地区,农家如"有需财之事,则醵资于众,或五六人,或七八人,曰合会"④。其主要运作方式为,"当首会者集得,嗣后逐年轮交,轮得至满为止"⑤。合会的单位"既可以是个人,也可以是家户甚至村社"⑥。民间积储有很大一部分以合会形式筹集资金。从某种意义上说,它体现了特定区域内的一种团结互助精神,从而从根本上改变了农民分散的势单力孤的局面,将农民组织成为一个互助的整体,共同抵御天灾为祸。"遇匮乏时,可商之亲朋,举行公债聚会之类,贷借有定数,偿还有定期,此则有无相通,古时任恤之遗意也"⑦。特别在遇到重大灾荒之际,"有余之家,邻里亲戚不召自集,多数十人,少则数人"⑧,携手共渡,相互解决急需的款项,常常能起到社仓、义仓无法起到的作用。

---

① 冯尔康:《清代宗族制的特点》,《社会科学战线》1990 年第 3 期。

② 嘉庆《松江府志》卷 54《古今人传六》,《中国地方志集成·上海府县志辑》第 2 册,第 268 页。

③ 道光《昆新两县志》卷 29《好义》,《中国地方志集成·江苏府县志辑》第 15 册,第 440 页。

④ 民国《昆新两县续补合志》卷 1《风俗》,《中国地方志集成·江苏府县志辑》第 16 册,第 325 页。

⑤ 封作梅:《张泽志》卷 11《杂类志·风俗》,《中国地方志集成·乡镇志专辑》第 1 册,第 566 页。

⑥ 梁治平:《清代习惯法:社会与国家》,北京:中国政法大学出版社 1996 年,第 119 页。

⑦ 民国《月浦里志》卷 4《礼俗志》《中国地方志集成·乡镇志专辑》第 4 册,第 480 页。

⑧ 乾隆《沙头里志·潮灾纪略》,《中国地方志集成·乡镇志专辑》第 8 册,第 620 页。

明清苏松地区的各种社区救济模式，可能要比以上列举的复杂。但绝不应该将它们只视为偶然因素，实际上常常会有一些基层社区由于义赈工作做得出色，为附近地域所仿效①。每一个赈济单位，均构成相对独立的社区。在社区内部，绅富起着举足轻重的作用，他们通过捐输或直接参与赈济，使分散于民间的积储能应一时之急，从而丰富了乡村救济的内容。尽管他们的影响力只限于较小的范围，但不仅可以减少中间环节，利用地理上的优势，使救济钱粮迅速惠及灾民，降低救济管理成本，而且也可以提高赈济水平，防止胥吏从中舞弊渔利。

三、乡村救济实态

乡村救济资金并非全出自民间，不仅在任官员直捐的事例很常见②，而且官府也通过截漕、发帑等多种方式资助乡村救济事业。在具体的官方赈济活动中，参与出仓赈济的钱谷不仅限于本地，各地仓粮、漕粮可以互相调剂。康熙五十四年（1715）宪拨派赈吴江县的米谷即由以下部分构成："本县例谷五千五百三十二石四斗，崇明县例米一千一百石，嘉定县例谷三百石，苏州府截留江、广漕米四千四百五十八石三斗，吴县截留本地漕米四千八百五十石，句容县截留本地漕米四千三百八十一石五斗，句容县例谷七百三十七石九斗，六合县截留本地漕米一千八百二石三斗，长洲县截留本地漕米一百五十石，

---

① 据民国《蓁溪志》卷 1（《中国地方志集成·乡镇志专辑》第 8 册，第 274 页）："历来郡邑侯凡设厂，必以我镇为法。"

② 例如，嘉庆《松江府志》卷 26《田赋志·赈恤》（《中国地方志集成·上海府县志辑》第 1 册，第 567 页）所载："天启四年（1624），（松江）大水，岁饥，太仆寺少卿吴炯出粟三千石赈华亭、上海，南京工部尚书嘉善丁宝赈青浦。"另如道光三年（1823）夏大水，松江府属七县一厅所有知县及同知均参与请赈并捐助赈；参见光绪《松江府续志》卷 14《田赋志·赈恤》，《中国地方志集成·上海府县志辑》第 3 册，第 368 页。

江宁县截留江、广漕米二石五斗,崇明县例谷一千三百七十八石九斗各有奇"①。在灾情严重的情况下,甚至要在更广的区域范围内通盘筹划。如道光三年(1823),"江苏被灾甚广,共有二十三厅州县,蒙恩先给极次灾黎一月口粮,动碾常平仓谷减价平粜,复发帑银百万,分别赈恤,自院司以下均各捐廉助赈"②。次年春,"大宪谕各乡董劝捐分办土赈,人心乃定"③。在某些特定情况下,官府还动用关课税收。例如万历三十六年(1608),吴中水灾异常,应天巡抚周孔教"疏请浒墅关课贮苏州府库,以备赈济"④。不过,即便如此,在实际的乡村救济工作中,官方的例赈仍需仰仗乡绅阶层的协助。"万历三十七年(1609),御史周孔教檄(松江)知府张九德行县分往乡村作粥,以济饥民,使乡士民大夫好义者监领之"⑤。光绪三十三年(1907),昆山、新阳两县截留漕米办理平粜,专门"照会城乡及积谷各董妥为筹议",并"拟具平粜章程"⑥。尽管在原则上,官赈与义赈有着根本的区别,所谓"官赈请帑,义赈则民所乐捐也"⑦,但在许多情况下,官赈和民间义赈往往融合在一起进行,有时甚至连民间商铺寄存米谷也被动用赈济。道光三年(1823),娄县赈粜,"泗泾、枫泾各(典)当囤积约有二万余石之

　　① 乾隆《吴江县志》卷 40《灾变》,《中国地方志集成·江苏府县志辑》第 20 册,第 191 页。

　　② 道光《分湖小识》卷 6《别录下·灾祥》,《中国地方志集成·乡镇志专辑》第 14 册,第 234－235 页。

　　③ 光绪《周庄镇志》卷 6《杂记》,《中国地方志集成·乡镇志专辑》第 6 册,第 593 页。

　　④ 道光《浒墅关志》卷 3《公署》,《中国地方志集成·乡镇志专辑》第 5 册,第 93 页。

　　⑤ 民国《法华乡志》卷 3《荒政》,《中国地方志集成·乡镇志专辑》第 1 册,第 64 页。

　　⑥ 民国《昆新两县续补合志》卷 3《田赋》,《中国地方志集成·江苏府县志辑》第 17 册,第 354 页。

　　⑦ 民国《元和唯亭志》卷 7《社仓》,《中国地方志集成·乡镇志专辑》第 7 册,第 143 页。

多,据供系各铺户寄存之米,故当簿票根不载。其有票根者仅一千二百
余石。今请将有票根之米发还原当待赎,其各铺寄存之米请运荒图平
粜"①。

明清苏松地区的乡村救济事业,由于吸收了民间丰富的物质以及精
神资源,组成了庞大的乡村救济网络。在这一网络之下,地方筹措的捐
资在数量上甚至常常超过国家下发的帑金。形成这一局面至少还跟以
下两个因素有关。首先,在传统社会中,小农家庭自身的存储难以应付
灾变。康熙十二年(1673)荒歉之后,太仓州"人家终日不举火者,有磨豆
屑、树皮而食者,几百器皿、书籍欲易斗粟而不得,田亩三两七折任选膏
腴。乡人素有积聚,为风涛鼓荡,顷刻乌有;城中资农田为生者,上年无
分远近高下,秋租概不破白,至是愈觉掣肘"②。其次,与明清苏松地区
农村区域性专业化生产的发展相适应,分布于松江府和太仓州的大片
濒江沿海的冈身沙地成为植棉区,其后果致使这些地区的粮食需求
不得不大量依赖于附近或更远的产粮区,若遇灾歉,更显困乏(详表
2—1)。

表 2—1　明清苏松部分县镇缺粮食概况

地　区	缺粮情况	资料来源
诸翟镇	地不产米,仰籴于外,城闭三日,鲜不大哗。	咸丰《紫堤村志》卷 2《风俗志》
嘉定县	素称瘠土,所种木棉尤不宜米。万历间,民间无三日之储,商船旦暮不至,则持钱入市,空手而归,况庾廪积谷仅以千计,非若他县有帑可发也。	唐时升:《上巡抚周孔教书略》,载光绪《宝山县志》卷 14《祥异》

---

① 《(道光三年)娄县绅耆请赈募捐公呈条款》,载光绪《松江府续志》卷 14
《田赋志》,《中国地方志集成·上海府县志辑》,第 3 册,第 368—369 页。

② 宣统《太仓州志》卷 28《杂记下》,《中国地方志集成·江苏府县志辑》第 18
册,第 524 页。

（续表）

地 区	缺粮情况	资料来源
川沙厅	平时不稍储蓄，一遇灾荒，立见困乏。余三余一，实罕闻之。	民国《川沙县志》卷 14《方俗志》
金山县	值岁歉，则粮食不能不仰赖于他处。	光绪《金山县志》卷 17《志余·风俗》
南翔镇	通镇物力维艰，董事者虽多方劝募，而人心终不踊跃。	民国《南翔镇志》卷 12《杂志》

一般而论，灾荒越严重，救济的规模也就越大，不仅赈济范围，赈期、捐数等均更加扩大。民国《江湾里志》曾就道光三年（1823）水灾后的赈济与之前历届的比较："历届贫口不过六七千不等，今则增至万二千五百有奇；赈期至多三月而止，今则粜赈并计有八九月之久；前此捐数不过钱二三千千之间，今则一万零七百有余千。盖灾愈重而赈务亦愈扩大矣。"①随着赈济投入的增加，在某些时候特别是清后期"里中自社仓废后，遇灾赈仍设厂庙宇放给"的情形下，赈济过程中因捐助的钱谷比例愈来愈大，赈后余款渐成赈济善后的一大庶务。从如何处理及运用这部分余款这一问题上，我们能够发现乡村救济网络中某些关键性环节。仍以道光三年水灾为例，在华亭县，由知县王青莲吁请赈恤。"仓粟库钱散无虚日，惟民艰较重，有例赈所未及者，用是续谋义赈"。大小捐户共输义赈钱三万一百余缗，不但足给，抑且有余。于是王青莲召集绅士而谋之，"兹项赈余，除郡城普济堂亦因水患租荒，从众所请，拨钱六百千接济外，尚余钱三千串，乃议以钱分存各典，月以六厘起息，责成董事设籍钩考钱日（疑为"目"——引者注）赈余，专为备荒之

---

① 民国《江湾里志》卷 10《救恤志·灾赈》，《中国地方志集成·乡镇志专辑》第 4 册，第 653 页。

用"①。同年，吴江县黎里镇亦将赈余钱四千五百千文，"交县库二千八百千，拨修文库九百千，其余分存绅富，为本镇善举之用"②。将赈项余额中相当一部分以仓储积累的形式用作常年性储蓄以备歉荒，这从一个侧面表明，仓储积累尽管在很大程度上已经不能满足社会救济事业的需要，但乡村救济网络仍然是以仓储积累系统为基础的。这种仓储积累与临时性救济措施最大的不同在于，它作为较为固定的社会积累能够在非常紧急之际随时动用，这就比任何临时的募集、调用迅速③。如果能够将赈后余钱直接转化为积谷储备，则更加方便。早在明末清初苏松即有"粜后或有余利，听当时官府及约正主裁，内以三分之一为恤长养廉之费，其余入义仓为地方公用"④的实例。而"雍正十年(1732)七月，常熟昭文飓风海溢……两县各设粥厂，常邑剩米二百八十四石，昭邑剩米八百四十石，存储社仓"⑤；"嘉庆二十年(1815)赈饥华、娄两县，并募民助赈，事毕各有余钱，知府宋如林以之设义仓"⑥等事例则更反映了清代以仓储系统为中心的乡村救济网络动作的实际情形。在民间捐输数量很大的情况下，有时仓储积累反而不必动用，若设局散发捐款不足，才请以积谷继之。但如果没有一定量的仓储积累，即使有

---

① 王青莲：《赈余备荒碑记略》，载光绪《松江府续志》卷14《田赋志·赈恤》，《中国地方志集成·上海府县志辑》第3册，第368页。

② 光绪《黎里续志》卷12《杂录》，《中国地方志集成·乡镇志专辑》第12册，第470页。

③ 比如道光二十九年(1849)松江遭遇水灾，知府钟殿选立即提道光(1823)华亭赈余息钱五千七百余千交邑绅买米粜。参见光绪《松江府续志》卷14《田赋志·赈恤》，《中国地方志集成·上海府县志辑》第3册，第371页。

④ 陆世仪著，王焱编：《陆子遗书》卷18《治乡三约》，第5册，扬州：广陵书社2019年影印本，第64页。

⑤ 光绪《常昭合志稿》卷12《蠲赈志》，《中国地方志集成·江苏府县志辑》第22册，第175页。

⑥ 光绪《松江府续志》卷14《田赋志·赈恤》，《中国地方志集成·上海府县志辑》第3册，第368页。

临时性捐助的可能,也往往不一定可靠,发生欲利反害的事件并不意外。例如道光二十九年(1849),吴县知县王锡九示劝乡间殷户借贷,惟因"盖藏已罄",遂引发强贷之乱①。由此可见,明清苏松的乡村救济事业的确要以一定的仓储积累为基础才能更好地运转。表2—2我们结合清代上海县法华乡的几则乡村救济实例对之作一实态分析。

表2—2　清法华乡救济实例

年　　代	赈济方式	主持者或参加者
1748	官借籽种银、劝士民捐资平粜	知县王㑉、里人李阳等十二人
1804	碾动常平仓谷、劝绅士捐米平粜	知县苏昌阿、里绅李炯、巡司刘载铭、千总尹安国、把总龚国良等
1833	劝捐施赈、开常平仓发谷	知县温纶湛、各绅董
1849	劝捐发赈(按"以图济图"办理)	知县平翰,乡富如介祉堂杨、怀泽堂陆、宝善堂金、徐惟一、龚岐山、闽广沙船、铺房主客等
1902	利用谷息补贴购米平粜	闵行董李祖锡、法华乡局董李鸿模、张光豫等

资料来源:民国《法华乡志》卷3《荒政》。

由表2—2可见,从乾隆至光绪,法华乡救济事业民捐民办的倾向日渐明显。前两次赈济虽已有以民间为主的倾向,但毕竟仍或多或少依恃于官方的开仓施赈作为铺垫。第三次的程序已以劝捐施赈为先,开常平仓发谷只作补充。道光二十九年(1849)、光绪二十八年(1902)的两次赈粜则几乎全由民间乐输或经理。其中道光二十九年采用"以图济图"的社区救济模型。不仅达到经济上的援助目的,而且更加富有效率;在这种赈济模型中,官绅士商各业均有参与,像介祉堂杨、怀泽常

---

①　民国《吴县志》卷79《杂记二》,《中国地方志集成·江苏府县志辑》第12册,第609页。

陆、宝善堂金等商贾阶层的加入更是流行于清后期乡村救济事业的一大特色。晚清民办色彩很重的局所团体在光绪二十八年(1902)的平粜活动中勃兴，当时遇灾赈总交绅董自为经理，而放赈、查户城厢各图诸事务则遴选诸生，已经成为惯例①。这种救济行为相对于官方办理不但更为灵活，且符合实际。

尽管官仓在乡村救济网络中愈加无力是明清苏松地区乡村救济事业的总趋势，但并不排除其在某些特定的时空条件下发挥"余威"。官方办理的仓储积累至少有调剂赈务的功用。只是由于官仓的赈济力度一般并不能够满足灾民的实际需求，所以民间不得不自发地采取一些举措来自行解决生计、稳定地方社会秩序②。一些地方绅富，往往对地域社会负有更强烈的责任感。清代沙溪镇绅士"助赈一日"的模式即是体现，其法，"陆侍御毅、金工部樟各助一日，乡饮宾包汝弼助一日，厂中诸董事合助二日，既不涉私，亦无冒滥"③。至晚清，与地方自治事业的兴起相适应，乡村救济网络的内容更加扩充。光绪三十一年(1905)南汇县二区旧五团乡举办义赈，除了各团董募捐外，松江育婴堂、华洋义赈会等慈善团体亦参与其中④。

要之，明清苏松乡村救济事业的给养不单只依靠仓储积累系统，其经费已多由私人承担。这一方面是因为动用仓储的上限与仓储系统自身存储量的多寡直接相关，另一方面，若将大量分散于民间的存储化为

----

① 民国《元和唯亭志》卷 7《社仓》,《中国地方志集成·乡镇志专辑》第 7 册，第 143 页。

② 据光绪《黎里续志》卷 12《杂录》(《中国地方志集成·乡镇志专辑》第 12 册，第 468 页)：嘉庆九年(1804)："有劫夺米谷之事，蔡勤斋上舍首出家量平粜，里人继举乡赈，乃止。"

③ 乾隆《沙头里志》卷 10《逸事》,《中国地方志集成·乡镇志专辑》第 8 册，第 619 页。

④ 民国《南汇二区旧五团乡志·恩义振》,《中国地方志集成·乡镇志专辑》第 1 册，第 838 页。

集中的社会仓储积累,虽然会增强社会的调节能力,可以部分地克服因仓储不足而造成的调节阻滞现象,但也会削弱社会基层的调节功能,进而造成基层社会经济结构的破坏,触发乡村社会的振荡。在乡村救济网络内部,各种官方和民间的资源能够相互融合,政府利用其合法化程序对之加以控制,从而能更有效地提高救助的成效,并成为缓和社会矛盾的有效手段。

除了仓储积累,乡村救济的借助之事不外四途:官借、劝富人借、劝商人借和劝田主借。明万历三十六年(1608)庄元臣《上巡抚救荒议》中曾对四者及其关联做过独到的论述:"所谓官借者,略如宋青苗之法,取府库未解之银以为借资,放散于夏而取偿于冬,每两收二分之息。其给则取所核富户之籍,别上、中、下而差等其数以劝借之,其法以官票支借富人银若干两,置库而官发之,至冬亦起二分之息。官为催收,给还富户照票偿银,无得有负。若富户尽而不能给,则举所在富商大贾如木客典铺之类礼召。而劝借之法亦如借富户之例,皆官放官征,此等若优之以恩,荣之以礼,而结之以信,当无不乐从者。若佃户无资,则令赴田主借给耕本,私发私收,官不与闻,其有负赖者则官许为追理之可也。"①据此有助于我们理解并勾画乡村救济的真实面貌。当然,实际的救济活动要复杂得多。除了以上所列救济形式,还有以下几种作为补充:

一、在荒歉之际,大兴工作以雇值佣饥民,采取"以工代赈"。如此可使饥民"或缮治城池,或修筑圩堤,或平治桥道,或营建官廨,大约动千人之工则活千人,动万人之工则活万人"②。效果颇佳。"光绪十五年(1889)秋,霪雨为灾,巴城一带田素低洼,受灾綦重,绅士牒县乞赈。越年,新阳知县金吴澜据详上宪准修圩岸,以工代赈。义赈绅士严作霖

---

① 道光《震泽镇志》卷3《灾祥》,《中国地方志集成·乡镇志专辑》,第13册,第377页。

② 庄元臣:《上巡抚救荒议》,载道光《震泽镇志》卷3《灾祥》,《中国地方志集成·乡镇志专辑》第13册,第377页。

督同善士吴笠农、严朗轩、叶馨之、孙幹卿、嵇丕生等来镇放赈，督工一月之久，修圩八十图，用金逾万"①。同年，唐市亦公议禀准以工代赈，坚筑圩堤。据《唐市补志》载："是年本有官、义两赈于春间发放，因知乡农尚可敷衍，特扣留作工资"。"官绅暂寓从善、育元两局……执事人等督率甚勤。"②二、救济老弱疾病。"有疲癃残疾老少妇女之辈不能胜役者，则发常平仓之粟，以斗赐之；又有斗赈之所不逮者，则令各村保举富厚有力之家赋官粟煮粥糜而瓯给之"③。三、借贷耕牛。"耕牛之无力豢养者，别设牛局以处之，至春耕发还"④。四、取利赡饥。"苏松间湖荡至多，菰薄菱芡凫鱼虾之利不啻千万，多为势家所佃占，而小民曾不得窥足焉"。遇"凶年饥，权令势家捐一年之利，使饥民得渔采其中，俟来岁谷登仍归原主，则势家亦无大损而饥民获小益"⑤。明清时期，苏松地区的乡村救济活动正是以一定的仓储积累为基础，并通过与形形色色的民间救济手段相互作用，共同塑造着乡村社会的救济网络。

（原文《中国农史》1998 年第 4 期）

第二节　清代江南社区赈济与地方社会

　　清代是中国古代赈济事业发展的鼎盛时期。作为当时经济和文化

---

①　民国《巴溪志·杂记》,《中国地方志集成·乡镇志专辑》第 8 册,第 525 页。

②　龚文洵:《唐市补志》卷下《唐市志补遗》,《中国地方志集成·乡镇志专辑》第 9 册,第 587 页。

③　庄元臣:《上巡抚救荒议》,载道光《震泽镇志》卷 3《灾祥》,《中国地方志集成·乡镇志专辑》第 13 册,第 377 页。

④　民国《木渎小志》卷 6《杂志》,《中国地方志集成·乡镇志专辑》第 7 册,第 531 页。

⑤　庄元臣:《上巡抚救荒议》,载道光《震泽镇志》卷 3《灾祥》,《中国地方志集成·乡镇志专辑》第 13 册,第 377 页。

最为发达的江南地区,其赈济活动具有鲜明的地域特色,这主要表现为赈济行为的社区化倾向。"赈济社区化倾向"更多体现在官方逐渐退出对民间赈济的监控,以民间力量为主体的社区赈济行为越来越普遍。

从空间上看,社区赈济应是最为贴近民间的赈济手段,这种赈济形式并非清代才开始出现。至少在明万历时期,昆山一带就曾存在过"以图里束户","以本图之米给本图之人"的"图粜法"①。至崇祯年间,饥馑连岁,社区赈济活动遍布江南府县。在经历了清初短暂的沉寂之后,康雍乾三朝,以社区为单位的赈济比明末更为普遍,只是官方介入较多。嘉道时期,随着国家荒政体系的逐渐衰败,社区赈济民间化的倾向越来越显著,由地方力量倡导的"小社区"的赈济活动不断兴起,并担负起重要责任。咸丰以后社区赈济向多元化发展,由城镇组织的赈济活动开始占主导地位②。

在社会学领域,社区是指建立在地域基础上的,处于社会交往中的,具有共同利益和认同感的社会群体③,或者简单地说就是人们生活的时空坐落;社区分析则是"在一定时空坐落中去描画出一地方人民所赖以生活的社会结构"④。张研在研究清代社区时基本上借用了社会学关于社区的概念,她认为,清代的社区就是清代的区域社会,这种区域社会是清人以各种群体、组织形式聚居其中,进行各种社会活动、产生各种互动关系而共生共存的社会地理空间⑤。日本学者滨岛敦俊则更强调社区内部的归属感:大体上在近代社会以前的农村中,共有生活空间的人们之间,形成了具有某种规约的社会集团。随着这种

---

① 王志庆:《减价粜米议》,载道光《昆新两县志》卷36《艺文二》,《中国地方志集成·江苏府县辑》第15册,第591—592页。

② 有关清代江南社区赈济发展的详情,可参阅拙作《清代江南地区社区赈济发展简况》,载《中国农史》2001年第1期。

③ 罗萍主编:《社区导论》,武汉大学出版社1995年,第6页。

④ 费孝通:《乡土中国》,北京大学出版社1998年,第92页。

⑤ 张研:《试论清代的社区》,《清史研究》1997年第2期。

社会集团的形成，人们的生存和再生产才开始成为可能。因而人们对该集团持有归属意识①。清代的社区不仅仅是一个简单的生活或生产单位，而且还是调整地方社会生活的一个非常宽广却又有严格分野的领域。

本文运用社区分析方法来研究清代江南地区的社会赈济事业，希冀从空间角度更深刻地把握各类赈济设施的布局，为进一步理解区域社会的各种复杂社会关系提供一种考察途径，从一个侧面展示清代江南社会多层面的历史风貌。

一、社区赈济模式及其布局

在传统社区中，面临相同现实问题的人们，往往由于认同感的加深，在特定区域内形成某种共同的取向；满足社区居民的共同需要，是促进社区居民相互合作的最基本动力。社区赈济作为社会救济领域与地缘关系的一种糅合，因能为社区内居民生计提供安全保障，故成为清代江南社会中促进社区整合的主要力量之一。在清代，这一地区的社区赈济活动以自然聚落、基层社会编制、市场体系、水利共同体等各种模式加以组合；尽管仍然存在许多先赋标准如血缘、阶层等依然奏效的事实，但已各自演化出极其富于弹性的社区传统。

（一）以自然社区为基础的赈济

1. 邻里、乡里模式

在清代江南地区所有社区赈济模式中，以邻里、乡里等为单位的赈济基本上以自然社区为基础。其中邻里网络密集社区的认同感相对较强。"邻里是在村庄里共同生活的普遍的特性"，"基本上受到居

---

① ［日］滨岛敦俊：《旧中国江南三角洲农村的聚落和社区》，《历史地理》第十辑，上海人民出版社1992年，第91页。

住在一起所制约,这种方式的共同体即使人不在,也可能仍然保持着"①。

由个人施行的以邻里为对象的散赈,其财力与影响力相对有限,一般只限于较小的范围内,即自己所居住的社区附近。"有余之家,邻里亲戚不招自集,多数十人,少或数人"②。康熙四十八年(1709)岁饥,盛泽监生王濂"出米数百石,就家设局,人给五六合,历三月余"③。道光二十九年(1849)大水,无锡斗门人倪景尧"尽鬻其田数十亩以煮粥赈饥于宅旁"④。邻里关系中的赈济配合小社区邻里网络较强的特色,服务位于乡间的较小社区,能够利用当地资源来救济当地饥民。

江南地区的社区赈济活动中,亦经常会出现以"乡里"为单位的赈济,同样是纯粹以当地居民利益为中心。与"邻里"相比较,"乡里"是一个相对模糊的社区概念,它既具有与邻里重合的意义,也蕴含了比邻里范围更大的含意,有时甚至比村落还要大。如阳湖人吴行"岁大饥,出米百石赈乡里"⑤。嘉庆十九年(1814)金坛大旱,周廷玺"出米百余石散给乡里,又捐钱三百余缗以助赈"⑥。

2. 村社模式

---

① [德]费迪南德·滕尼斯著、林荣远译:《共同体与社会》,北京:商务印书馆1999年,第66页。

② 乾隆《沙头里志》卷10《潮灾纪略》,《中国地方志集成·乡镇志专辑》第8册,第620页。

③ 仲廷机:《盛湖志》卷9《义行》,《中国地方志集成·乡镇志专辑》第11册,第511页。

④ 光绪《无锡金匮县志》卷25《行义》,《中国地方志集成·江苏府县志辑》第24册,第419页;光绪《无锡斗门小志》,《中国地方志集成·乡镇志专辑》第14册,第151页。

⑤ 光绪《武阳志馀》卷10《行谊》,《中国地方志集成·江苏府县志辑》第38册,第642页。

⑥ 民国《重修金坛县志》卷9之一《人物志一·孝义》,《中国地方志集成·江苏府县志辑》第33册,第113页。

在邻里、乡里之上有以村社为单位的赈济活动。以"村"为单位的赈济如乾隆二十一年（1756）嘉兴饥，庠生范光裕"邻村赖以举火者千家，壬午岁歉亦如之"①。乾隆五十年（1785）余杭大旱，黄湖里人陈绍翔"平粜近村，赖以全活者无算"②。乾隆五十一年（1786）饥，乍浦人钱洪"潜行村落，以钱谷赈贫乏，俾无舍业延里中"③。道光二十九年（1849），宜兴上黄乡人黄一清"率村中好善者设局拯饥，全活不下千百人"④。以社为单位的如乾隆十六年（1751）昌化县岁荒，"众议向殷户劝赈"，盐商余临川"慨然捐米一十五石，由是闻风而愿输者数十家，两社穷民存活无数"⑤。乾隆二十一年（1756）岁饥，青浦农人宋来生"设赈社村"⑥。无锡富安乡乡董周祥云"值岁饥，民乏食，于本社庙桥广福庵立施粥厂，活人无算"⑦。村社是乡村社区最基本的社会地理空间，按照社会学的划分属于自然社区，是人们在长期生产生活中自然形成并共生共存的联合体。这种联合体为社区赈济提供了一种最直接的运作方式。从这个意义上说，村社不仅仅是农户聚居的一种物理性形式，而且因其施济范围而与外部世界明确分离。

3. 以"庄"为单位的赈济模式

---

① 嘉庆《石门县志》卷 15《人物下》，道光元年刻本，第 16 页。

② 嘉庆《余杭县志》卷 28《义行传二》，《中国地方志集成·浙江府县志辑》第 5 册，上海书店 1993 年影印本，第 981 页。

③ 许河：《乍浦续志》卷 5《孝义》，《中国地方志集成·乡镇志专辑》第 20 册，第 505 页。

④ 民国《宜兴上黄黄氏传芳宗谱》卷 8《艺文·一清先生八秩晋一寿序》，民国十三年永思堂木活字本，第 3 页。

⑤ 道光《昌化县志》卷 15《人物志·义行》，《中国方志丛书》"华中地方"第 594 号，台北：成文出版社有限公司 1983 年影印本，第 786 页。

⑥ 嘉庆《松江府志》卷 60《古今人物传十二》，《中国地方志集成·上海府县志辑》第 2 册，第 433 页。

⑦ 奚铮：《无锡富安乡志》卷 13《善举》，《中国地方志集成·乡镇志专辑》第 22 册（下），第 875 页。

以"庄"为单位的赈济多出现于杭嘉湖三府。这里出现的"庄",并不是聚落称呼上的"庄",而是清代中后期浙江施行所谓"顺庄法"后作为行政庄的"庄",故可视为自然社区与法定社区的结合体。乾隆二十年(1755)大饥,新塍镇人翁敏达等"捐资分庄赈饥",道光十一年(1831)、二十九年(1849)均"分庄赈饥"①。道光二十二(1842)年,海宁州知州许发和举办赈恤,"自五月初六日起,分作十日,散放三百七十余庄"②。光绪十四年(1888)水,南浔镇"绅富先集资购米万石平粜,十月间乃就十二庄查核饥户,分极贫、次贫,计口造册给票,至期赴广惠宫,凭票给米"③。

在赈济过程中运用"庄"来划分应济的界限,既方便了赈济范围的确定,又促进了以"庄"为单位的区域整合。乾隆二十一年(1756)湖州饥,南浔乡绅温芝山"以编查为独任,徒步往来,东至震泽县界,西至东迁,南至辑里,北至瑶田,计庄十有六,得极贫户一万零二百七十七口,手注册给符,一口钱四十,小口半之,一给七日,挨庄判发"④。嘉庆九年(1804)夏大水,双林镇人费承禄"商之里中殷户,举办平粜一月。时各庄有欲办平粜者,惧外庄饥民来扰,皆逡巡不敢发。承禄粜数日,外庄人果至,承禄婉语以庄各有殷户,不克遍及,皆唯唯而退。于是各庄悉仿行之"⑤。从某种程度上说,正是因为以"庄"为单位的赈济活动推

---

① 朱士楷:《新塍镇志》卷4《祥异》,《中国地方志集成·乡镇志专辑》第18册,第945页。

② 许发和:《梯学堂记事》,载钱泰吉:《海昌备志》(下),《海宁珍稀史料文献丛书》,北京:方志出版社2017年,第733页。

③ 周庆云:《南浔志》卷29《灾祥二》,《中国地方志集成·乡镇志专辑》第22册(上),第315页。

④ 周庆云:《南浔志》卷20《人物三》,《中国地方志集成·乡镇志专辑》第22册(上),第206页。

⑤ 蔡蓉升:《双林镇志》卷20《人物》,《中国地方志集成·乡镇志专辑》第22册(下),第597页。

动了社区的自我界定，使"庄"的行政合法地位日益巩固。

（二）以法定社区为基础的赈济

1. 乡、都、区模式

以里甲都图乡区这样的基层社会编制（法定社区）为单位的赈济，仍以自然社区为基础。其中以乡、都为单位的赈济在江南地区并不普遍。康熙四十七年（1708）湖州岁饥，"诸乡设粥"，归安县太学生章嘉猷"独计路之远近，口之大小"赈饥①。乾隆三十二年（1767）岁大荒，常州府城施粥赈饥，龚朝栋"所居新塘乡去城八十里，民就赈者多道毙，朝栋与人为体仁会，设赈如城中，活者甚众，及岁稔，会仍不废"②。道光二十九年（1849）大水，嘉善诸生沈学潮"办西乡赈捐，率族倡捐"③。嘉兴府石门县向有按"都"赈济的传统。"粥厂仅饱城市近郭之人，数十里以外势难就食，若赈米，则各区通行可以无远不届"，"石邑之户口尽于一十七都，使各都举行，已无一夫失所"④。如嘉庆十九年（1814）石门县"分都设厂平粜"，"按图领米，每都适中官设一厂，该都所属各图同归该都之厂粜籴"⑤。阳湖县也有按"都"赈济的事例。咸丰六年（1856）大旱，升西乡"枯瘠尤甚"，南境宜荆附贡生成栋与戚属"载钱粟往作糜以赈"，"周被百二十都"⑥。

---

① 同治《湖州府志》卷77《人物传》，《中国地方志集成·浙江府县志辑》第25册，第558页。

② 光绪《武进阳湖县志》卷25《人物·义行》，《中国地方志集成·江苏府县志辑》第37册，第659页。

③ 光绪《重修嘉善县志》卷23《人物志五·行谊下》，《中国地方志集成·浙江府县志辑》第19册，第693页。

④ 光绪《石门县志》卷8《人物志一·义行》，《中国地方志集成·浙江府县志辑》第26册，第275页。

⑤ 光绪《石门县志》卷3《食货志·救济》，《中国地方志集成·浙江府县志辑》第26册，第123页。

⑥ 光绪《宜兴荆溪县新志》卷8《人物·义行录》，《中国地方志集成·江苏府县志辑》第40册，第262页。

"区"也是江南某些地区的一级地方编制,原为明代粮长催科督运所管粮区,多相当于"乡"。尽管区的范围相对较大,但以区为单位的赈济却不很常见。道光三年(1823)桐乡县人姚卓元"出己资为本区贫户计口给钱,人得各安其所";次年,同县陈庄廪贡生陈坤受县令王鼎铭之命,"办本区赈务","倡捐劝募,按户给赈"①。道光二十九年(1849),长兴县"按区编期,至期赍票发领,又设分局于嘉会区,以冯之珍、金振声主之,会同该区乡董支放"②。

2. 图(里)模式

相比之下,按图(里)为单位进行赈济具有得天独厚的条件,由于范围小、形式灵活,更加能够不通过官府统筹而将地方资源直接用于社会赈济。"夫环一里之内,所称富家巨室多者十余家,少者三四家,所必有也! 同里而居,则其人之面貌所素习也,其丁之多寡与夫家之贫窭与否所可覆而核也"③。作为惯例,"图(里)赈法"的基础工作,先要确认"户"的所在及数量,目的是为了证明受济者的身份是否属于组织施赈的社区,属于社区的饥民才予以赈济。赈济的地域性限制实际上不单指社区的辐射范围,更重要的是社区内居民的身份认定,被认为不属于这个社区的人,就不能受济。透过施济,可以为所属社区做一更清晰的内外界定,从而加强了社区内部的凝聚力和归属感。

清前期,以图(里)为单位的赈济多受官方意识形态与政治体制的制约。乾隆二十一年(1756)米贵,"厅县劝捐乌程,给钱于白莲寺,桐乡

---

① 光绪《桐乡县志》卷15《人物志下·义行》,《中国地方志集成·浙江府县志辑》第23册,第602页。

② 同治《长兴县志》卷9《灾祥》,《中国方志丛书》"华中地方"第586号,台北:成文出版社有限公司1983年影印本,第785页。

③ 崇祯《嘉兴县志》卷23《遗文五·议说》,《日本藏中国罕见地方志丛刊》第17册,北京:书目文献出版社1991年影印本,第954—955页。

按图举殷户转给，南于崇福宫，东北于清风亭"①。乾隆四十年（1775）大旱，宜、荆两县县令针对"各乡镇之无力捐赈者，量区图之大小、户口之多寡分给之，凡一百七十余图"②。

19 世纪以前，由民间力量主办的里赈、图赈也零星存在，但仅限于一里一图的小范围。如康熙四十六年（1707）间浙江频罹水旱，仁和人陆凤翥"谋赈济，率家人于里门分给贫民，每口日给米半升，凡三匝月，米赢数千石，全活无数"③。乾隆十三年（1748）、二十一年（1756）米价翔踊，海宁州太学生章兆铉"以家食捐济里中，复按户给钱，赖以存活"④。乾隆二十年（1755）上海人黄云师"倡议给钱浦东五十二图"⑤。

嘉道以后，出现了更大的地方协调策略，"即把物质利益的、伦理道德的和强制性的控制手段，更多地在地方上协调，而较少地把那些功能具体的活动作垂直结合"⑥。这样，地方精英能够并愿意在没有国家介入的情况下管理本地事务，小范围内实施的"图（里）赈法"更加流行。嘉庆十年（1805）浙西岁歉，余杭县"七十三里，请以所拨银分给里之长

① 董世宁：《乌青镇志》卷 1《祥异》，《中国地方志集成·乡镇志专辑》第 23 册，第 227 页。

② 储研璘：《宜荆两邑赈荒记》，载嘉庆《重刊宜兴县志》卷 4《艺文志·记》，光绪八年"宜兴荆溪旧志五种"刻本，第 10 页。

③ 民国《杭州府志》卷 142《人物七·义行二》，《中国方志丛书》"华中地方"第 199 号，台北：成文出版社有限公司 1983 年影印本，第 2715 页。

④ 民国《海宁州志稿》卷 31《人物志·义行》，《中国方志丛书》"华中地方"第 562 号，台北：成文出版社有限公司 1983 年影印本，第 3635 页。

⑤ 嘉庆《松江府志》卷 59《古今人传十一》，《中国地方志集成·上海府县志辑》第 2 册，第 402 页。

⑥ ［美］王国斌著、李伯重等译：《转变的中国——历史变迁与欧洲经验的局限》，南京：江苏人民出版社 1998 年，第 127 页。

厚才谞者司其事","受赈之人名籍具在,可无滥且遗,各恤其乡邻"①。
嘉庆十九年(1814)江南大旱,金匮县县令齐彦槐大力推行图赈之法:
"以各图所捐之钱,各赈本图。图有贫富,以富图之有余,协济贫图之不
足。"②同年,宜兴县黄干渎人吴龙山也"倡议各图设粥,以便饥民之就
食,乐善者响应,后竟以为法"③。这几次按图(里)施济的赈济活动开
了江南地区大举实行"图(里)赈法"的先河。道光三年(1823)大水,"图
赈法"在江南各地已普遍施行。松江府华亭知县王青莲"仿图赈之法,
捐项存于本图殷户,各图遴董自行收放,以富图之余补贫图之绌"④。
青浦县知县李宗颖偕县丞武自新"劝邑人捐米分图给赈"⑤,设图捐图
赈之法。其后图赈法一直在江南地区广泛存在。

　　许多地方因施行"图赈法"形成了固定的社区传统。在宜兴县上头
乡"每遇歉岁,邻图皆有不足之虞,独十二图无缺食之患"⑥。另外如乾
隆五十八年(1793)大水,苏州府人彭绍升就所居"仁一图"平粜,并"画
界为限,东以城桥为界,南以城为界,西以新造桥直南为界,北以吴衙场
为界,除诸大户市廛外,合计五百家,家予一票,按票给米"⑦。其法在

　　①　董作栋:《乙丑夏散赈记》,载嘉庆《余杭县志》卷14《恤政》,《中国地方志
集成·浙江府县志辑》第5册,第755页。

　　②　钱泳:《履园丛话》卷4《水学·图赈法》,上海古籍出版社2012年,第77
页;齐彦槐:《图赈法》,载光绪《无锡金匮县志》卷38《艺文·文》,《中国地方志集
成·江苏府县志辑》第24册,第643页。

　　③　道光《重刊续纂宜兴荆溪县志》卷7之一《宜兴人物志·行谊》,《中国方志
丛书》"华中地方"第396号,台北:成文出版社有限公司1983年影印本,第253页。

　　④　王青莲:《赈余备荒碑记略》,载光绪《松江府续志》卷14《田赋志·赈恤》,
《中国地方志集成·上海府县志辑》第3册,第368页。

　　⑤　光绪《松江府续志》卷14《田赋志·赈恤》,《中国地方志集成·上海府县
志辑》第3册,第370页。

　　⑥　民国《宜兴上头陆氏宗谱》卷7下《兆周传》,民国二十六年敬聚堂木活字
本,第1—2页。

　　⑦　彭绍升:《二林居集》卷10《记二·平粜记》,《清代诗文集汇编》第397册,
上海古籍出版社2010年影印本,第459页。

嘉道年间由其子孙踵行之，视米之多寡，“或仍以仁一图为限，或推广至仁三图”[1]，一遵彭绍升成法。

(三)以水利共同体“圩”为基础的赈济

“圩”是江南地区农民以圩田水利的共同劳动、共同管理的媒介，近邻圩户共同体互相结合形成的地缘性连带，在同一个地域共同圈，圩户们共同的利害关系奠定了他们团结一致的基础。居住在圩区邻近的人们只要感到有共同利益需要协同行动，就会组成各种地域性的群体[2]。以“圩”为单位的社区赈济，主要存在于江南地域的低洼乡下地带，办法是由“各圩圩长将极贫人户逐一开报，内除有手艺工作足以资生，及有春花桑地堪以仰望者，并一切衙役人等俱不得滥开”[3]。像这样形成以“圩”为单位的社区赈济传统，在江南地区相当普遍。如竹里所辖“新篁里分东西两圩，西圩捐米较少，分开捐给则东圩帮米四十石，此旧时定式也”[4]。又如王店镇在嘉道年间所进行的六次赈济一直分“南上十七圩”和“余五圩”两个赈济单位实施[5]，建立了明确的施济界线，乡民习惯把由赈济单位“圩”所构成的区域看作是自己所在的村落本身。

(四)以市镇为基础的赈济

在清代由于市镇经济的深化，孤立村落渐失生存的余地；而江南地区乡居地主至明末已大体实现了城居化，居住在市镇内的所谓“城居地

---

① 彭蕴章：《松风阁诗钞》卷5《平粜记》，《清代诗文集汇编》第577册，第628页。

② 参见拙作《明清江南地区的“乡圩”》，《中国农史》1995年第3期。

③ 李见龙：《赈饥申文》，载康熙《秀水县志》卷10《议》，《中国地方志集成·浙江府县志辑》第31册，第1086页。

④ 《道光癸未饩粥米议》，载徐士燕：《竹里述略》卷2，《中国地方志集成·乡镇志专辑》第19册，第405页。

⑤ 光绪《梅里志》卷7《蠲恤》，《中国地方志集成·乡镇志专辑》第19册，第92—93页。

主"通过担任"镇董"举办赈饥、开浚等地方公事,控制着周围村落中的乡民。自康熙十年(1671)始,嘉定宝山二县的赈济工作一直以粥厂为单位运作,逐渐演变为惯例,而这些粥厂多设置于市镇中,两者的辖区范围或部分或全部重叠①。此种由镇厂合一体系组织的赈济有着自己的施济传统。其实江南许多地方均存在以镇为单位的赈济传统。如濮院镇赈济传统"向只给发近市之东河、寺后、仁和三坊,而市外者不及顾"②。双林镇亦是一样,道光二十九年(1849)大水,"乡民扶老携幼至镇强索,乡不限界",后"官援旧章,合四乡庄为赈限,其籍隶乌程及远乡外庄者,则归其地殷户赈给,不得挽越,于是人心始定"③。

实际上,许多"图赈"、"庄赈"等较小的社区赈济形式也往往由市镇来组织,道光三年(1823)大水,太仓州"乡镇生耆各就附近图内捐米代粥"④。另外,市镇的赈济成果也多用图、庄、圩等小型社区的数量来计算。道光二十九年(1849)大水,周庄镇设厂,"计放义赈、恩赈、展赈等钱一万七千余串,所赈者四十四图五千七百五十一户"⑤。之所以在市镇之下再划分更小的赈济单位,是因"乡间各图离镇远者二十里,来去须费一日功夫"⑥,小社区赈济可免就食饥民来回奔波。不过,这些小社区由于物力维艰,办理赈务往往离不开市镇资助。如雍正元年(1723)海宁州海

① 参见拙作《清代嘉定宝山地区的乡镇赈济与社区发展模式》,《中国社会经济史研究》1998年第4期。

② 杨树本:《濮院琐志》卷7《附记》,《中国地方志集成·乡镇志专辑》第21册,第509页。

③ 蔡蓉升:《双林镇志》卷32《纪略·杂记》,《中国地方志集成·乡镇志专辑》第22册(下),第704页。

④ 参见《娄东荒政汇编·捐赈》,李文海等主编:《中国荒政书集成》第5册,天津古籍出版社2010年,第3036页。

⑤ 光绪《周庄镇志》卷6《杂记》,《中国地方志集成·乡镇志专辑》第6册,第594页。

⑥ 宣统《续修枫泾小志》卷2《志建置·仓庾》,《中国地方志集成·乡镇志专辑》第2册,第178页。

溢,诸生徐成龙"捐谷赈饥(邻里),指困不足,谋诸市以继之"①。

以上所列各种社区赈济模式具有共同的特征,即在社会空间上有一个严格的地理限定。每一个赈济单位均有一个较固定的辐射范围,在辐射半径以内的乡民有着强烈的社区认同感。从清代社区赈济设施的空间布局逐渐倾向民间化、小型化的事实背后,我们可以窥见官方地域组织与民间自发组织之间关系的微妙变化。正如"在下层行政方面,官方往往依民间组合来划分行政区域;反之,在行政区域内亦会产生民间组织"。"地域划分有时也可以不考虑乡村社会所有的内部联系,如中国征赋单位'图'的划分即是如此。在这种情况下,'图'中会产生新的组织,或者原有组织会扩大其职能,以完成与地域区划相应的职责和义务"②。清代江南地区的社区赈济活动正是依靠种种法定的或自然的社区来实现自己的目的。

二、社区赈济的区域背景

社区是一种包括各种事务的框架。社区赈济之所以在清代江南地区长期存在,一个相当重要的原因即它能够与地方社会各种资源相互结合。这些资源既包括作为物质基础的地方仓储、交通水平,也包含作为连接纽带的宗族关系、主佃关系等等。

(一)社区赈济的物质基础之一:地方仓储

从空间布局上看,地方仓储满足社区赈济的需要是检验其功效的重要标准之一。在清代,相对官方办理的常平仓,"社仓、义仓均为积贮在民、归民自行管理且功能一致的同类仓储,它们同处于社会最

---

① 民国《杭州府志》卷 143《人物七·义行三》,《中国方志丛书》"华中地方"第 199 号,第 2720 页。

② [美]杜赞奇著、王福明译:《文化、权力与国家——1900—1942 年的华北农村》,南京:江苏人民出版社 1996 年版,第 93 页。

基层,充当着救助荒歉的第一道防线"①。因此,社仓、义仓这样的地方仓储因其地理上的优势,成为社区赈济最主要的资金来源之一。

清代初年,官府对地方仓储采取放任态度,江南一些地区自发地出现了一些民间仓储,这些仓储在社区赈济中能够发挥一定作用。如康熙朝中前期,嘉善绅士柯崇朴、沈辰坦等二十人"仿朱子社仓法为广仁会","历年积米二百五十石,以二百石助济饥民"②;徐乾学兄弟在昆山设立"世德仓",储本二千石,贷全县七十二区③。

盛清时代,官府直接对地方仓储加以控制,地方仓储规模相对整齐。尽管乾隆五年(1740)无锡县有"奉宪檄县各图设立社仓,备社米以济贫乏"之举④,乾隆二十二年(1757)临安县也曾分里办理社仓,似乎有把仓储办理到小型社区的意图,崇明县亦因地势原因,"在二十八区内,分设一十四处"社仓⑤,然而多数地区的社仓设置每县在三至七所之间,不能满足社区赈济的需要。这时个人对民间仓储参与虽然不多,但往往直接针对社区赈济。如武进人董致和"岁歉施千缗以助赈为体仁会,每岁再举,并仿社仓法为积谷会,以备水旱,每岁冬察间近贫者,周之有差"⑥。

---

① 张岩:《论清代常平仓与相关类仓之关系》,《中国社会经济史研究》1998年第 4 期。

② 光绪《重修嘉善县志》卷 9《恤政》,《中国地方志集成·浙江府县志辑》第 19 册,第 438 页。

③ 道光《昆新两县志》卷 37《艺文三》,《中国地方志集成·江苏府县志辑》第 15 册,第 606 页。

④ 黄印:《锡金识小录》卷 1《备参上·社米》,《无锡文库》第二辑,南京:凤凰出版社 2012 年,第 17 页。

⑤ 许惟枚:《瀛海掌录》卷 2《社仓》,《上海史料丛编》铅印本,上海市文物保管委员会 1963 年,第 24 页。

⑥ 光绪《武进阳湖县志》卷 25《人物·义行》,《中国地方志集成·江苏府县志辑》第 37 册,第 661 页。

王店镇人李湘"尝舍宅傍地建常平仓，岁饥出谷千石以赈"①。

另外，以庄、图等为单位的地方仓储也零星存在。乾隆九年（1744）岁大水，昌化县历村及龙井两庄为比邻，"赈粥虽救一时而不可以经久，乃仿朱子社仓法蠲谷一百石"，"两庄穷民多赖焉"②。嘉庆十二年（1807）始，无锡青上乡六三图建立了以"图"为单位的地方积贮，每遇歉岁"藉以分润一图"，按庄分派，"付借只可于本图之内，外图人不得混入"③。由家族建立的义仓与此类似，亦具有赈济饥荒的功能。嘉庆二十年（1815）岁饥，孝丰县贡生万人杰"赈谷二千余石，率族建孝丰乡社仓"④。在乾嘉之际设立于盛清时代的社仓大多已不存在。到道光年间，陶澍在苏州地区倡设"丰备义仓"，有在乡间办理仓储的倾向，但在当时并未普遍执行。

光绪年间，江南地区的地方仓储呈现出新的特点：即发展的不平衡性——个别地区的有声有色与大多数地区的维持原状甚至衰败形成鲜明对比。值得一书的是宜兴、荆溪两县举办的义仓。二县除在城义仓外，各乡区共设义仓 74 所，其中宜兴 38 所，荆溪 36 所。义仓设置达到如此密度，在江南地区可谓绝无仅有⑤。

南浔镇义仓是另外一个例子。该仓"不抽亩捐，不由劝募，系创办人各以私财自由集合，完全私立性质"，"积米专备本镇之需，以外乡村

---

① 祝廷锡：《梅里校勘记》卷 7《孝义》，《中国地方志集成·乡镇志专辑》第 19 册，第 369 页。

② 道光《昌化县志》卷 15《人物志·义行》，《中国方志丛书》"华中地方"第 594 号，台北：成文出版社有限公司 1983 年影印本，第 770 页。

③ 《无锡青上乡六三图积贮议规》，载余治《得一录》卷 5《义仓》，台北：华文书局股份有限公司 1969 年影印本，第 347 页。

④ 同治《孝丰县志》卷 7《人物志·义行》，《中国地方志集成·浙江府县志辑》第 30 册，第 227 页。

⑤ 光宣《宜兴荆溪县续志》卷 3《经政志·积储》，《中国地方志集成·江苏府县志辑》第 40 册，第 401—404 页。

各自经理,不在此数"。其放赈平粜完全按社区赈济模式运作。"凶岁放赈,歉岁平粜,编查户口,守浔镇旧有区域,起一百六十庄,讫一百七十一庄,嗣后区域,或有变更,施济要难遍及,仍以十二庄为限"①。

可见,清代江南地区的社仓、义仓及其他民间仓储形式因位居乡里,可以为社区赈济提供近便、及时的资助,从而大大加强了社区赈济活动的"行政密度"。当然,对此也不宜估计过高。在实际的赈济活动中,社区内的临事性捐助明显多于相对固定的乡里救济资金,而前者在社区赈济中起着主导作用。

(二)社区赈济的物质基础之二:交通水平

交通状况也是影响社区赈济水平的物质资源之一。特别是水道,常成为限制社区赈济辐射力大小的关键性因素。无论乡民就食赈局,或是地方进行散赈,多需要撑船拿舟,如此既为办理社区赈济提供了可能性和必要条件,也为灾民就赈提供方便。例如,康熙十年(1671)嘉兴县赈饥,"城市于三塔寺散给,乡村于西丽桥下集船散给,各五日,远近饥民皆沾实惠"②。道光二十九年(1849)大水,乌程县进士周学浚"挈舟沿门遍给,或载之赴粥厂"③;宜兴从三区人丁于渭"出谷三百石,与两弟锦堂、锦书泛舟分赈,全活甚众"④。

(三)社区赈济与主佃关系

在清代,随着地主佃户制度的成熟,"乡绅的问题超越了土地所有

---

① 周庆云:《南浔志》卷34《义举一》,《中国地方志集成·乡镇志专辑》第22册(上),第382—383页。

② 光绪《嘉兴县志》卷12《蠲恤》,《中国地方志集成·浙江府县志辑》第15册,第223页。

③ 光绪《乌程县志》卷18《人物七》,《中国地方志集成·浙江府县志辑》第26册,第779页。

④ 光宣《宜兴荆溪县续志》卷9中《人物志·义行》,《中国地方志集成·江苏府县志辑》第40册,第509页。

的世界"①。地方乡绅力图与国家权力结合对地方社会进行控制,他们控制的对象不仅有自己的佃户,还包括在地域范围内的其他乡民。清初继承了 16 世纪中期以来流行于江南地区的"田主赈济佃户论":"极贫之人民大率系绅衿业主力田之佃户,各令于本名下注明承种系某绅衿某业户之田土,酌其家口多寡,官定借米若干,给与印票往取,秋收同租清偿,不许起利。"②

这种个别地主对个别佃户"救济"的惯常行为,至 18 世纪中期正在消亡。一方面是因为这一时期"清朝国家要代替地主将其置诸不顾的佃户加以'保护'"③,另一方面则由于清代地主城居化的加剧,使得佃户在"自由"的状态下不得不更多地依靠其所在地域提供的福利。

当然,18 世纪中期以后田主对佃户的赈济仍然存在,只是相对明末清初要少得多。如雍正十一年(1733)旱歉且大疫,南汇县二区旧五团乡贡生华昌朝"给佃户钱米"④,道光二十九年(1849)水灾,昭文县乡绅郑光祖"急呼族众邻近诸人,令各率雇工家属及附近熟佃,约明早黎明共集,各啜粥一盏"⑤。通过这种赈济形式,地主可以加强对其佃户的支配和掌握。

(四)血缘与地缘:社区赈济的宗族表达

在江南农村中,宗族力量在社区赈济中发挥的作用亦不容忽视。

① ［日］重田德:《乡绅支配的成立与结构》,《日本学者研究中国史论著选译》第二卷"专论",北京:中华书局 1992 年,第 217 页。
② 李见龙:《赈饥申文》,载康熙《秀水县志》卷 10《议》,《中国地方志集成·浙江府县志辑》第 31 册,第 1086 页。
③ ［日］森正夫:《十六世纪至十八世纪的荒政和地主佃户关系》,《日本学者研究中国史论著选译》第六卷"明清",北京:中华书局 1992 年,第 68 页。
④ 民国《南汇二区旧五团乡志》卷 5《户口·恩义赈》,《中国地方志集成·乡镇志专辑》第 1 册,第 838 页。
⑤ 郑光祖:《一斑录》,杂述 8《己酉水灾》,北京:中国书店 1990 年,第 1139 页。

康熙四十五年(1706)岁饥,武进县学生吴成"以所入米百石,更出资买麦赈族人"①。乾隆四十年(1775)大旱,宜兴国子监生尹景叔"家非素裕,而称贷以给族人,煮糜食众,后遇凶歉率以为常,饥民赖以生活者不下千余人"②。尽管有些家族赈济活动的范围极小,但仍能在一定程度上满足族人生存上的需要。

聚族而居的现象在江南地区比较普遍,"家族的聚族而居,包含着双重的意义:一是血缘的纽结,一是地域的占有"③。血缘与地缘的双重结合是社区构成的"原始状态"④。不可否认,聚族而居可以为宗族救济提供方便。如宜兴霞溪陆氏于"从二区一图共十一庄聚族而居",族人又多"在六、七、八、九〈庄〉地界,烟户二百余家,异姓止二十余家"。嘉庆二十一年(1816),"图内各庄耆老公议起捐以防岁歉",由六、七、八、九四庄子姓酌议建立崇德堂义仓⑤。以聚居为条件的宗族赈济,"将在乡里外之族人自周给之中除开,而生活于乡里内之外姻亲戚可受周给之一联串事实的根柢,在观念上仍不得不认系以聚居为周给范围之标准在发生作用"⑥。如海宁查氏,资助限于聚居之人,甚至对迁徙至百里以外之族人也不加赈济,且明记其救恤为不必要并属困难之

---

① 光绪《武进阳湖县志》卷 25《人物·义行》,《中国地方志集成·江苏府县志辑》第 37 册,第 657 页。

② 道光《重刊续纂宜兴荆溪县志》卷 7 之 1《宜兴人物志·行谊》,《中国方志丛书》"华中地方"第 396 号,第 249 页。

③ 陈支平:《500 年来福建的家族社会与文化》,三联书店上海分店 1991 年,第 159 页。

④ 费孝通:《乡土中国》,北京:生活·读书·新知三联书店 1985 年,第 72—73 页。

⑤ 民国《宜兴霞溪陆氏宗谱》卷 10《崇德堂告示》,民国三十七年敦本继绪堂木活字本,第 1 页。

⑥ 〔日〕清水盛光著、宋念慈译,《中国族产制度考》,台北:中华文化出版事业委员会 1956 年,第 159 页。

事①。可见，聚居与否并不成为决定赡族规定之适用范围的惟一条件。

没有聚居习俗的宗族，在江南地区也相当多见。"安土重迁，自古有然，然迫于时势之不得已，或择里而迁，或由贫而迁，或游宦而迁，或因赘而迁，或因贫而迁，或避难而迁，或背井离乡"②。以归安县为例，"在乡之世家有聚族处者，一乡之地无多，支流汊港、田畴桑柘几占其半，户民生齿少繁，多为地所限，而他徙出乡者。族既不聚，则宗法之不可行久矣"③。不少地区因此形成了一些虚拟"家族"，利用血缘纽带的原理作为整合手段。"吴俗最喜联谱，如张姓极繁必合为一族，不问良贱"④。只是这些虚拟"家族"的赈济行为，相比之下要打不小的折扣。即使这样，宗族性救济也要顺带照顾地域内非本族的乡民，努力做到"无亲疏远近畛域之分"⑤。这是因为与其将遥远的宗谱连续作为同族，不如规定现实的聚居生活共同体为施赈的界限。

尽管地域上的靠近可以认为是血缘亲疏的一种反映，但宗族关系与社区赈济的结合，并不排斥赈济本族以外的邻人。如道光二十九年（1849）水灾，荆溪西墟后村里人监生吴陞扬"出谷百余石周族姻贫乏者，又倡议按图施粥以食饿者"⑥。光绪三十二年（1906），宜兴大水，任方成"急出银米，先赈附近灾重之户，复出银二百圆缴邑中筹赈，所嗣得藏金，悉以籴谷赡亲族邻里之极困者"⑦。不过，在宗族施济时要对邻近

① 道光《海宁查氏族谱》卷 16《酌定规条》，道光八年刻本，第 17 页。

② 民国《金坛郑家庄陈氏宗谱》卷 1《世迁记》，民国敦本堂木活字本，第 1 页。

③ 光绪《苕溪吴氏宗谱》第一册《张珍臬序》，民国三十二年刻本，第 2 页。

④ 董含：《三冈识略》卷 2《补遗·冒族》，沈阳：辽宁教育出版社 2000 年，第 39 页。

⑤ 民国《宜兴上黄黄氏传芳宗谱》卷 7 之 4《艺文》，民国十三年永思堂刻本，第 25 页。

⑥ 光宣《宜兴荆溪县续志》卷 9 中《人物志·义行》，《中国地方志集成·江苏府县志辑》第 40 册，第 508 页。

⑦ 民国《宜兴筱里任氏家谱》卷 9《先德录·佩芝公传》，民国十六年一本堂刻本，第 5 页。

的族人加以善待或给予特殊照顾。康熙四十八年(1709)海宁州大水,康熙四十九年(1710)大旱,陈世仿"倡义赈粜,存活无算,尤虑族人不给,以祭产所赢分上、中、下三科,计口而授,法甚简而人遍德焉"①。乾隆二十年(1755)岁大饥,宜兴县诸生王赋元"捐赀入邑中赈局,复为粥食族中饿者,宗党咸称叹"②。有时候兼济族人与乡庶的条件是将族人和非族人严格区分进行赈济。道光二十九年(1849)大水,宜兴上黄乡黄履谦、黄光谦"商之族中衿耆,于芮家祠设粥以赈本地饥黎,于水禧祠设粥以赈外来饥黎"③。

具有真正血缘纽带的亲属,"不受房子的限制和空间上近距离的约束"④。如桐乡盛氏"子孙繁衍不下百余丁,虽或散居,亦皆不甚疏远"⑤。发生灾害时,乡民们往往根据自身状况,或投奔亲戚所在的村庄,或对亲戚加以资助。例如常熟县一乡民因岁歉"携其妻将往溧阳,依大家以居附"⑥。道光三年(1823)大水,秀水县国子监生沈德璋,"妻兄王居法五庄正宿圩,地尤低洼,田庐淹没无遗,家口嗷嗷,德璋时家已中落,身多积逋,犹复急人之急,馈薪米数月,王氏赖以全"⑦。这种亲戚关系往往将普通人家与更有权威和正式的宗族以及

---

① 道光《海昌陈氏宗谱》卷 4《大传四》,道光十九年刻本。

② 嘉庆《重刊宜兴县志》卷 3《人物志·行谊》,光绪八年"宜兴荆溪旧志五种"刻本,第 40 页。

③ 民国《宜兴上黄黄氏传芳宗谱》卷 8《艺文·耐庵吉斋二公合传》,民国十三年永思堂木活字本,第 49 页。

④ [德]费迪南德·滕尼斯著,林荣远译:《共同体与社会》,北京:商务印书馆1999 年,第 66 页。

⑤ 盛爟:《前朱里纪略·故家》,《中国地方志集成·乡镇志专辑》第 21 册,第13 页。

⑥ 光绪《常熟县志》卷 26《杂记》,《中国地方志集成·江苏府县志辑》第 21册,第 644 页。

⑦ 郑凤锵:《新塍琐志》卷 6《人物·义行》,《中国地方志集成·乡镇志专辑》第 18 册,第 815 页。

行政组织联系起来，使他们更易接近乡村社会中的各种资源①。

尽管传统中国的这种社会观，"并不意味着强调生物学意义上的血缘，而表达了一直生存在一个不安定的竞争社会里的人们所追求的，恰恰是具有最高安定程度的共同性"②。但我们不能过高估计宗族救济的实绩。实际情况是，"吴中聚族居者常数千百，家累巨万，族之人视如途人，而不相顾"③，该现象非常普遍，即使在宗族义田最为发达的苏州府吴、长州、元和三县，可能会对赈济加以资助的宗族公有经济，在全社会经济中的比重并不高，地位也不重要。在承认宗族义田、义庄多少能解决本族族众生活中一些困难的同时，也应看到其局限性。"缺乏公有经济的宗族更多，广大群众无从设想依靠宗族度过艰难的生活"④。另外，义庄、义田等宗族赈济机构"不分贫富而按各家人数均给，只是个别事例，更多的是赡给贫族"⑤，从而将受济面限制在极小的范围内。而宗族本身力量有限也制约了赈济的规模。无锡富安乡"地本瘠薄，虽贫苦者尽力农桑，终年不饱，素封之家，一遇荒歉亦同归枯涸，即如故家旧族钱、汪二氏义庄不能推广"⑥。

宗族性救济作为一种资源能否成功地发挥作用，取决于其持久性和强度，而后者反过来又建立在地缘和血缘结合的基础之上。聚

① ［美］杜赞奇著、王福明译：《文化、权力与国家——1900－1942年的华北农村》，第20页。

② ［日］岸本美绪：《伦理经济与中国社会研究》，载［日］滋贺秀三等著：《明清时期的民事审判与民间契约》，王亚新、梁治平编，北京：法律出版社1998年，第342页。

③ 《安氏义庄专祀春台公记》，咸丰《胶山安氏家乘》卷下，咸丰元年安义庄刻本，第70页。

④ 冯尔康：《清代宗族制的特点》，《社会科学战线》1990年第3期。

⑤ 李文治：《明代宗族制的体现形式及其基层政权作用——论封建所有制是宗法宗族制发展变化的最终根源》，《中国经济史研究》1988年第1期。

⑥ 奚铮：《无锡富安乡志》卷5《风俗》，《中国地方志集成·乡镇志专辑》第22册（下），第833－834页。

族而居能够极大地加强宗族内部联系，同时也弥补了其与建立在传统地缘关系基础上的社区赈济之间的裂痕。由此可以认为，在聚族而居的地方，宗族举办的救济强大而持久，而在非聚族而居的地方，它则沦为一种更为一般的资源，难以适应多种需要且做出反应。

三、结论

通过以上论述，我们对清代江南地区的社区赈济有了一个相对整体性的认识。就总体而言，社区赈济的发展虽然蕴含了国家与社会对物质福利态度的细微变化，但如果就此认为有清一代，特别是嘉道以后的地方事务完全是脱离官方的社会管理行为，并不符合历史事实。在清代，除了官方最关注的税收和防御外的其他政务（其中包括赈济饥荒），"正规政府能否担负这些责任的程度要视其行政能力的强度而定"①。随着清后期中央政府管理地方事务能力的削弱和行政效率的降低，官员不得不"根据他们对地方社会结构与地方经济的评估，确定他们卷入有关事务的范围"②。从这个意义上说，由民间力量组织的非官方的公共服务行为（比如社区赈济）实际上是响应官府的号召代为管理地方事务。

这种基层社会控制权的逐渐下移，促使民间形成相应的自我管理机制，并且推动了各种社区组织的普遍发展和基层社会结构的全面调适及重新整合。与此相应，社区赈济的空间布局多与村社等地缘性实体或者都图、里甲这样的基层社会编制相重合。和村社等自然社区相比，基层社会编制需适应各种复杂的社会关系，通过调整其外在形态以发挥赈济职能，从而与村社共同体相融合甚至成为其组成部分。两者之间相互消长的过程，折射出基层社会组织自治化倾向不断加

---

① ［美］施坚雅著、王旭等译：《中国封建社会晚期城市研究——施坚雅模式》，长春：吉林教育出版社1991年，第215页。

② ［美］王国斌著、李伯重等译：《转变的中国——历史变迁与欧洲经验的局限》，第124页。

强的轨迹。不仅如此,在清代江南地区社区赈济的演变过程中,由于社会经济日趋多元化,地方社会的职能亦更加多样化,许多不同的因素和关系,如市场体系、水利共同体、主佃关系、宗族纽带等,共同构成形式各异的社区赈济模式。其中以宗族为基础的社区赈济,虽不一定要与明确的实体性团体范围相一致,但仍需以地缘纽带为基础:地缘关系是族人之间不可或缺的联结纽带,而血缘关系往往只具有象征意义。

(原文载《中国社会科学》2001年第4期)

第三节　宗族与义仓：清代宜兴荆溪 社区赈济实态

20世纪80年代以来,明清区域社会史越来越为国内学术界所关注,对宗族的区域考察也因此空前繁盛。然而,仅就明清江南宗族研究的深度和广度而言,尚未尽如人意。已有的探讨,兴趣多集中于宗族的公有财产和望族的盛衰上[①],这类研究,实质上还停留在宗族制度本身和宗族文化的层面。除了日本学者所揭示的少数个案外[②],学者们对宗族组织与区域社会的互动关系尚少有论述。而探究宗族

[①]　有关成果如冯尔康《论清代苏南义庄的性质与族田的关系》,《中华文史论丛》1980年第3期;张研《试论清代江苏的族田》,《历史论丛》第5辑,济南:齐鲁书社1985年;范金民《清代苏州宗族义田的发展》,《中国史研究》1995年第3期;[日]山名弘史《關於清末江南的義莊》,《東洋學報》1980年第1、2号;田炯权《中国近代社会经济史研究——义田地主和生产关系》,北京:中国社会科学出版社,1997年;吴仁安《明清时期上海地区的著姓望族》,上海人民出版社,1997年;江庆柏《明清苏南望族文化研究》,南京师范大学出版社,1999年,等等。

[②]　例如[日]佐藤仁史:《清朝中期江南的宗族与区域社会——以上海曹氏为例的个案研究》,《学术月刊》1996年第4期。

在地方社会中的实际作为,可以揭示宗族如何融合于区域社会的组织体系之中。若从这一视角着眼,对明清区域社会的理解将会有所不同。例如,以江南的社区赈济而言,学者们以往熟知的情形是,在其中起决定作用的是与血缘关系若即若离的士绅而不是纯粹的宗族力量。本文以清代宜兴荆溪地区的宗族与义仓为研究个案,集中论述具有血缘特征的宗族组织和以地缘为中心的地方赈济设施"义仓"之间的重合与背离关系,以及在更大的社会背景中宗族制度功能背后所蕴含的地方社会结构,试图表明在社区赈济过程中,江南的宗族有时比士绅发挥的作用更大。虽然这一个案在江南地区也许并不具有普遍意义,但至少对我们认识明清江南地区的宗族结构及其在地方社会中的功用会有所裨益。

台湾学者陈其南认为,"到目前为止的所谓汉人亲属研究实际上不是亲属本身的研究,而是功能的研究";而"这些功能法则并不一定只出现在亲属团体,在其他非亲属的团体中也常出现这些法则"①。这种将纯粹系谱意义上的宗族和在此基础上同时具备社会功能的宗族区分开来的意义,不仅突出了汉民族宗族系谱"严格"这一最显著的特征,而且也为我们研究宗族社会在概念上扫清了障碍。从一定意义上讲,本文要分析的个案仍可以归为对宗族功能的研究。不过,在此基础上,通过比照积极参与社区整合的宗族和更多表现为系谱意义上的宗族之间的差异,可为明清江南地区的宗族势力强弱的地理分布提供一种解释的途径。

一、义仓发展概况

宜兴县和荆溪县位于江苏省南端,与浙江、安徽省交界,东濒太湖,

---

① 陈其南:《家族与社会——台湾与中国社会研究的基础理念》,台北:联经出版事业股份有限公司 2004 年,第 189 页。

涌湖居其间，雍正二年（1724），析宜兴县"荆溪以南者为荆溪县，治同城"①。1912 年撤荆溪县，至今相沿不变。当地的地形四周高、中央低。尤以南部多山，属浙江天目山余脉；中部属低洼圩区，多河流湖荡；东北与西北属高亢平原②。与此相应，两县共分 14 乡 25 区，各区又分 390 图。清代的社区赈济活动主要以区、图为单位进行，区、图各有董事，以领其事③。仅就这一赈济形式而言，与江南其他地区并无二致，但宜兴荆溪地区的社区赈济更有其自身的特点，并在一定程度上令邻近地区的社区赈济相形失色。这主要体现在当地义仓设置的密度上。据地方志和族谱资料统计，有清一代在两县设立的义仓先后有百余所之多，在最盛时的光绪、宣统年间，仅在乡义仓即达 74 所④。众所周知，义仓、社仓因其地理上位居乡里，更接近社会最基层，可以为社区赈济提供近便、及时的资助。然而在大多数地区，社区内的临事性捐助明显多于相对固定的乡里救济资金，由于乡里救济资金缺乏机构化、固定化的过程，使社区赈济的实效大打折扣。宜兴荆溪的情况与此完全不同，位居各个区图的义仓在社区赈济中发挥着主导作用。

本文运用的主要材料是嘉庆至宣统年间的地方志和上海图书馆家谱室、南京图书馆古籍部收藏的近 70 部族谱，这两类资料无疑可以相互印证，在这两类资料的记载中，可以发现一个非常有趣的现象，即地方志和族谱的描述口径竟然有很大的差别，前者明显偏重县

① 光绪《宜兴荆溪县新志》卷 1《疆土志·沿革》，《中国地方志集成·江苏府县志辑》第 40 册，第 31 页。
② 参见宜兴县地名委员会编：《江苏省宜兴县地名录》（内部资料），1983 年。
③ 《宣统元年江苏宜兴荆溪县全境蛟雨水灾图说》，载刘芬等撰说、潘维翰等绘图：《宣统元年江苏高淳金坛宜兴荆溪蛟雨灾区工赈图说》，宣统元年铅印本，第 4 页。
④ 光宣《宜兴荆溪县续志》卷 3《经政志·积储》，《中国地方志集成·江苏府县志辑》第 40 册，第 402—404 页。

以下的乡、区、图系列,后者则更多体现出了凝集在义仓背后的血缘关系。这种"话语"上的差别,从一个侧面揭示出在国家与地方社会对地方权威的不同解释体系背后所存在的名与实的争论。有关这一点,后文将有申论。这里首先要弄清楚的是清代宜兴荆溪地区的义仓发展概貌及其在地方仓储体系中所扮演的角色。

据地方志记载,清初宜兴仓廒尽毁,"建于官者,漕仓外独复常平"①。具体的举措是于康熙初年改东仓为常平仓②。至荆溪分治,复改增荆溪常平仓在县署内。太平天国战争以后,两县常平仓均兵毁未复。③ 在当地仓政体系中,还存在过"民捐官办"的社仓和积谷仓。社仓系"自雍正十二年(1734),从民田捐谷起,递年签点"而成,两县各有社仓三所,宜兴县为城西察院、和桥镇下塘、杨巷镇三仓,荆溪县为县东南隅、张渚、蜀山三仓④。同治初年,"乡社之仓,或名存实亡",乃复"于稔岁输课之时,按平田一亩捐钱十,贷商为息。俟谷贱而收储之,建仓曰积谷仓"⑤。积谷仓的性质与社仓大同小异。

义仓在当地人心目中属"民捐民办"性质。有些义仓具有较长的历史,如滋德堂义仓始建于明正德间,和桥义仓为明万历年间倡始⑥。清代初年,义仓几乎绝迹于宜、荆二县,但也不是绝对没有。像复兴仓就是康熙十五年(1676)所建⑦。在嘉道年间始兴的建立义

---

① 　光绪《宜兴荆溪县新志》卷 2《营建志·仓储》,第 73 页。

② 　嘉庆《增修宜兴县旧志》卷 3《田赋志·积贮》,《中国地方志集成·江苏府县志辑》第 39 册,第 110 页。

③ 　光绪《宜兴荆溪县新志》卷 2《营建志·仓储》,第 73、74 页。

④ 　参见嘉庆《重刊宜兴县志》卷 1《田赋志·积贮》,《中国方志丛书》"华中地方"第 399 号,台北:成文出版社有限公司 1983 年影印本,第 143 页;嘉庆《重刊荆溪县志》卷 1《田赋志·积储》,《中国方志丛书》"华中地方"第 395 号,第 155 页。

⑤ 　光绪《宜兴荆溪县新志》卷 2《营建志·仓储》,第 73 页。

⑥ 　参见道光《重刊续纂宜荆县志》卷 1 之 2《宜兴营建志·仓储》、卷 1 之 3《荆溪营建志·仓储》,《中国方志丛书》"华中地方"第 396 号,第 45、55 页。

⑦ 　光绪《宜兴荆溪县新志》卷 2《营建志》,第 73 页。

仓的第一次高潮之前,很可能仍有不少义仓存在。比如张衢在嘉庆年间所撰《霞溪陆氏义仓碑记》中回忆道:"创立义仓预防凶饥,以予所闻见凡三四家",并举例说:"储君计家资可四万金,乃析其三,授之子,而斥其一为义仓,岁饥则散之族中贫乏者"①。但这些义仓的踪迹几乎完全被官方文献所掩盖,至光绪年间才被正式记录于地方志中。最典型的例子是白茫潭许氏的"咸兴义仓"。

义仓本是隋代长孙平设立于州县的具有官办性质的仓储制度,后来有人仿照官办义仓的形式,将之引入宗族内部,成为专济族人的小型义仓。南宋时朱熹所创社仓法也经历了类似的过程,被推行于宗族之中。许氏"咸兴义仓"正是这一类型的宗族义仓。乾隆十五、十六年(1750、1751),"米价翔贵,每石三两,贫人计无所出。(许重炎)因恳宗长平粜,又恳举义仓之法。秋季谷熟收稻入仓,来年芒种前五日计户分借,仿朱子社仓例,每年还清本稻,取息二分"。至乾隆乙卯(1795)在许重炎所设义仓的基础上,许文焕"劝族人设备荒义仓",名"咸兴义仓"②。令人不解的是,尽管道光《重刊续纂荆溪县志》和光绪《宜兴荆溪县新志》分别记录了 10 个和 29 个在乡义仓,但"咸兴义仓"并没有出现在这两部地方志中,直至光宣《宜兴荆溪县续志》卷 3《经政志·积储》才正式将"咸兴义仓"记录在案。类似的情况可能不在少数,这给我们复原义仓的数目带来了极大的不便。表 2—3、表 2—4分别统计了宜兴县和荆溪县在乡义仓的数目、坐落位置和建置年代,可助我们了解清代两县义仓的发展概貌。

① 民国《宜兴霞溪陆氏宗谱》卷 10《义仓记》,民国三十七年敦本继绪堂木活字本,第 1 页。
② 民国《阳羡白茫潭许氏第十修族谱》卷 4《义仓》,民国三十三年追远堂木活字本,第 2—5 页。

表2—3 清代宜兴县在乡义仓名目表

仓 名	建置年代	坐 落	仓 名	建置年代	坐 落
西义社	光绪十一年	西察院	合济堂		万二旧区六图
体仁堂	兵燹后	万一旧区二图严庄下	遐裕堂		万二旧区八图蒋年桥
存善堂		万一旧区十二图	思济堂	道光间	高塍镇下塘
诚善堂	兵燹后	万一旧区十三图	同济堂		万二旧区屺亭桥
同善堂	光绪三十二年	万一旧区十四图大潭村	积善堂	光绪十九年（重建）	万二旧区十四图李山渎桥
近仁堂		万一旧区十七图	官庄义仓		万二旧区十六图
资生局	同治十一年（重建）	和桥镇	新济仓		万二旧区十六图楼下村
和桥义仓	嘉庆十八年	和桥镇	周济堂		万二旧区十六图王母村
储济堂		万二旧区四图张家村	伏义仓		万二旧区十八图赋村街北
惠滋堂		万二旧区六图丁家村	崇善堂		万二旧区十九图鸦露栖村
惠梓堂	道光间	成仁区	积善堂		万二旧区十九图湾里河南
集善堂		静堂里	公信堂		赛中村
仁济堂		西锄	遐济堂		万二旧区八图上捧村
崇本堂		涡南	仁厚堂		天生里
公善堂		庙桥	积善堂	光绪二十二年	洞上旧区十七图芝渎镇
普济堂	光绪二年	万二旧区二十一图鲍家庄	崇义堂		中准渎
宋渎义仓	光绪二十九年	宋渎	乐善堂	光绪二十六年	南准渎
仁善堂		成任旧区二十一图田干里	星善堂	光绪三年	杨家圩

（续表）

仓 名	建置年代	坐 落	仓 名	建置年代	坐 落
鼎济仓	光绪二十三年	清东旧区新芳桥	义和堂	光绪十六年	蒋渎
臧村仓	光绪十五年	本镇北街七图	储谷仓		分水敦
缪渎桥社仓	宣统三年	缪渎桥	敦善堂	咸丰七年	宋渎
崇仁堂	宣统元年	洞上旧区十二图北准渎河南	毓善堂	道光庚子	塘头村
宏济堂	道光间	西门外			

资料来源：光宣《宜兴荆溪县续志》卷3《经政志·积储》，光绪《宜兴荆溪县新志》卷2《营建志·仓储》、卷8《人物·义行录》，民国《宜兴任氏宗谱》卷12《传略上》，民国《萧塘贾氏续修宗谱》卷3《褒扬》，道光《重刊续纂宜荆县志》卷1之2《宜兴营建志·仓储》，民国《吴家圩吴氏宗谱》卷8，宣统《天生里戴氏族谱》卷10《特传》。

表2—4 清代荆溪县在乡义仓名目表

仓 名	建置年代	坐 落	仓 名	建置年代	坐 落
善后堂	光绪二年	均上区三图大港河北	滋德堂	道光八年	清泉乡湖洋渚
公裕堂		均上区四图白泥场	因利仓		西洋渚
积善堂	光绪元年	均上区六图周墓村	咸兴义仓	乾隆十六年	五贤旧区茫溪里
同善堂		川埠乡本镇	复兴义仓		五贤旧区藤桥里
亦善堂		川埠乡查林村	骆氏义仓		五贤旧区骆家巷
乐善堂		川埠乡上袁林	美樨义仓	道光间	五贤旧区美樨里
诚之堂		均下区二十一图兰右村	宗义仓		五贤旧区安定里
恒裕堂	光绪九年	震东乡定跨头庄	永平义仓	光绪年间	从二旧区三图
绵厚堂	道光二十六年	震东乡双桥中村	芳灯义仓	同治七年	从四旧区三图

（续表）

仓　名	建置年代	坐　落	仓　名	建置年代	坐　落
积余堂	道光二十八年	震东乡西望圩	永丰八图义仓	宣统二年	永丰八图
永善堂	同治五年	湖㳇乡冈下	志德堂	宣统二年	永丰旧区十三图祝陵村
宫前社仓		宫前	张诸义仓	宣统二年	张渚
谓仁堂	道光间	蜀山乡本镇	善庆堂	光绪九年	陆平乡
亦改堂	光绪十六年	蜀山乡钱墅二十二图	善济仓	光绪初年	洴㳇
集慎堂		蜀山乡三洞桥	积善仓	光绪四年	南庄
宝善堂	道光二十二年	丁山乡本镇	均下区仓	道光二十二年	均下区
宝善堂	光绪二十五年	蠡墅	从善堂	道光五年	汤渡里
公济堂		丁山乡兆庄	存善堂	咸丰间	清泉区茆圻
积余堂	道光二十八年	丁山乡西山前村	㳇溪仓	咸丰三年	清泉区
公善堂	光绪初	丁山乡周墅	复兴仓	康熙十五年	从四区蒋富圩
崇善堂		汤渡乡本镇	周急堂	光绪季年	泾南里
育善堂		清泉乡塘头村	长丰仓		金泉区钓桥
育善堂		前洛村	积善堂	同治七年	金泉区西亳阳
公济堂	道光十四年	均下区三十四图	崇德堂	嘉庆二十一年	从二区一图
优裕堂	道光七年	永丰区二十一图	永丰仓	同治八年（重建）	张渚镇
留余堂		大村里	四德堂	道光十九年	从二区二图
诚庄仓	道光十年	从三区二图	西渚仓	道光十四年	从一区十一图
厚义堂	道光九年	从二区五图艾墅水东村	芦寺仓	嘉庆初	山亭区十九、二十图

　　资料来源:光宣《宜兴荆溪县续志》卷3《经政志·积储》,道光《重刊续纂宜荆县志》卷1之3《荆溪营建志·仓储》,光绪《宜兴荆溪县新志》卷2《营建志·仓储》、卷8《人物·义行录》,民国《阳羡张氏宗谱》卷24《爵坫》,民国《宜兴霞溪陆氏宗谱》卷10《崇德堂告示》,光绪《蜀山潘氏宗谱》卷10《艺文录》。

　　如表2—3、表2—4所列,有清一代,宜兴、荆溪二县的在乡义仓前后共101所,其中宜兴45所、荆溪56所。除此以外,还有位于杨巷镇小桥南的同仁堂,为"宜兴荆溪在乡合者",由"宜兴荆溪氿亭区及荆溪从五区附近杨巷图分合建"①;义庄史应枢曾"捐业田七亩",以助其事②。另有厚余堂(在县城东撒珠巷)③以及荆溪在城义仓(南义社仓)和宜荆合用"在城义仓"④等三所在城义仓,总计 105 所。

又据表 2—3、2—4 所示,绝大多数义仓设立于嘉庆、道光以后,尤以光绪年间为最。在此以前,官方甚至认为"宜荆向无义仓"⑤。其中一个可能的原因在于 18 世纪官方对地方仓储控制较严密,使民办性质的义仓的数目相当有限,以致容易忽略。美国学者王国斌认为,清代的仓储活动存在一种与其他地区不同的"江南模式",这种模式并不仅限于 19 世纪后期的江南,而具有很强的地域传统。同时他提出,就全国而言,18 世纪的仓储制度表明国家有能力建立一个巨大而复杂的结构,以影响各地的物质福利;"江南模式"的异趣在于,它受 18 世纪官僚机构的变化影响最小,其特点是,仓储活动主要由地方精英承担,官方干预极少⑥。但根据宜兴、荆溪的情况以及笔者以前的研究,仓储活动的所谓"江南模式"可能并不存在,国家不可能单独设立一个区域真空使其游离于全局之外。18 世纪江南地区的仓储制度实际与全国其他地区一样,在官方的垂直控制和监督之下运作。19 世纪特别是嘉道以

---

① 光绪《宜兴荆溪县新志》卷 2《营建志·仓储》,第 74 页。

② 民国《义庄史氏宗谱》卷 21《耕石公传》,民国三十八年宗海堂铅印本,第 44 页。

③ 道光《重刊续纂宜荆县志》卷 1 之 1《宜兴荆溪营建合志》,第 42 页。

④ 参见光绪《宜兴荆溪县新志》卷 2《营建志·仓储》,第 74 页;光宣《宜兴荆溪县续志》卷 3《经政志·积储》,第 402 页。

⑤ 俞德渊:《宜荆两邑在城义仓碑记》,载道光《重刊续纂宜荆县志》卷 9 之 2《艺文志·文》,第 781 页。

⑥ [美]王国斌著、李伯重等译:《转变的中国——历史变迁与欧洲经验的局限》,南京:江苏人民出版社 1998 年,第 120—129 页。

后,才出现了王国斌所描述的那种情况①。宜兴、荆溪二县义仓的发展正好印证了这一点。自嘉庆十九年(1814)左右开始,当地掀起第一次兴建高潮,义仓设置渐成规模,举办仓储也更多地成为地方士绅的责任。嘉庆十九年(1814)办赈后,"二三好义之民人创捐积谷,为未雨绸缪计,议定条规,呈县立案名为义社,其谷借储邑庙,另无仓屋"。嘉庆二十三年(1818)"接奉宪饬在城绅士遵旨设立义仓。即将义社内田八十余亩、钱五百千文,归并为一";"绅富踊跃应命,或纳谷或入田或输钱,积有成数"②。仓址在县城东南隅,即两县合用的"在城义仓"。这一次被认为是嘉道间设立义仓之始,之后各乡殷富踵相仿效③。

像这种利用赈后余资建立义仓的事例屡见不鲜。如道光癸未(1823)岁大荒,杨襄绩"倾积赈济,全活甚众,随倡捐万二区十六图下(官)庄义仓,事成,寻率现积谷千余石,以备赈恤,乡里德之"④。道光十四年(1834)陈燧、王亨荣、白瑞等以赈余银请建公济堂义仓⑤。道光庚子、己酉(1840、1849)水,咸丰丙辰(1856)旱,蒋廷瑞"先后输粟助赈,又捐米三百设粥厂。振事毕,以所余立义仓"⑥。

太平天国战争使大多数义仓惨遭毁灭,有的再也没能恢复。这样的例子如宜兴县的储谷仓、敦善堂,以及荆溪县的优裕堂、留余堂、城庄

---

① 参见拙作:《论清前期苏松地区的仓储制度》,《中国农史》1997 年第 2 期;《清代江南社区赈济与地方社会》,《中国社会科学》,2001 年第 4 期。

② 俞德渊:《宜荆两邑在城义仓碑记》,载道光《重刊续纂宜荆县志》卷 9 之 2《艺文志·文》,第 781 页。

③ 俞德渊:《宜荆两邑在城义仓碑记》,载道光《重刊续纂宜荆县志》卷 9 之 2《艺文志·文》,第 782 页。

④ 道光《重刊续纂宜荆县志》卷 7 之 1《宜兴人物志·行谊》,第 260-261 页。

⑤ 道光《重刊续纂宜荆县志》卷 7 之 3《荆溪人物志·行谊》,第 469 页。

⑥ 光绪《宜兴荆溪县新志》卷 8《人物·义行录》,第 275 页;另可参见民国《义兴漏湖乡楼王村蒋氏宗谱》卷 8《传·愚溪公传》,民国二十九年缵绪堂木活字本,第 1 页。

仓、厚义堂、四德堂、西渚仓、芦寺仓等等[①]；也有不少义仓得以恢复和重建。谓仁堂经"庚申之变，堂庑积贮一炬靡遗"，光绪四年（1878），潘鲤门会里人赵慕韩、陈升、史振庠等"籴仓谷若干石，慎固封守，而义仓之规为一振"[②]。绵厚堂为均下区廿四、五两图之公产，"洪杨乱后，前人整理未善，迄数十年，仓无余谷"，里中父老举范循璧经纪之。范循璧"仿行朱子社仓法，出纳维谨，发支给赈贫恤嫠费甚优厚。顾不及十年，而存谷至一千二百石有奇"[③]。

更多的义仓则是在战后新建，从而开始了义仓兴建的第二次高潮，一直延至宣统年间。这次高潮出现得比较突然，虽可以视为嘉道以后地方大兴义仓活动的延续；但至少有一个问题尚需解释，即宜兴、荆溪地区作为太平天国战争的重灾区，为何地方公共事业恢复如此之快，且规模远较以前宏大，竟然达到难以想象的地步。据曹树基的研究，太平天国战争使宜兴、荆溪所在的常州府的人口损失率高达69%[④]，与王业键估计的70%相差无几[⑤]。陈捷先和姜涛虽对人口损失率的估算相对保守一些，但也承认战争导致的人口死亡离散的数字相当大[⑥]。在如此惊人的人口损失率面前，社会元气大伤，战后的恢复速度和重建规模

---

① 光绪《宜兴荆溪县新志》卷2《营建志·仓储》，第74页。

② 祖荣：《蜀山谓仁堂义仓碑记》，载光绪《蜀山潘氏宗谱》卷10《艺文录》，光绪十三年遗安堂木活字本，第29页。

③ 民国《荆溪范氏家乘》卷23《艺文志·太学生范琢如君家传》，光绪十九年永思堂木活字本，第1页。

④ 曹树基：《太平天国战争对苏南人口的影响》，《历史研究》1998年第2期。

⑤ Yeh-Chien Wang, The Impact of the Taiping Rebellion on Population in Southern Kiangsu，载王业键著：《清代经济史论文集》（三），台北：稻乡出版社2003年，第103—136页。

⑥ 参见陈捷先：《族谱中所见太平军战乱期间江浙死难人口举隅》，载联合报文化基金会国学文献馆编印《第四届亚洲族谱学术研讨会会议纪要》，台北：联经出版事业公司1989年；姜涛：《中国近代人口史》，杭州：浙江人民出版社1993年，第244页。

肯定要受到影响。实际上,至光绪末岁,当地人仍称:"承平虽已四十余年,元气迄未尽复"①。除非有其他因素的加入,否则仅仅以战后官方行政机构越来越松懈以及对流亡人口的安抚等理由进行解释肯定无力。一个更接近事实的解释,应该是地方宗族势力对义仓管理和运营的介入,并且与战前具有一定的连贯性。

二、宗族介入下的义仓管理和运营

如前所述,清代宜兴、荆溪两县的义仓属民捐民办性质,且大多数义仓属地域性组织,具有鲜明的地缘色彩。这些义仓虽然不能从根本上解决地方赈济问题,但由于它们经营灵活便捷,分布广泛,在一定程度上比官府更能迅速解决问题。不仅如此,义仓的地域性背后还蕴藏着"血缘"的成分,宗族组织在义仓运作中起着重要作用。这集中体现在义仓的管理、运营上。

表2—5　清代宜兴、荆溪部分义仓运营状况

仓　名	运营方式	仓　名	运营方式
近仁堂	万一旧区十七图上五庄公立	储济堂	万二旧区四图下六庄公立,旧与上六庄合
合济堂	万二旧区六图漫渎村与七图合建	同善堂	万一旧区大潭村公立
存善堂	万一旧区十二图公立	官庄义仓	万二旧区十六图九、十两庄公立
思济堂	万二旧区九、十一等图合建	同济堂	万二旧区十二、十三图合建
新济仓	万二旧区十六图六、七、八三庄公立	同济堂	万二旧区十六图上五庄公立
积善堂	万二旧区四、五、六、七庄公立	崇德堂	从二区一图六、七、八、九四庄公立

---

① 《宜荆城乡筹济公所各项章程办法汇录》,光绪铅印本,第13页。

（续表）

仓　名	运营方式	仓　名	运营方式
缪渎桥社仓	仓谷分存各图	诚善堂	万一旧区十三图十二庄轮管
谓仁堂	蜀山乡二十六、七两图定章轮管		

资料来源：光绪《宜兴荆溪县新志》卷2《营建志·仓储》，光宣《宜兴荆溪县续志》卷3《经政志·积储》，民国《宜兴霞溪陆氏宗谱》卷10《崇德堂告示》。

从表面上看，义仓运营更多地以地域为基础，不少义仓均在区统制下的图（里）、庄等小型社区单位内创建或运营，显示了纯粹的地缘特色，具体情况详见表2—5。事实上的确有不少义仓在这种模式下运作。如张云鳌于"图内建义仓以赡贫乏"，号"周急堂"①；范廷仪世居西望里，"念里中水患旱涝，村民恒多乏食之忧，因集里中父老募劝温饱者出资财，建义仓，为贫民凶荒计"②。

这种义仓制度显然为了适应小型社区而设计。尽管每个义仓的管辖范围有大小之分，例如二、三图和二、三庄的区别，但这比不论远近的广泛施济要有力得多。如此不仅有助于将赈济责任落实在较小的、有界限的社区内，而且能就地取材利用当地资源，建立虽散布乡区却独立运营的义仓网络，在此基础上能够与认同感较强的村落相适应。其实，在邻里网络密集、认同感强烈的社区中，义仓储备即使不丰厚，亦照样可以较顺利地落实各种救济策略。

根据表2—5，宜荆两县义仓的仓产大小不等。多的达谷五千余石、田数百亩，少的只有谷数十石、田十余亩。不可否认，仓产越丰厚，赈济的力度也就越大，然而仓产与施济面并不成正比，如果义仓的管理权一旦被大型社区如城镇所掌握，城外小社区的乡民就难以

---

① 民国《阳羡张氏宗谱》卷24《爵坫》，民国七年一本堂木活字本。
② 民国《荆溪范氏家乘》卷23《艺文志·翼清范先生家传》，光绪十九年永思堂木活字本，第1页。

得到较正常的赈济,故有效率的义仓更多地倾向于小规模的运营。尽管这种小规模运营常常只与当地实际的人际网络的范围相重合。例如上头乡人陆兆周曾"仿朱子社仓之制,募集钱谷,储作公帑,名之曰存善堂"。"出入筹算,登记详明。溯其先亦有仿行者,特稍有积储,不免侵渔剥蚀之弊。自公而一手绪理,始见赢余"。其后存善堂成为本图赈荒之基础,"每遇歉岁,邻图皆有不足之虞,独(万一旧区)十二图无缺食之患"①。

表 2—6　清代宜兴、荆溪二县部分义仓的仓产状况

义仓名	仓　产	义仓名	仓　产	义仓名	仓　产
体仁堂	田百余亩、谷二百余石	崇义堂	谷百余石	存善堂	田三十余亩、银币二百余圆、谷百余石
诚善堂	田三十余亩、谷百余石	合济堂	谷六百余石	崇本堂	谷二百余石
同善堂	田十六亩、谷三百余石	遐济堂	谷四百余石	公善堂	谷百余石
近仁堂	款三百余圆	退裕堂	谷二百余石	普济堂	谷五百余石
资生堂	谷八百石	同济堂	谷八百余石	宋渎义仓	谷千余石
储济堂	田三十亩、谷六百余石	官庄义仓	谷二千余石	臧村仓	谷五百石
惠滋堂	田四十余亩、谷七百余石	崇善堂	谷二百余石	缪渎桥社仓	谷三千石
积善堂	田三十余亩、谷五百余石	集善堂	谷五百余石	崇仁堂	谷二百石

① 民国《宜兴上头陆氏宗谱》卷 7 下《兆周公传》,民国二十六年敬聚堂木活字本,第 1—2 页。

（续表）

义仓名	仓 产	义仓名	仓 产	义仓名	仓 产
伏义仓	田十余亩、谷七百余石	仁济堂	谷百余石	积善堂	谷百余石
积善堂	田三十余亩、谷五百五十余石	公信堂	谷三百余石	乐善堂	谷六十余石
仁善堂	田二十余亩、谷二百余石	义和堂	谷六十余石	同善堂	田四十余亩
恒裕堂	田五十余亩、谷三百余石	亦善堂	田八十余亩	乐善堂	田九十余亩
永善堂	田八十亩、谷三百石	绵厚堂	田二百八十亩	积余堂	田三百余亩
谓仁堂	田数百亩、谷五千余石	公济堂（湖氿）	田二百余亩	宫前社仓	谷百余石
宝善堂（丁山）	田五十余亩、谷三百余石	滋德堂	田五百余亩、谷千余石	公济堂（丁山）	田七十余亩
宝善堂（蠡墅）	田百亩、谷三百余石	咸兴义仓	田五十余亩	育善堂（塘头村）	田五十余亩
崇善堂	田六百余亩、谷千余石	复兴义仓	田四十余亩	育善堂（前洛村）	田一百八十亩
骆氏义仓	田十余亩	志德堂	谷五百石		

资料来源：光宣《宜兴荆溪县续志》卷3《经政志·积储》。

　　如表2—6所示，宜荆地区的义仓多以"堂"名，其中的原因可能有二：其一，由于义仓与善堂恤所的功能常常不加区分，因而可能会借用后者之名。实际上，义仓办理善堂恤所事宜的例子和善堂恤所办理义仓事务的例子均不在少数。例如谓仁堂义仓，"遇灾济赈，兼施义材"；官庄义仓，"旧分义仓、善堂两项，见已合并，兼办义材、寒衣、施药及补助学款"①；宏济堂、诚善堂两义仓，"岁施米及褚衣以济贫乏"②。而善堂的例子如思济堂，"专办敬节会及津贴年终、抚恤、积谷备荒等事"；敦善堂，"遇有年岁荒歉及地方公益善举，均酌量佽助焉"；存存公所，"为存谷备荒之用"③。既然两者均为地方公益，联合会办在所难免，至清末合流的迹向已相当明显。

其二，义仓小规模的运营免不了有地方家族势力的介入，故借用宗族祠堂之名。特别在宜兴荆溪地区，宗族与社区之间的关系相当密切，尽管聚族而居的规模有大有小，宗族聚居的现象却很常见。如荆溪范氏"群萃而居，手数百指数千"④；西塘桥，"其地多蒋姓，聚族而居者约二十余家"⑤；翟氏居赵渎，"聚族而居者数十人"⑥。

宗族办理义仓的事例在当地屡见不鲜。比如，顾鸿"于族中建议丰年派存公米，遇减价正粜"⑦；邵继先，"万二区初无积谷，邀宗人子镝筑万一、万二仓廒于和桥镇，储谷以备荒"⑧；吴家圩吴氏"族中计簿祖祠赀谷，旧例以时敛放，子母相生，积久颇巨"⑨；乾隆中，马塘史氏族长史国士"经理祠赀，给贷族众，权子母，按时出纳"⑩。

---

① 光宣《宜兴荆溪县续志》卷3《经政志·积储》，第402、404页。

② 光绪《宜兴荆溪县新志》卷8《人物·义行录》，第263页。

③ 光宣《宜兴荆溪县续志》卷6《社事志·善堂》，《中国地方志集成·江苏府县志辑》第40册，第417、418页。

④ 民国《荆溪范氏家乘》卷23《艺文·太学生范琢如君家传》，光绪十九年永思堂木活字本，第2页。

⑤ 民国《义兴滆湖乡楼王村蒋氏宗谱》卷8《金荣蒋翁序》，民国二十九年缵绪堂木活字本，第1页。

⑥ 民国《翟氏宗谱》卷15《传序·赠姊丈炳泰翟君暨宋孺人合传》，民国三十六年承绪堂木活字本，第1页。

⑦ 道光《重刊续纂宜荆县志》卷7之3《荆溪人物志》，第474页。

⑧ 光宣《宜兴荆溪县续志》卷9中《人物志·义行》，第523页。

⑨ 民国《吴家圩吴氏宗谱》卷8《永祺公传》，民国二十六年报本堂木活字本，第2页。

⑩ 民国《马塘史氏重修庆传谱录》卷5《行述》，民国九年报本堂木活字本。

族办义仓的优点正像《许氏公祠义仓记》所云："许氏义仓行于一族而已。一族更非一乡比也，子姓群聚，声息可通也，伯叔昆弟疾痛相关也。聚宗族之财，仍为宗族之用，非有异姓把持其间，而上下其手也。敛散有方，岁取微息，使之可久"①。这种族内义仓基本上由宗族控制，完全用于族内赈济或平粜。正如逻辑上要先有宗族聚居的前提，族产和宗祠的设立才有可能，宗族内义仓的成立与否也必须以宗族聚居为前提，这样才能给义仓管理和运营带来便利。下以霞溪陆氏举办的"崇德堂"义仓为例看一看宗族义仓的具体管理运营状况。

宜荆从二区一图共十一庄，六、七、八、九四庄为陆氏聚族而居之所，以四庄为中心的陆姓成员被称作"霞溪陆氏"。族内"烟户二百余，异姓止二十余家"。其中贫民甚多，并无殷户，"惟有子姓宗祠分祠，业田以绵血食"。嘉庆十二年（1807）及十九年（1814）灾后，族内贫穷向宗祠求赈。"祠内苦无积蓄，告借无门。将祠产贱售，米价甚昂，即在所赈平粜，终犹杯水以救车薪之火"。有鉴于此，陆氏宗族于"廿一年通知图内各庄耆老公议起捐，以防岁歉"。这本是泽被全图的善举，且很有可能被办成地域性义仓组织，而不仅仅限于陆氏一族。但因一庄至五庄及十庄十一庄有异姓同居，人心不齐，以致中止。既然图内几个居住相邻的地缘集团不能协调，陆氏只好自行举办族内义仓。由六、七、八、九四庄子姓酌议，"时届丰年，公祠每亩捐米三升，至各散户并不计亩，听其乐输"；"自廿一年至道光元年，计所捐米及子母相生经运，共米几及三百石，积贮崇德堂义仓目下"②。

义仓办成以后，订立《崇德堂条例》，作为义仓管理和运营的依据。根据义仓《条例》，由崇德堂义仓所代表的陆氏宗族向族人保证，在他们

① 瞿源洙：《许氏公祠义仓记》，载民国《阳羡白茫潭许氏第十修族谱》卷4《义仓》，民国三十三年追远堂木活字本，第1页。
② 民国《宜兴霞溪陆氏宗谱》卷10《崇德堂告示》，民国三十七年敦本继绪堂木活字本，第1页。

需要时可以从义仓获得援助；但族人必须同时作出承诺，不得觊觎仓产，以保义仓恒久。"经管义仓务须公议择人，子姓毋得觊觎强管，至出入总账，定于至时会同清算，赈簿存留堂内"；"倘有不肖子孙，染指坐蚀，公祠议处，如敢抗违，鸣官究治"①。《条例》还专门强调，族人尤其不能侵占宗祠的祠产。"倘遇岁歉，将米谷赈饥，子姓不得向各祠内再生枝节，以保祠产，以绵血食"②。祠产在灾后常常作为赈济族人的主要资源使用，尤其在宗族未立义仓或仓产不足的情况下，但侵占祠产无疑影响到宗族的敬宗收族活动。绝大多数宗族拥有数量有限的祠田，祠田收入的大部分均为祭祀开支。然而，这些并不丰厚的祠产在灾后作为族人公产的一部分，极易被动用。诚如横塘刘氏《宗训》所言："或遭水火盗贼疾病死丧之厄，本分力有余者，固宜先为拯救；力不能助，亦当公告于祠，量动公物。"③乾隆乙巳(1785)岁歉，川埠陈氏"出祠粟平粜，族众赖以存无算"④；天生里戴氏"值岁歉，公祠费用繁多"，以致在道光十五、十六年(1835、1836)赈灾时造成"宗祠亏缺"⑤。道光二十九年(1849)水荒岁歉，岳青望"济人祭米三十余石"⑥。祭祀祖先活动作为宗族整合的重要手段之一，很大程度上要以宗族共有财产的建立为物质基础。这种物质基础若因赈灾而被摧毁，将给宗族开展敬宗活动带来不易弥补的损失；然而又由于不少宗族祠堂公产扶贫济困制度本

---

① 民国《宜兴霞溪陆氏宗谱》卷10《崇德堂条例》，民国三十七年敦本继绪堂木活字本，第2—3页。

② 民国《宜兴霞溪陆氏宗谱》卷10《崇德堂条例》，民国三十七年敦本继绪堂木活字本，第3页。

③ 民国《横塘刘氏宗谱》卷1《宗训》，民国二十八年五忠堂木活字本，第4页。

④ 宣统《川埠陈氏宗谱》卷12，宣统三年敦本堂木活字本。

⑤ 宣统《天生里戴氏族谱》卷8《特传·惠伯公传》，第1页、卷9《特传·陞荣公暨德配王孺人合传》，第1页，宣统二年追远堂木活字本。

⑥ 民国《岳氏宗谱》卷9上《家传上·闻行岳公暨德配姜氏孺人合传》，民国十六年全伦忠孝堂木活字本，第1页。

身大多穷乏无力，所以不少宗族才会专设义仓以备荒歉之用。许多义仓的仓址就设在祠堂中。如白茫许氏，"贮粟于祠，助族中醇良而空乏者"[1]。

《条例》中另一个值得注意的现象是规定："二庄、四庄上现有子姓居住，倘有贫苦，亦同议赈"[2]。这表明在某一地域范围内，世代居住的世系群成员与更大范围内父系亲族成员的资格存在差异。也就是说，拥有居住权并共同生活在一个社区内的宗族成员，与不具备这一条件的居住在社区以外的本族成员之间，存在着本质的不同[3]。陆氏聚居的六、七、八、九庄与二四庄虽在同一图内，但其居住形式已分散。属于六、七、八、九四庄的各个家户集中分布在特定的乡村范围内，构成一个独特的地方社区，二、四庄虽与六、七、八、九庄同宗，但在各自庄内属于小姓，和后者的联系并不很紧密。二、四两庄族人没有参与建造崇德堂的活动，按道理可以把他们排除在外。然而共同的族群系统加上互为紧邻的关系，陆氏不可能将两庄族人完全排除在施济范围以外。宗族关系作为可被操纵运用的社会资源，在平时往往只是处于潜伏状态。不过在必要时各自独立的兄弟家族内部仍然可以互通有无。

这里牵涉到施济界限的问题，任何义仓的辐射范围都不会超越一定距离。超过这一距离，施济的力度递减。尽管从那些建立或捐赀义仓的族人角度看，利益是面向他们的直系分支，而不是所在社区的较多数；然而随着时间的推移，从义仓获得利益的人的数量可能会增加，甚至包括族外的邻人。这与宗族的居住形式关系密切。有的宗族虽然散

---

① 瞿源洙：《许氏公祠义仓记》，载民国《阳羡白茫潭许氏第十修族谱》卷4《义仓》，民国三十三年追远堂木活字本，第1页。

② 民国《宜兴霞溪陆氏宗谱》卷10《崇德堂条例》，民国三十七年敦本继绪堂木活字本，第3页。

③ 参见[日]濑川昌久著、钱杭译：《族谱：华南汉族的宗族·风水·移居》，上海书店出版社1999年，第73页。

居,但其移居以扩散为主,仍相邻居住。如祝堂冯氏"地无杂姓,聚族而居",十八世后"生齿繁衍,散处他所,自上边大村而分析者,曰下边,曰对汇、曰芳后、曰神堂、曰庵前、曰大桥头、曰上浜头;左右环绕,地连壤接,各相距里许"①。另一些宗族居住距离相对遥远。例如溪西尤氏"与塘门桥同支,与万庙圩同族,距百有余里"②。又如上黄黄氏的分支分散于芳庄、落霞、张渚等地③;凌氏亦是"子姓繁多,东西散处,岁时伏腊至有觌面不相识者"④。在宗族施济时,前一种情况比后一种情况更能获得实惠。这多少是因为地域的限制使宗族无暇顾及散居的族人,族内的互助不得不以聚居为先决条件。

不管怎样,在宗族内部,宗族有义务救助急难和借贷给急需用钱的成员,前提是宗族成员不能远隔两地。同属一宗族的成员之间,虽然其系谱相当明确,同住或者分住并不影响宗族的完整性。其实,在宗族成员的归属意识上,村落提供了主要框架。村落有和宗族重合的一面,也有非同一的一面,后者已渗入地缘因素。在这种情况下,宗族可能与居于距离遥远的同族之间断绝关系,转而与地域上的其他宗族合作或通过关照他姓达到支配目的,显示了更多的地缘色彩。因为经营义仓的宗族领导人明白,只有在其发挥了宗族和村社成员的作用时,才会有意义并被人们认可⑤。此时他们虽仍倾向于以本地的地缘和宗族关系为

---

① 民国《祝堂冯氏宗谱》卷8《祝堂冯氏里居志》,民国三十年大树堂木活字本,第1页。
② 民国《阳羡溪西尤氏宗谱》卷12《维坤公寿山公景山公合传》,民国九年敦叙堂木活字本,第26页。
③ 民国《宜兴上黄黄氏传芳宗谱·康熙丁酉芮文烈序》,民国十三年永思堂木活字本,第2—3页。
④ 光绪《阳羡凌氏宗谱》卷15《伯茂公传》,光绪十八年燕贻堂木活字本,第1页。
⑤ 参见[美]孔飞力著、谢亮生等译:《中华帝国晚期的叛乱及其敌人》,北京:中国社会科学出版社1990年,第223—224页。

社会组织的构成法则,但单姓实行支配的形态被弱化,改由多姓共同控制。例如"城塘居邑西偏,人户稠密,远近十余里,环聚而族处者十数姓,惟萧氏、吴氏、邵氏族最巨,乡里遇有公事,必推三姓主办"①。这表明各宗族均力图在非宗族性组织及活动中,建立自己的权威和地位,承担与一般的宗族体系无关的特殊责任。只是他们的权力间接结合而成,仅具备相对有限的控制力,从而使得义仓施济范围的扩大,即使异族人也能在一定程度上被接纳。可见,宗族作为区域性组织,有一定地缘界限,不在宗族生活区定居的族人,宗族组织多不予认同,而在同一地域的异族反而可能成为联合的对象。宗族履行社区赈济这样的功能性职责,并不一定只局限在亲族团体内部,那些非亲族的团体也常常被包括在内。日本学者清水盛光说:"聚居与否并不成为决定赡族规定之适用范围的唯一条件。然将乡里外之族人自周给之中除开,而生活于乡里内之外姻亲戚可受周给之一联串事实的根柢,在观念上仍不得不认系以聚居为周给范围之标准在发生作用。"②

当然,宗族举办义仓的初衷还是为了赈济本族贫穷人士,如此可以以血缘为纽带,建立一套独特的管理和运营体制。不少宗族以善营义仓著称。"吾邑旧家望族许氏最久,宗祠之制,惟许氏义学义仓为特著"③。不被侵蚀以持久远是所有义仓主办人的最大心愿。一个典型的事例是,周士超曾"取朱子社仓法变通行之,每岁自出积米,减价平粜,积至千石。一日自念年老子幼,邀集亲友,将已积米实数并契券等

---

① 光绪《萧氏宗谱》卷4《赞传·志坤萧公传》,光绪五年八叶堂木活字本,第7页。

② [日]清水盛光著、宋念慈译:《中国族产制度考》,台北:中华文化出版事业委员会1956年,第159页。

③ 民国《阳羡白茫潭许氏第十修族谱》卷26《艺文志六》,民国三十三年追远堂木活字本,第4页。

簿交出,著明周姓子孙不得丝毫侵蚀"①。

宗族义仓的物质基础与宗族公产义田、祠田、祭田等密切相关。宜兴荆溪地区拥有祭田、义田的宗族较多,但数量多不大。如祝堂冯氏有"助平田贰亩整"②,卢氏亦有义田几亩③,上阳徐氏"平田四亩九分,近在祠北,情愿捐为义田,立户收其租息"④。当然,也有少数宗族族产较丰。如贾仲謇有田二百六十余亩,"捐助为萱荫堂义庄,以济族中贫乏"⑤。蒋德意"置义田千亩,以赡族人"⑥。尽管施济资源因此相对充实,但接受赡给者主要仍是义田捐置者的直系子孙或近亲。所谓"推恩族属,由亲及疏,曰:一本之人,非异姓比"⑦。不过,义田所救助赈恤的族人非常有限,规模也相对较小。因而,宗族不得不再三劝谕族人踊跃参与捐设公产。"义庄所以济贫困,恤孤寡,凡族中有力者宜共襄美举。或田房,或银钱米谷,务须踊跃乐输,不必与贫者竞"⑧。

宗族义仓的管理和运营,可以说综括了仓储和义田两者的特征。宗族赈济系统必须以族有公产为前提。"义仓既行,当立义田。田之所出无穷,仓之所贮有限,以有限之仓为一族之用,则施济之道一行,将取

① 嘉庆《重刊荆溪县志》卷3《人物志·行谊补遗》,《中国方志丛书》"华中地方"第395号,台北:成文出版社有限公司1983年影印本,第297页。
② 民国《祝堂冯氏宗谱》卷8《助田记》,民国三十年大树堂木活字本,第1页。
③ 光绪《宜兴卢氏宗谱》卷14《捐田记》,光绪十八年敦本堂木活字本,第1页。
④ 民国《宜兴上阳徐氏家乘》卷2《义田记》,民国三十一年追远堂木活字本,第1页。
⑤ 民国《萧塘贾氏续修宗谱》卷5《贾仲謇传》,民国二十四年源远堂木活字本,第2页。
⑥ 民国《西余蒋氏宗谱》卷3《九侯庙规式》,民国九年世德堂木活字本,第19页。
⑦ 同治《裴塔裴氏宗谱》卷10《艺文·伯父颖清府君传》,同治七年绿野堂木活字本,第1页。
⑧ 光绪《陈氏宗谱》卷3《义庄规条》,光绪二十四年德星堂木活字本,第7页。

之立尽,后难为继矣"①。有的义仓运营采取储谷入仓这种最传统的办法,通过借贷的手段,子母相生,以达维持目的。上黄人芮璜经理神安社仓,"择能而任,公正者司出入,谨慎者职管匙。岁歉则计丁给粟,丰稔仍按户登仓。行之数年,而仓廪实米粟多","故水旱频仍,终先生之身,乡民无待哺之忧者"②。吴锡琛经理本图崇义堂,"族中计簿祖祠赀谷,旧例以时敛放,子母相生,积久颇巨"③。有的采取存典生息的方式,具有一定的自我增殖能力。史致谟"捐制钱二千缗,存公生息,酌议规条","是举也,虽不如范氏义田之善,而规模已具,渐可扩充"④。有的则置田产,与义田义庄合流,将义仓田产固定化。白茫许氏"割田六十亩,以修岁祀";"又虑族之贫者遇岁俭莫之或恤也,仍以米四百斛,仿常平仓法出贷入息,期于久远用。是族无告乏,而祠之财日以裕"⑤。许守良"中年赞小宗祠政,权子母,以拓祭田,储仓谷,以备荒歉"⑥。这与五龙溪王氏义田的运营相类:"共成平田三十亩,立敦谊田户名办粮。每年采息,议举干才经营,与大宗祠无涉。如有饥寒难度不成婚丧者,随时酌量资助;无力延师者,代出修仪;死不能殓者,预备棺三具贮祠给

① 瞿源洙:《许氏公祠义仓记》,载民国《阳羡白茫潭许氏第十修族谱》卷4《义仓》,民国三十三年追远堂木活字本,第1—2页。

② 光绪《宜兴上黄芮氏宗谱》卷5《磻溪先生行略》,光绪三十一年永思堂木活字本,第23页。

③ 民国《吴家圩吴氏宗谱》卷8《永祺公传》,民国二十六年报本堂木活字本,第2页。

④ 民国《义庄史氏宗谱》卷7《记事·捐资赡族记》,民国三十八年宗海堂铅印本。

⑤ 汤建衡:《许氏怀德堂记》,载民国《阳羡白茫潭许氏第十修族谱》卷4《碑额》,民国三十三年追远堂木活字本,第13页。

⑥ 民国《阳羡白茫潭许氏第十修族谱》卷29《艺文志八下》,民国三十三年追远堂木活字本,第72页。

送"①。

　　义仓运营的优势常常为义庄所借鉴。都场徐氏"欲效范文正公义庄所行,力有不赡,庶几仿朱文公社仓之法,意可相师。自今订约,凡通族有田者,每岁蠲输贮积公所,宗子宗长总摄其大纲,各分贤才轮掌其出入,庶几生息无穷,可供给费"②。反之,义仓也借用义田等族产的运用,为下层族人提供某种程度的经济资助,保障他们的婚嫁丧葬、生产生活的低水平运转。例如五龙溪王氏有同仁、敦谊两堂,"所以备凶荒,恤孤寡"③,两堂功能各异,"同仁堂备办族赈之费,敦谊堂济急恤寡之资"④。同仁堂的经营方式为:"赀本各捐户经管","夏季将谷做米,照规放与无力者";"如遇岁歉,即将此稻量其多寡,公议给发。分长同经管开名,业田五亩以上者,虽贫不给;五亩以下,照丁给领。次贫极贫,随时量酌。不愿领者,听其自便"⑤。

　　通过对贫困孤寡者提供恤助,族人在宗族组织的维护下获得一定的安全感,从而加强了宗族组织社会内聚力的强度。公允地说,宗族义仓多少能解决本族群体生活中一些困难,但缺乏公有经济的宗族更多,"广大群众无从设想依靠宗族度过艰难的生活"⑥。况且宗族的兴趣更多地体现在修祠堂、撰宗谱上,族内救济只被认为是第二位的事务。一旦宗族中某一成员取得功名或有足够财力之后,会不惜力量重修祠堂、

----

　　①　民国《重修五龙溪王氏宗谱》卷 14《杂录》,民国三十二年三槐堂木活字本,第 64 页。
　　②　光绪《都场徐氏宗谱》卷 2《捐输记》,光绪三十年忠亮堂木活字本。
　　③　民国《重修五龙溪王氏宗谱》卷 11《西分翰墨志下·太学生维刚王公家传》,民国三十二年三槐堂木活字本,第 27 页。
　　④　民国《重修五龙溪王氏宗谱》卷 14《杂录·同仁堂说》,民国三十二年三槐堂木活字本,第 73 页。
　　⑤　民国《重修五龙溪王氏宗谱》卷 14《杂录·堂规》,民国三十二年三槐堂木活字本,第 73 页。
　　⑥　冯尔康:《清代宗族制的特点》,《社会科学战线》1990 年第 3 期。

家谱，对宗族事务进行改善和强化。如周德林在宗祠重修家乘时，"自愿捐入平田三亩，为千秋禋祀之费"①。在此基础上才会考虑捐设义产供赈济族人用。马氏宗族于"梓谱后，费用渐可稍舒，分其羡余以充恤典，俾族中孀孤贫老残废辈皆各得其所焉"②。宗族更重视的是系谱的完整性和延续性，而义产则只属于宗族存在的功能因素。它尽管仍是建立在系谱的"房"或"家族"的原则上，但"很可能根本与家族的系谱组织法则无关"③。如前所述，义仓赈济的对象往往仅包含聚居的宗族成员，至于系谱上的秩序与实际生活中宗族势力的强弱及其所承担义务的多少之间有着很大的不同。

三、社区赈济中所体现的血缘和地缘关系

单从义仓的管理和运营的视角，不能够完全解释宗族如何与地方社会结合，有必要同时考虑支持义仓承担责任的社区赈济行为，并以此作为理解框架。在一定意义上，即使族办色彩非常浓厚的义仓，在实际的社区赈济中仍不得不发生结构性转换。地域的限制使社区赈济常常处于自平衡状态，也就是说，社区赈济只不过是在相对稳定的地域范围内运作，不断有生物意义和社会意义的新要素加入其体系。

应该说，社区赈济中所利用的最基本的纽带无疑还是血缘关系。聚居的族人既是同宗的后代，又是同住一处的邻居，同时用血缘和地缘两种纽带加以联络。在这种情况下宗族组织几乎不需要与他姓进行共同体式的合作。社区赈济极易借用宗族组织来实现其功能。康熙十八、十九两年（1679、1680）两县迭遭水旱，"族众乏食"，陆坦奠至溧阳社

---

① 民国《谢街周氏宗谱》卷 3 下《周君·德林序言》，民国十九年忠孝堂木活字本，第 2 页。

② 光绪《马氏宗谱》卷 1《赈恤记》，清敦本堂木活字本，第 1 页。

③ 陈其南：《家族与社会——台湾与中国社会研究的基础理念》，台北：联经出版事业股份有限公司 2004 年，第 196 页。

渚借米二百石，"遍贷族人，虽不费而人实蒙其惠"①。乾隆乙未(1775)大旱，史竞洪"率族中子姓酌议捐输，数盈千百，自十月至来岁四月，按户给米"②；尹景叔亦"称贷以给族人，煮糜食众"③。道光己酉(1849)大水，陈世琳"创率赈济，(族人)赖以举火者数十家"④。

明初的户籍政策鼓励血缘宗族聚居，以血缘关系控制地缘关系，从而使宗族逐渐作为社区内的"一种减轻地方贫困和饥饿的有效、合法的形式"⑤不断被运用；清代亦然。由聚族而居及由此产生的利益共同性，使得族人对自己所属宗族具有高度的心理认同，并因此形成了鲜明的家族意识。通过社区赈济能更有效地将族人连接在一起，族人因此享受大量的社区优惠。

房支是一种最自然的族内划分标志，有些宗族下的分支"房"的组织较为严密，在社区赈济中成为较突出的团体。尽管大部分的"房"只具有系谱上的意义，在实际社会生活中已失去团体组织的特征，但如果有功能性的因素介入，这些"房"就会立即突出其组织化色彩。宗族赈济贫困的活动不少通过房支内部的救助来完成。如嘉庆甲戌(1814)大旱，米价腾踊，芮志泾"视本房之贫者，分给米数十石"⑥。由于房的分支非对称，族产在一个宗族内各房派的分布也不平均，往往集中在某些"强房"。这使房支的赈济存在一定的特殊性：以强房为中心，以强房的

---

①　民国《宜兴霞溪陆氏宗谱》卷20《传·洪生公传赞》，民国三十七年敦本继绪堂木活字本，第1页。

②　民国《义庄史氏宗谱》卷38《敏庵史公传》，民国三十八年宗海堂铅印本，第18页。

③　道光《重刊续纂宜荆县志》卷7之1《宜兴人物志·行谊》，第249页。

④　民国《陈桥陈氏宗谱》卷9，民国三十七年光裕堂木活字本。

⑤　[美]艾尔曼著、赵刚译：《经学、政治和宗族——中华帝国晚期常州今文学派研究》，南京：江苏人民出版社1998年，第25页。

⑥　光绪《宜兴上黄芮氏宗谱》卷4《恕斋公传》，光绪三十一年永思堂木活字本，第13页。

往赈和弱房的来附为主要模式。例如，万士裕"每至夏秋之交，辄载米数十斛至九里，凡昆弟叔侄之贫者悉与之"①。蒋庭魁，"每亲支来归公者，公极力周恤，使无困乏"②。不过，"除非支与继嗣群体依然在五服内相重叠，否则它的功能地位将不是很强大"③，会被宗族的地位所掩盖。当然，宗族组织毕竟不能完全解释村落的领导结构和权力分配，尽管亲属群体倾向于集中在某地区，但宗族关系并不是形成地方性组织的前提。宗族组织尚未达到基层社会编制的标准，因而不得不转由村落的社区功能来表达自己履行社会赈济责任的愿望。宗族组织本身反而退居为次一级的社会组织。在一定条件下，宗族组织会扩大其职能，以履行与地域区划相应的职责。

宗族的概念有双重含义，一是宗族宗谱上的意义，另一个意义是聚居的生活共同体。在乡村社会，以紧密的地缘结合形成的宗族关系，往往要以地缘为基础实现对乡村社会的控制与管理。社区赈济依靠的不是系谱关系，而是居住条件，以此来建立一种更加牢固的纽带意识。因此，与其将遥远的宗谱连续作为同族，不如规定现实的聚居生活共同体为施赈的界限。有不少宗族在赈济时对族人与邻人不加区分即含此意。比如，黄行夏，"好施予，遇岁歉，宗族乡党间无亲疏并济之"④；储晋观，"凡族党戚友艰窘者，必量加饮助"⑤；戴芳对"亲邻之贫乏者，提

① 嘉庆《重刊宜兴县旧志》卷8《人物志·行谊》，光绪八年"宜兴荆溪旧志五种"刻本，第21页。
② 光绪《阳羡砖场支蒋氏宗谱》卷8《庭魁宗兄传》，光绪十四年孝思堂木活字本，第1页。
③ ［英］莫里斯·弗里德曼著、刘晓春译：《中国东南的宗族组织》，上海人民出版社2000年，第86页。
④ 民国《宜兴上黄黄氏传芳宗谱》卷7之4《艺文·东旸先生传》，民国十三年永思堂木活字本，第27页。
⑤ 光绪《宜兴丰义储氏分支谱》卷7之5《恕斋公行述》，光绪七年木活字本，第27页。

携捐贷,始终无懈,待以举火者且至十数家"①；光绪丙午(1906)水涝,任方成"出钱米就近择尤散放,又捐银二百圆缴筹赈所,继而获藏金,悉以籴谷,赡宗族邻里中贫甚者"②。

更多的时候,宗族采取对邻近的族人加以善待或给予特殊照顾的形式。如乾隆间,金南衡"每遇岁歉,挺身赈恤","而于宗党间周给为尤厚","邑东之氓,赖翁举火者数十百家"③。乾隆自戊子(1768)至乙巳(1785)发生大旱三次,大水一次,陆似园"乃煮赈以周雁户,而又于戚里之困乏者出粟予之"④。道光己酉(1849),许艮与许力帆"各发私囊助赈,数甲一乡,而族党之亲和贫者额外量给升斗,远近赖之"⑤。

社区赈济中的族内施济对"血缘范围之内"与"血缘范围之外"的区别非常严格,兼济族人与乡庶的条件是将族众与非族众严格分开进行赈济。道光二十九年(1849)大水,远近饥民嗷嗷待哺。黄履谦、黄光谦"商之族中袗耆,于芮宗祠设粥以赈本地饥黎,于水禧祠设粥以赈外来饥黎"⑥。将待济对象作"内"、"外"之分,属于本社区的居民被加以特殊照料,在此以外的饥民则另作安排,这样做无疑加强了社区内的认同感,但也使流民、贱者不能受到社区内居民的同样待遇。尽管如此,清代宜兴、荆溪地区的社区赈济仍具有较大弹性,既存在小范围的施济空

---

① 宣统《天生里戴氏族谱》卷8《特传·邑庠生乐耕公传》,宣统二年追远堂木活字本,第1页。

② 光宣《宜兴荆溪县续志》卷9中《人物志·义行》,第513页。

③ 民国《屺阳潘社里金氏宗谱》卷7《赠太学生南衡翁五十寿序》,第1页,《南衡先生序》,第1页,民国三十五年雁溪堂木活字本。

④ 民国《宜兴上头陆氏宗谱》卷6《传·似园公传》,民国二十六年敬聚堂木活字本,第2页。

⑤ 民国《阳羡白茫潭许氏第十修族谱》卷28《艺文志八上》,民国三十三年追远堂木活字本,第59页。

⑥ 民国《宜兴上黄黄氏传芳宗谱》卷8《艺文·耐庵吉斋二公合传》,民国十三年永思堂木活字本,第49页。

间，又在一些时候将邻里乡党以及道路往来废疾乞丐之徒，添入施济之列①。常常有"粥厂系为贫家不能起炊而设，外来流民，本地乞丐，亦准领食"的规定，甚至设所专办对外地流民的赈济。"五洞桥，地近张渚，为南往来孔道，他邑难民至永丰下方者，咸就食于五洞桥"②。

不可否认，社区赈济常随亲属和邻里之间的合作实际而变化。它首先涉及的是亲属关系。与血缘系谱严格的宗族不同，亲属关系是指宗族关系以外的婚姻纽带所构成的地域社会的基本结构要素。在社区赈济中亲属是优先考虑的对象。如戴云皋对"亲党有贫乏难自存者，即以升斗贷之"③。朱廷辅对"戚串乡邻有匮乏者，周恤不倦，每逮岁终，辄遣人持米若干囊、钱若干缗，踵门遍给"④。嘉庆十二年（1807）水灾，全县议平粜，"公家无担石，里中亦绝少殷户"。凌惟孝"乃遍贷亲戚，设局于里之青龙庵，粜数月乃已"⑤。图董卢茂生对"亲邻之困窘者，不惜倾囊助济，亲戚比邻称道不衰焉"⑥。这种亲属关系，往往将普通人家与更有权威和正式的宗族，以及行政组织联系起来，使他们更易接近乡村社会中的各种资源⑦。

尽管地域上的靠近可以认为是血缘亲疏的一种反映，但宗族关系

———————————

① 光绪《宜兴上黄芮氏宗谱》卷 4《恕斋公传》，光绪三十一年永思堂木活字本，第 13 页。

② 《宜荆城乡筹济公所各项章程办法汇录》，清光绪铅印本，第 7 页。

③ 宣统《天生里戴氏族谱》卷 8《特传·子法公传》，宣统二年追远堂木活字本，第 1 页。

④ 光绪《皇甫庄朱氏宗谱》卷 9《纲公分支传·外舅乐庵朱公传》，光绪八年彝叙堂木活字本，第 35—36 页。

⑤ 光绪《阳羡凌氏宗谱》卷 8《沧州凌公传》，光绪十八年燕贻堂木活字本，第 1 页。

⑥ 光绪《宜兴卢氏宗谱》卷 3《端身公行略》，光绪十八年敦本堂木活字本，第 2 页。

⑦ 参见［美］杜赞奇著、王福明译：《文化、权力与国家——1900—1942 年的华北农村》，南京：江苏人民出版社 1996 年，第 103 页。

与社区赈济的结合,并不排斥赈济本族以外的邻人。人们之间的互相帮助和日常交往的密切程度,视亲属关系的亲疏和居住地的远近而异。例如钱玑,"凡乡邻有急难者,无不为担负之周济之,内外始终兼然如一"①。陆开芳,"值岁饥,即出粟济困,境内赖以全活者数十百家"②。萧源发,"邻里之待以举火者常数人"③。道光二十九年(1849)水灾,翟炳泰"倡捐米十余石,即于本村庵内设局煮粥,亲理其事,甚公恕,是以邻里左右咸敬爱之"④。

在地缘基础上建立起来的邻里关系,是乡民除血缘关系以外最重要的社会关系。邻里不是一个固定的团体,而是一个范围,范围的大小要依亲族关系的厚薄而定。这种互相帮助的关系,更多地取决于个人的居住地域,而不受其他条件限制。由此乡党邻里的划分标准主要是经验性的,根据实际被认可的范围,乡党邻里成为社区组织构成的基础。这使村民所关心的事务可能不再限于小范围内,而扩展到整个村落乃至村落以外的区图范围。乾隆乙巳岁(1785)大歉,饥民载道,吴家圩吴志高,"亟捐米若干,设法煮赈,邻近多赖焉"⑤;周文宣,"独倡始捐赈,倾囊资助,闾党赖以存活者难以数计"⑥。道光癸未(1823)水灾,浯溪王氏族人王允成,"见容有饥色者,称贷无吝情。届岁除亲负囊米,于

①　民国《学圩钱氏宗谱》卷 8《杂志·德清翁暨吕孺人合序》,民国三十一年锦树堂木活字本,第 1 页。

②　民国《宜兴上头陆氏宗谱》卷 7 上《寿序·朴园翁七十寿序》,民国二十六年敬聚堂木活字本,第 1 页。

③　光绪《萧氏宗谱》卷末《赞传·先考静涵府君暨先孺人行述》,光绪五年八叶堂木活字本,第 1 页。

④　民国《翟氏宗谱》卷 15《传序·赠姊丈炳泰翟君暨宋孺人合传》,民国三十六年承绪堂木活字本,第 1 页。

⑤　民国《吴家圩吴氏宗谱》卷 6《志高公传》,民国二十六年报本堂木活字本,第 3 页。

⑥　民国《霞露栖周氏宗谱》卷 10《文宣翁序》,民国二十九年光裕堂木活字本,第 1—2 页。

近地数村,择贫乏者馈纳之"①。道光己酉(1849)水患,许憩棠"设糜厂于本图,尽心协理,不辞劳瘁,同常捐外复乐输以济不贷"②。

从这一角度,乡民对宗族、村落或图(里)这些血缘或地缘性的区域性共同体的认同,往往高于对本区域之外的国家体系的认同。国家权力与宗族组织之间实际存在一种反向关系。宗族的血缘纽带及其在地方社会中的潜在竞争力和国家利益并不完全合拍。在这种情况下,国家常常会限制地方以宗族的面目进行控制的活动,转而规定要以邻里、图甲等形式组织社区赈济公益活动。与此相应,"邻里乡党"等称号的实质多与宗族及其以下的裂变单位"房",甚或比"房"更小的单位重合。这在社区赈济中也有所反映。乾隆甲戌(1754)岁大歉,许荣生"废田产贷入荒局,凡图内居民及本族亲邻有不能自存者,尤赖公以无饥"③。咸丰初饥馑洊臻,上黄"暨邻近各村无不嗷嗷待哺,黄姓好施",有多人在公祠内捐设粥厂,赈济饥民④。

在一般情况下,官府干预民间事务,要么通过邻里关系和血缘关系为基础的辅助性机构,要么以士绅为中介。宗族内部士绅阶层的存在是国家与宗族并存的机制。对于国家来说,宗族组织有时被认为与里甲一样,表现为地方非正式的中介机构;特别是当宗族被等同为具有赈济性和慈善性目的的公共机构时,"就有充足的理由逃避对士绅的种种限制⑤"。明清时代,随着各村落之间交往日渐频繁,地方士绅不仅仅满足于对自己宗族的控制,还要寻找更为广阔的活动空间;或者由于经

---

① 民国《浯溪王氏族谱》卷 8《瑞泉公传》,民国三槐堂木活字本,第 1 页。

② 民国《阳羡白茫潭许氏第十修族谱》卷 27《艺文志七》,民国三十三年追远堂木活字本,第 19 页。

③ 同治《阳羡许氏宗谱》卷 33《艺文志》,同治十年世德堂木活字本。

④ 民国《宜兴上黄黄氏传芳宗谱》卷 7 之 6《艺文·川松黄顺英公传》,民国十三年永思堂木活字本,第 24 页。

⑤ [美]艾尔曼著、赵刚译:《经学、政治和宗族——中华帝国晚期常州今文学派研究》,南京:江苏人民出版社 1998 年,第 19、23 页。

济原因而无法组织全族性活动时,"族中较富有者便分裂出来自己活动"①。在这时,士绅只管理本族人是不够的,另须保持一个能够提供社区公益需要的形象,才能取得精英地位和权力资本。这在社区赈济中多有体现。乾隆乙未(1775)、乙巳(1785)岁大饥,任师塾"董赈事,煮糜粥食饿者,令男女异所。世族之家嫠妇孤子,优其体恤,立簿月给领之。乡图之无力者,亦计口量给,使无出乡。寒施絮,病施药,所活饥黎无算。其规制之善,后人永遵守之"②。嘉庆甲戌(1814),许屿"倡捐设糜厂于本宗以赈"。道光庚子、辛丑(1840、1841)大饥,又倡捐津贴各图,"设四十三糜厂,以赈前后,存活殆不可万千计"。道光庚子(1840)后,屡岁饥,许国梁"于常捐外,另出谷以赈图之极贫者,又出谷一百石入本族义仓,以备岁荒"③。

社区赈济明确并巩固了士绅对社区内他者的信用,从而维系了社区秩序。虽然部分下层士绅往往没有国家授予的正式名分,但在赈济事务中却发挥着实际的管理功能。其实,在大多数情况下,集体性的合作关系不需要依赖宗族关系,可以超越原有的血缘关系和系谱原则,转化为一种特定类型的非世系的地缘组织。士绅只有在聚族而居的环境中,才有可能对族人实行有效的控制。分居异地的同宗族人,尽管根据族谱相互联系,但"各有不同的组织目标,不属于同一社会控制系统",应将其作为不同的社区共同体来对待④。

国家控制的基层社会组织(如区、图)与原生的或先赋的乡村宗族

①　[美]杜赞奇著、王福明译:《文化、权力与国家——1900—1942 年的华北农村》,南京:江苏人民出版社 1996 年,第 90 页。

②　民国《宜兴筱里任氏家谱》卷 12《征信录·行谊》,民国十六年一本堂刻本,第 42 页。

③　民国《阳羡白茫潭许氏第十修族谱》卷 28《艺文志八上》,民国三十三年追远堂木活字本,第 5 页。

④　参见郑振满《明清福建家族组织与社会变迁》,长沙:湖南教育出版社 1992 年,第 102 页。

组织之间的关系一直纠缠不清。在民间社会，血缘划分与基层社会组织相重合，地域组织在开始划分时以早已存在的血缘组织作为基础，同族的人尽量编为一图或一甲，使行政区域与宗族的控制范围往往一致。这样就使社区赈济以图为单位还是以族为单位实际差别不大。"捐赈以区图为限"①的可能性就变得顺理成章。图（里）赈法在当地自嘉道以后非常流行。周之翰于"岁有不登，则罄所藏，以与图中殷富相赈济，而救人急难，拯人困穷"②。乾隆间，赈粥设于大浦，"南北就食者有数十里之遥，往往道毙"。嘉庆甲戌（1814）岁复饥，黄干淀人吴龙山"倡议各图设粥，以便饥民就食，乐善者响应，后竟以为法云"③。道光三年（1823）周聿明举为图书，"于荒拯大务尤为有力"④。道光己酉（1849），洋塘桥士绅周于邠集里中绅董，"开设粥厂，活人无算"⑤。"图赈法"流行，从一个侧面表明公共福利和社区赈济等在基层社会控制有重要象征意义的责任，已从官府逐渐转移至士绅身上。

在灾害严重而本族无力单独赈济之时，社区赈济必须由不同族姓不同区图不同村落的协作才能完成，从而冲淡了血缘关系凝集地缘社会的作用。士绅不可能让亲属规则干预他们行使权力，何况在成为国家与社会之间的中介力量的时候，他们"开始遭受不止一个体系的限制"⑥。乾隆四十年（1775），"各乡镇之无力捐赈者，量区图之大小，户

① 民国《重修五龙溪王氏宗谱》卷 10《西分翰墨志上·用宾珝暨配张孺人合传》，民国三十二年三槐堂木活字本，第 65 页。

② 民国《霞露栖周氏宗谱》卷 10《元烈公暨孺人合传》，民国二十九年光裕堂木活字本，第 33 页。

③ 道光《重刊续纂宜荆县志》卷 7 之 1《宜兴人物志·行谊》，第 254 页。

④ 民国《霞露栖周氏宗谱》卷 10，民国二十九年光裕堂木活字本，第 56 页。

⑤ 光绪《周氏宗谱》卷 6《艺文志·封山周公家传》，光绪十六年宝善堂木活字本，第 2 页。

⑥ ［英］莫里斯·弗里德曼著、刘晓春译：《中国东南的宗族组织》，上海人民出版社 2000 年，第 86、176 页。

口之多寡分给之,凡一百七十余图","别立粥厂于南星宫,煮糜以活流民、客丐暨远乡之就食者"①。光绪末年,筹济公所于"被灾区图,或一图一人,或数图一人,由该图绅民公同推举","作为该区图经办灾赈董事"②,进行赈济。

地方士绅们通过承担更大的责任,"来打破从长远观点看责任与报酬间的平衡对比"③,有时甚至不受地域限制。"藏林为金坛、溧阳、宜兴冲要",每岁荒,储云开"出家赀贷三邑,贫氓多赖以济"④。在乡村社会,存在着多层次的村社认同,对大型的公益事业往往以区图相认同,对血缘色彩浓厚的小型事业则以家族相认同。在宜兴、荆溪二县,无论是清初赈济秩序井然的时候,还是清后期国家对赈济的监管日渐松懈之时,较大社区内的赈济都可以说是一种对更大范围内地方事务的关注。雍正初遇岁饥,县令以厂事任史宗修,史宗修"给散有方,虽千百人无有哗者"⑤。道光季年大水,"绅民义赈几倍官赈"⑥,江北流民来宜荆就食,"时议分地赈给,每一地推忠信正直者主之"。同人以流民三百口属曹尚质,曹尚质"区别栖舍,料量薪米,筹款不足,出家藏济之"⑦。道光己酉(1849)大水,蒋逸亭赈济西乡,全活无数。"当时邑绅咸法先

① 储研璘:《宜荆两邑赈荒记》,载嘉庆《重刊宜兴县旧志》卷4《艺文志·记》,光绪八年"宜兴荆溪旧志五种"刻本,第10页。

② 《宜荆城乡筹济公所各项章程办法汇录》,清光绪铅印本,第3页。

③ [美]许烺光著、薛刚译:《宗族·种性·俱乐部》,北京:华夏出版社1990年,第166页。

④ 光绪《宜兴荆溪县新志》卷8《人物·义行录》,第270页。

⑤ 民国《义庄史氏宗谱》卷38《达斋史君传》,民国三十八年宗海堂铅印本,第5页。

⑥ 光绪《宜荆朱氏续修宗谱》癸中《传·望滨朱公传》,光绪三十四年树滋堂木活字本,第1页。

⑦ 光绪《曹氏家谱》(不分卷),光绪二十九年留耕堂稿本。

生策,设局东南隅,举先生襄其事"①。当然,所有这些跨社区的整合相对于以宗族组织为基础的赈济活动而言,其认同感要微弱得多。采取这些举措在很大程度上可能是为了迎合国家正统规范的需要。

四、结论

清代宜兴、荆溪地区所设置的义仓,无论规模还是数量,在江南地域均可称独一无二。尤为值得一提的是,当地宗族介入义仓的现象在江南的其他地区并不普遍,甚至只能算作特例。例如,苏松地区的仓储活动就体现了另外一种景观,即更多地是以地缘组织为基础而不是依靠血缘关系;社区赈济的领导者也主要是绅士而不是宗族领袖②。也许正因为存在着这种地域上的差异,宗族介入义仓行为本身即成为诠释宜兴、荆溪地区义仓发展水平高的最充分的理由。相对于社会经济发达的核心地区如苏、松二府,宜兴、荆溪也许只能算作江南的边缘地带。然而两者的社区赈济形式却存在着很大的差异。与核心地区赈济较多地体现社区的利益不同,边缘地区的赈济活动宗族介入较多,显示出在更为"传统"的社会中血缘纽带较强的事实。所谓更为"传统"的社会,可以理解为社会关系相对简单的社会,与边缘地区相适应。在这一类社会里,人们的日常交往更多是面对面,血缘关系非常浓厚,并且作为最主要的认同纽带;表现在社区赈济上的特征为,对宗族和家庭的忠诚"比对村落或更大地域集合的忠诚更优先"③。相反,在社会关系相对复杂的核心地区,地方精英多城居,社会整合往往以城镇为单位进行,血缘关系要淡

---

① 民国《西余蒋氏宗谱》卷9《外传·逸亭公传》,民国九年世德堂木活字本,第2页。

② 参见拙作:《论清前期苏松地区的仓储制度》,《中国农史》1997年第2期;《明清苏松地区的社会救济事业》,《中国农史》1998年第4期。

③ [美]许烺光著、薛刚译:《宗族·姓·俱乐部》,北京:华夏出版社1990年,第168页。

薄得多．组织赈济也优先考虑村落城镇这样的地域区划。

至于宜兴、荆溪地区宗族性赈济的发达是否与当地宗族势力强于邻近地区有关,这涉及清代整个江南地域宗族势力强弱的地理分布问题。如果仅从修谱建祠乃至设立族产事例的数目上看,邻近核心地区可能并不逊于甚至超过宜、荆二县,可事实却是只有宜荆地区发展出了独特的宗族性社区赈济模式。对此我们也许可以这样进行理解:核心地区宗族的族谱虽然完整,但除了起强调宗族包容性的作用以外,可能不蕴涵任何其他的含意。也就是说,在这些地区宗族关系中最基本的系谱观念并不能替代那些更为常见的以地域为基础的社区整合手段。而在宜荆地区,宗族的功能性作用却常常发挥着巨大的功用,有时甚至掩盖了系谱概念;在当地实际的地方社会控制中,也是积极参与社区整合的功能性宗族而不是系谱关系完整的宗族在扮演着更重要的角色。这或许就是宜荆地区与江南核心地区在宗族介入地方事务方面的异趣所在。

当然,宗族的力量毕竟有限。宗族不能自外于它所处的国家与社会。即使在宜兴、荆溪地区的乡村社会中,宗族团体也必须与基层行政区划相吻合,行使其功能性职能,而不是仅仅关注系谱的完整和准确;只有这样,宗族才能成为地方政府施政的主要依靠力量。况且,作为乡村社会实际统治者的地方士绅,并不满足于仅仅统治自己的族人,他们更热衷于大范围的社区整合。实际情况也是,"晚明及清代,确凿地说,由于朝廷行政管理的鞭长莫及,江南地区有势力的家族对地方政治、经济的影响力远远超过本族人口在当地所占比例"①。从这一侧面,宜兴、荆溪的社区赈济已渐渐突破一村一族的限制,显示了向核心区靠拢的迹象。

(原文载《清史研究》2001 年第 2 期)

---

① ［美］艾尔曼著、赵刚译:《经学、政治和宗族——中华帝国晚期常州今文学派研究》,南京:江苏人民出版社 1998 年,第 13—14 页。

第三章　城乡经济

第一节　清代南京地区农村经济初探

入清以后，南京改称江宁府，辖上元、江宁、句容、溧阳、溧水、高淳、江浦、六合8县，雍正八年（1730）溧阳划归镇江府，自后领7县。在明代，当地农业经济结构比较单一，主要以种植业为主，农民几乎纯粹从事粮食作物生产。至清中叶，这种局面得以改观，副业生产尤其是经济作物生产有了长足的进步，农村经济呈多元化发展。

一、粮食作物生产概况

南京地区拥有得天独厚的地理位置，"上接九江江西之灌输，下引吴会浙闽两粤之朝宗，贡赋甲于天下，有粳稻丝枲之美，人才盛于贤书，有东箭南金之贡"①。但相比长江三角洲的发达地区，其所属县区的

---

① 乾隆《江宁新志》卷5《疆域志·风俗》，《稀见中国地方志汇刊》第11册，北京：中国书店2007年影印本，第87页。

"自然条件、水陆交通,乃至土地丰度都要差得多,而且可以说是长江三角洲最差的地区"①,除了溧阳一县、高淳部分地区外,大多冈阜相间,不苦旱即苦潦。上元县"田地多近江与山,硗瘠居其半"②;江宁县虽田地多膏腴,"近郊之民醇谨易使,其在山南横山、铜井而外稍不如,而殷实者在在有之"③,但"西以滨江,苦于潮,东多原麓,寡塘堰,故少值旱涝辄病,又民贫而粪不足,虽有年亦鲜厚获"④;江浦县"土旷民稀,山圩各半,农藉牛耕,贫无畜牧者,自为做户佣贷"⑤;六合县"隶江北,封域逼狭,物产硗瘠,蚕桑不登于筐茧,田亩不足于耕耘,蓄畜所就,复与他郡相灌输,地利自薄,故蓄聚不得独厚"⑥;句容县亦是"地窄人稠"⑦;高淳县"地方土厚民勤,低下之区遍栽稻麦,高阜之处广植木棉"⑧,然"淳地褊小,产物有尽,大半资生仰给他境"⑨。溧水县自然条件相对好些,"有山林川泽之饶,民勤稼穑,鱼稻果茹,随给粗足"。这与该县地形有关,"大半皆山,冈阜陂陀随高下,耕耘播种,各有陂塘溪涧潴水,以资

① 范金民:《明朝时期的南京经济》,陈胜利、茅家琦主编:《南京经济史》,北京:中国农业科技出版社 1996 年,第 190 页。
② 嘉庆《新修江宁府志》卷 11《风俗物产》,《中国地方志集成·江苏府县志辑》第 1 册,第 107 页。
③ 嘉庆《新修江宁府志》卷 11《风俗物产》,《中国地方志集成·江苏府县志辑》第 1 册,第 107 页。
④ 正德《江宁县志》卷 3《田亩》,《金陵全书》"甲编·方志类·县志"第 11 册,南京出版社 2012 年影印本,第 36 页。
⑤ 嘉庆《新修江宁府志》卷 11《风俗物产》,《中国地方志集成·江苏府县志辑》第 1 册,第 109 页。
⑥ 康熙《六合县志》卷 5《风俗》,《南京图书馆藏稀见方志丛刊》第 24 册,北京:国家图书馆出版社,2014 年影印本,第 432 页。
⑦ 弘治《句容县志》卷 1《风俗》,苏州大学出版社 2018 年,第 2 页。
⑧ 民国《高淳县志》卷 21《艺文志》,《中国地方志集成·江苏府县志辑》第 34 册,第 334 页。
⑨ 宣统《高淳县乡土志·格致科·商务韵言》,《金陵全书》"甲编·方志类·县志"第 53 册,南京出版社 2013 年影印本,第 78 页。

灌溉之利。北境滨秦淮河，南境临石臼湖，中凿胭脂河，然执据高阜，不能宣泄。南北下隰之地，湖埂河岸支港，交通其间，因而为田，悉成沃壤"①。

从地理生态上看，该地区处在季风环流影响下的亚热带气候区。年降水量丰沛，约为 900—1100 毫米，且季节分配均匀；热量资源比较丰富，气温条件适中，年平均气温 15℃—16℃。有着较为优越的适合农作物生长的光、热、水条件。长江东西贯穿本区，北岸有滁河，南岸有石臼湖、秦淮河等水系先后汇入。地貌类型比较复杂，包括低山、丘陵、黄土岗地及河湖平原等，以山、丘、岗三类所占比例大。低山丘陵主要有宁镇山地、茅山等，另外还有一些岛状分布的孤山和玄武岩方山。黄土冈地所占面积最大，地面大多经侵蚀切割成的岗、塝、冲地形，在山麓及山间盆地内均有分布。河湖堆积平原主要分布于区内长江、秦淮河、滁河及石臼、固城湖滨，大多辟作圩田，江边和江心有少数洲地②。

特有的地理生态造成农业生产结构的差异。从历史上看，南京地区所属七县农业在整个经济中所占比重不尽相同。江宁、江浦、六合、高淳、溧水五县纯农户占绝大多数，以务农为主业，溧水县"乡里淳朴之氓，不见外事，安于畎亩，衣食务本，力农稼墙"③；在高淳县，"妇女无贫富，必纺织，未尝出门外，男子安土重迁，无远商者"④；江浦县亦是"农

---

① 光绪《溧水县志》卷 2《舆地志·圩堤》，《中国地方志集成·江苏府县志辑》第 33 册，第 274 页。

② 参见江苏农业地理编写组：《江苏农业地理》，南京：江苏科学技术出版社 1979 年，第 153 页。

③ 光绪《溧水县志》卷 2《风俗》，《中国地方志集成·江苏府县志辑》第 33 册，第 283 页。

④ 康熙《高淳县志》卷 4《风俗》，《稀见中国地方志汇刊》第 12 册，北京：中国书店 2007 年影印本，第 28 页。

惟力田树艺,务樵渔,擅孳畜,间事桑麻,不工纺绩"①;六合县"东南乡农民勤于耕作,虽农隙之时犹务为佣工"②。上元、句容二县的非农产业则占相当比例,有不少兼业农户和非农户,纯农户相对少些。这其中既有自然条件的限制,也有社会文化的原因。上元依托于南京城,受城市经济影响较大,"薪粲而下,百物皆仰给于贸居,而诸凡出利之孔,拱手以授外土之客"③,与其邻近的江宁县则向来以业农为主,史称:"上元之民善商,江宁之民善田。"④句容县也有经商传统,"自勤农之外,列肆而居者若鳞次","逐末者多,务农者少。妇女虽无游荡,而蚕织之工不备焉,故岁秋之获尚未足,以接新登,而所收棉麻之属,皆售于他郡,则农未必有余粟,女未必有余布,而衣食之源或几乎薄矣"⑤。

当然,由于受政治、军事等因素的影响,当地农村经济在不同历史发展阶段呈现着不同的风貌。清初,由于江南地区连年征战,南京经济呈萧条状态,之后随着政局的稳定,农村经济转趋繁荣⑥。然而,至太平天国时期当地经济再受打击。作为受战乱影响最大的地区,其农村经济遭受较大破坏。"乾嘉间,钟山松林十余里","兵燹焚毁,今四境山皆濯濯而童"⑦。溧水经乱后,"阛阓廛舍,焚坏略尽,腥秽既涤,人户凋

①　光绪《江浦埤乘》卷 1《疆域·风俗》,《中国地方志集成·江苏府县志辑》第 5 册,第 27 页。

②　民国《六合县续志稿》卷 3《地理志下·风俗》,《中国地方志集成·江苏府县志辑》第 6 册,第 339 页。

③　道光《上元县志》卷 4《舆地志下·风俗》,《中国地方志集成·江苏府县志辑》第 3 册,第 102 页。

④　陈作霖:《金陵物产风土志》,《金陵琐志九种(上)》,南京出版社 2008 年,第 125 页。

⑤　乾隆《句容县志》卷 1 下,《舆地志·风俗》,《中国地方志集成·江苏府县志辑》第 34 册,第 497 页。

⑥　陈胜利、茅家琦主编:《南京经济史》,第 197－218 页。

⑦　同治《上江两县志》卷 7《食货考》,《中国地方志集成·江苏府县志辑》第 4 册,第 163 页。

劫,视昔不逮十之二三"①。自咸丰十年(1860)兵燹以后,句容"县之南乡户口凋零,不及承平时十之二三,田地山场大半荒弃"②。同光时期,由于地方官积极鼓吹兴农,南京地区的农村经济有所恢复。

粮食作物历来是南京地区的主要物产,这其中又以稻麦为主,甘薯、豆类等旱地作物也占一定比例。史载:"金陵之田宜芒种,无粟黍稷。季秋种麦,仲夏种粳糯稻,其常也",北郊多山,"若无雨之岁,则……多种芋魁、荞麦、蜀黍、薯蓣、甘薯以济其穷"③。高淳县"植物以稻为大宗","麦之利亚于稻"④,"低下之区遍栽稻麦"⑤。清代该地区的水稻生产有着较大的发展。从水稻品种上看,明代江宁县的水稻品种有粳稻、糯稻、红稻、黑稻、早稻、晚稻、香粳等。所产稻米以南乡米为佳,南乡米"出安德、凤西等乡,形圆长而色白,饭盛磁碗中,隐隐有绿色"⑥。至清代,品种在原有基础上进一步增加。南乡观音门一带出产观音籼,"长腰白色"⑦;金牛洞一带出产红莲稻,"色微赤而香"⑧,均为稻中上品。上元、江宁两县其他的水稻品种还有不少,仅栖霞一地就有六十子、黑谷摇脚子、洋籼、短颗子、糯稻等水稻品种⑨;另外,玄武湖有

---

① 光绪《溧水县志》卷3《建置志·坊巷》,《中国地方志集成·江苏府县志辑》第33册,第287页。

② 光绪《续纂句容县志》卷6下《风俗物产》,《中国地方志集成·江苏府县志辑》第35册,第136页。

③ 陈作霖:《金陵物产风土志》,第125页。

④ 宣统《高淳县乡土志·格致科·物产》,《金陵全书》"甲编·方志类·县志"第53册,第69页。

⑤ 许心源:《劝谕栽桑示》,载民国《高淳县志》卷21《艺文志》,《中国地方志集成·江苏府县志辑》第34册,第334页。

⑥ 正德《江宁县志》卷3《物产》,《金陵全书》"甲编·方志类·县志"第11册,第40页。

⑦ 乾隆《江宁新志》卷8《民赋志·物产附》,《稀见中国地方志汇刊》第11册,第133页。

⑧ 陈作霖:《金陵物产风土志》,第125页。

⑨ 民国《栖霞新志·物产》,台北:成文出版社有限公司1983年,第151页。

湖稻，"湖田在乾隆时尚有七十余顷，其稻红粳，早熟，秋初已登，午炊香越邻舍，城中人偶餐之，以为风味迥别"①。江浦县的水稻品种有王瓜籼、红米籼、南乡籼、鹅劲籼、白稻、乌晚稻、香白稻、赶陈稻、羊脂糯、糯稻、红芒稻、随籼糯等②。另据光绪《江浦埤乘》称："浦邑籼米以新殿庙、汤泉二镇为最。无锡米牙谓之'后河籼'，色白粒长，与金陵南乡相似，而坚润过之。"③六合县的水稻品种更为丰富，仅顺治《六合县志》就记录了水稻品种 45 个，其中粳稻品种 25 个，糯稻品种 20 个④。其他县也有不少品种颇有特色，如句容县的洋籼稻⑤，高淳县的倭稻、黄壳籼、湖北籼、江阴籼，溧水县的芒粳、小红稻等⑥。

　　尽管清代南京地区水稻生产有了长足的进步，不过，南京城内稻米消费量很大，"所产米不能果数月腹"⑦。附近的农户虽以所产稻米就近贸易，所谓"乡民胼胝楼犁，粗衣足食，田多而近郭者碾米以入市"⑧；其所属郊县也向城内居民提供一部分稻米，溧水县向有"殷户运米谷，

　　① 民国《玄武湖志》卷 8《物产》，《金陵全书·甲编·方志类专志》第 4 册，南京出版社 2013 年，第 809 页。

　　② 雍正《江浦县志》卷 12《土产》，《上海图书馆藏稀见方志丛刊》第 33 册，第 381 页。

　　③ 光绪《江浦埤乘》卷 1《疆域·物产》，《中国地方志集成·江苏府县志辑》第 5 册，第 28 页。

　　④ 康熙《六合县志》卷 7《物产志》，《南京图书馆藏稀见方志丛刊》第 24 册，第 552 页。

　　⑤ 光绪《续纂句容县志》卷 6 下《风俗物产》，《中国地方志集成·江苏府县志辑》第 35 册，第 135 页。

　　⑥ 参顺治《高淳县志》卷 1《邑纪》，《金陵全书》"甲编·方志类·县志"第 46 册，南京出版社 2015 年影印本，第 271 页；赵如珩著：《江苏省鉴（下）》，上海大文印刷所 1935 年，第 27 页。

　　⑦ 同治《上江两县志》卷 7《食货考》，《中国地方志集成·江苏府县志辑》第 4 册，第 162 页。

　　⑧ 陈作霖：《金陵物产风土志》，第 125 页。

营什一之利"①的传统,宣统间,高淳县"终岁所产之米约五十万石上下,除本地民食外,约可余二十万石,均运至省城销售"②,但这些仍不能够满足需求。"于是贩鲁港、和州、庐江、三河运漕诸米,以粜于铺户"③,更远的则要从两湖地区输入。

当地的麦类种植也占相当比重,"麦之利亚于稻,而民间亦赖以资生"④,但总的来说不能与稻作相比,麦类生产在清代的发展也相对有限。

二、经济作物种植结构的转变

相对粮食作物而言,南京地区经济作物的种植与生产要落后得多。

栽桑养蚕业在这一地区长期得不到应有的发展。尽管南京丝织业极盛,向赖蚕桑之利,然而在明代,其所属县完全没有丝织生产,而且南京城市丝织生产所需的丝原料,也需要从嘉湖地区输入,而不是由附近的农村来提供⑤。直至清康熙年间,依然是"丝皆外省出"⑥。甚至道光时仍局面未改:"丝皆产于外而织工称善。"⑦这种情况在道光朝以后有所改观。高淳知县许心源命在各家隙地多植桑树,"秋冬之际以纺纱

---

① 光绪《溧水县志》卷 2《风俗》,《中国地方志集成·江苏府县志辑》第 33 册,第 283 页。

② 宣统《高淳县乡土志·格致科·商务》,《金陵全书》"甲编·方志类·县志"第 53 册,第 74 页。

③ 同治《上江两县志》卷 7《食货考》,《中国地方志集成·江苏府县志辑》第 4 册,第 162 页。

④ 宣统《高淳县乡土志·格致科·物产》,《金陵全书》"甲编·方志类·县志"第 53 册,第 69 页。

⑤ 陈胜利、茅家琦主编:《南京经济史》,第 191 页。

⑥ 康熙《江宁县志》卷 12《物产》,《稀见中国地方志汇刊》第 10 册,北京:中国书店 2007 年影印本,第 932 页。

⑦ 道光《上元县志》卷 4,《舆地志·物产》,《中国地方志集成·江苏府县志辑》第 3 册,第 102 页。

为生,春夏之交以养蚕为业","或于墙下,或于堤畔,或于荒山,有能植桑成荫多至二百株者,经地保报验,旌以匾联,一百株者给以花红果酒"①。句容知县刘佳与教谕张履也介绍倡导种植蚕桑,但议行未果②。

本地蚕桑业的真正勃兴发生在太平天国运动后。同治年间,曾国藩、沈葆桢先后设蚕桑局,永免丝绢,因而滨江人们多种桑饲蚕。战乱中流寓至江北及淞沪之机户亦多归返复业,以致丝业年年增盛。其时情形正如时人陈作霖所描绘的:"自曾文正公开蚕桑局,而土丝始多;逮沈文肃公永免丝捐,而土丝大盛。当四、五月间,乡人背负而来,评论价值,比户皆然。"③

同治四年(1865),江宁知府涂宗瀛于石城门内蛇山设蚕桑局,劝民广植桑田。"贫民愿植桑者,户给桑三十五株,别自种、佃种书于册籍,佃种者蚕时官收其息","冬月委员购嘉湖桑秧,民愿领种者呈粮串地契为验,乃赠给之篝接灌溉之法"。同治十年(1871)六月,又设蚕棉局④。之后增设蚕业学堂,"教民接树浴茧之法"⑤。一时,南京郊县的蚕桑种植呈兴盛之态。江宁县"南乡一带,向赖蚕桑之利。乱后则滨江人民咸相效法,耕耘之外,多以种桑饲蚕为务。故迩来该处所出新丝,年年增盛"⑥。"朱门及横水桥人比户皆然。每当春季,遍野绿阴,雨润叶浓,罗纨争腻,登梯采之,筐莒剪刀相属也。茧成缲釜,负以入城,行户收

① 许心源:《劝谕栽桑示》,载民国《高淳县志》卷21《艺文志》,《中国地方志集成·江苏府县志辑》第34册,第334页。

② 光绪《续纂句容县志》卷4《实政》,《中国地方志集成·江苏府县志辑》第35册,第84页。

③ 陈作霖:《凤麓小志》卷3《志事·记机业第七》,《金陵琐志九种(上)》,南京出版社2008年,第77页。

④ 同治《续纂江宁府志》卷6《实政》,《中国地方志集成·江苏府县志辑》第2册,第54页。

⑤ 陈作霖:《金陵物产风土志》,第126页。

⑥ 载《申报》,清光绪七年(1881年)4月29日,第2版。

买,谓之土丝"①。"由上元之铜山、谢村迤东各乡,产渐旺;秣陵、禄口、陶吴、横溪桥、谷里村、六郎桥、江宁镇、铜井、慈湖皆养蚕地也"②。

同治十年(1871)劝民植桑令颁布后,句容县"民犹观望",光绪八年(1882),左宗棠移节两江后,饬委胡光镛购办桑秧六十五万株,内派句容"领种八万株,分散各乡栽种而免其息"。光绪九年(1883),知县张沇缮册呈报各乡所领数目:句容乡领八千七百株,移风乡领五千八百株,孝义乡领一万四千株,凤坛乡领八千二百株,仁信乡领二千九百株,来苏乡领八百株,崇德乡领一千四百株,茅山乡领七百株,承仙乡领一千三百株,福祚乡领一千六百株,上容乡领五千一百株,临泉乡领一千一百株,通德乡领一万二千五百株,琅琊乡领一万三千株,靖安厂领二千九百株③。很快,"南北乡出〈丝〉数甚多,实物产之大宗",其中以东阳华山口最著名④。

溧水县的蚕桑业也有发展,种植区集中分布在县西北,其中"近上元铜山者为最,近来东乡亦多饲蚕者"⑤。高淳县在道光以来的发展基础上,植桑饲蚕更为普遍,"近年植桑渐多,于育蚕缫丝亦渐得法"⑥,"丝每岁可出二三十石,并运至省城销售"⑦。江北亦开始有产丝记录,

---

① 陈作霖:《金陵物产风土志》,第 126 页。

② 同治《续纂江宁府志》卷 15《拾补》,《中国地方志集成·江苏府县志辑》第 2 册,第 595 页。

③ 光绪《续纂句容县志》卷 4《实政》,《中国地方志集成·江苏府县志辑》第 35 册,第 85 页。

④ 光绪《续纂句容县志》卷 6 下《物产》,《中国地方志集成·江苏府县志辑》第 35 册,第 137 页。

⑤ 光绪《溧水县志》卷 2《舆地志·土产》,《中国地方志集成·江苏府县志辑》第 33 册,第 284 页。

⑥ 宣统《高淳县乡土志·格致科·物产》,《金陵全书》"甲编·方志类·县志"第 53 册,第 70 页。

⑦ 宣统《高淳县乡土志·格致科·商务》,《金陵全书》"甲编·方志类·县志"第 53 册,第 75 页。

六合、江浦"皆有丝"①。江浦县"蚕桑之利昔日所无,粤乱平后,曾文正、左文襄两制府先后购桑给领,浦邑饲蚕者几于比户。丝居上等,江宁贡缎与海宁、湖郡所产经纬并用,岁得值数万金"②。在六合县,"近来育蚕户多茧丝,出产较旺"③。

从表面上看,蚕桑业的繁荣并没有从根本上冲破耕织结合或农桑并举的传统生产格局,但这时蚕茧或丝织品的绝大多数已作为商品由农户直接售向市场,当地的农村经济不再仅仅限于纯粹的自给自足的自然经济。出售桑茧、蚕丝成为当地农民的主要现金收入来源之一。然而由于丝织业的一些工艺对原料的要求甚高,"摇经之丝非湖州不可","溧阳丝肥白劣弱,只能参于天青中也"④。这使得当地丝业仍然不得不依赖于外地丝茧的流通和转输,不能从根本上达到蚕丝自给。但不可否认,晚清时期在丝织业的带动下,当地农村经济结构发生了巨大的变化。这在一个侧面表现为南京城内的丝织业所需要的大量农村剩余劳动力,均由附近郊县提供,从而极大地影响了郊县农民的择业趋向乃至价值取向。丝业内部的专业分工很细,各地乡民对之各有擅长,"摇经者皆北乡人,自北门桥至太平门外、姚坊门、迈皋桥皆善此业;染元色以溧水人为佳,禄口人次之;天青染坊高淳人居多,溧水次之;染布者亦以高淳、溧水人擅场"⑤。

<hr>

①　同治《续纂江宁府志》卷15《拾补》,《中国地方志集成·江苏府县志辑》第2册,第595页。

②　光绪《江浦埤乘》卷1《疆域·物产》,《中国地方志集成·江苏府县志辑》第5册,第28页。

③　民国《六合县续志》卷3《地理下·物产》,《中国地方志集成·江苏府县志辑》第6册,第342页。

④　同治《续纂江宁府志》卷15《拾补》,《中国地方志集成·江苏府县志辑》第2册,第595—596页。

⑤　同治《续纂江宁府志》卷15《拾补》,《中国地方志集成·江苏府县志辑》第2册,第595页。

　　以蚕桑为代表的经济作物，效益一般要高于粮食作物，从而刺激了农民的种植欲望，因而比重日益增大。在蚕桑业勃兴的同时甚至更早，一些地区还出现了棉、蔬、茶等内容丰富的专业种植区，并在一定程度上开始突破单一的粮食作物生产，逐步形成了初级的区域间生产分工和农村种植业的多样化发展。

　　棉花种植在当地早就存在，清初六合县就出产棉布，"纺棉为之厚壮，市以为袋"①。但当地所产棉花尚不能满足织布所需，所以在滁河南朝天街有专门的花市，"担者自省中来，多于此憩卖"②。南京地区植棉高潮出现在清末，主要集中在江浦、高淳等县，江宁县也有零星种植。由种棉而兴起的土布业在当地农村经济中所占比重逐渐增大。江浦县"乌江卫花之名驰于他省……镇民纺以织布，谓之乌江大布"③。不过当时"织布所用棉纱，必得崇明、通州所产者，绪理紧密，绵绵不断。若孝陵卫及乌江之花可作衣棉，不堪织布。所望有力者赴崇明、通州等处广为采买"④。高淳县的平缓岗地，扩种了大量的棉花，"织成土布颇能畅销，有所谓安兴尖者，其名重，几与通州提压大布等价焉"。后来因"洋纱盛行，女工生机渐窒，布业亦遂无起色"⑤。尽管如此，清末高淳棉布仍"间或运至省城暨芜湖两处，每岁约销二三千匹"⑥。

　　除了棉布外，当地还产麻布、土绸等纺织物，这些织物亦通过市场

---

　　①　康熙《六合县志》卷7《物产志》，《南京图书馆藏稀见方志丛刊》第24册，第560页。

　　②　乾隆《六合县志》卷3《建置志》，《上海图书馆藏稀见方志丛刊》第33册，北京：国家图书馆出版社2011年影印本，第655页。

　　③　光绪《江浦埤乘》卷1《疆域·物产》，《中国地方志集成·江苏府县志辑》第5册，第28页。

　　④　甘熙：《白下琐言》卷8，南京出版社2007年，第150—151页。

　　⑤　宣统《高淳县乡土志·格致科·物产》，《金陵全书》"甲编·方志类·县志"第53册，第71页。

　　⑥　宣统《高淳县乡土志·格致科·商务》，《金陵全书》"甲编·方志类·县志"第53册，第75页。

交易。例如在句容县，"土人织〈麻〉布售市"①。南京城郊的蠒绒也曾
兴旺一时，蠒绒是丝织品的一种，又称"卫绒"，因产地在孝陵卫一带而
得名。"其盛与绸缎埒。交易之所在府署之西，地名绒庄。日中为市，
负担而来者踵接也"。嘉道之际，"自屡经荒歉，贸易日就消减……较昔
不过什之二三"②。

　　蔬菜种植业出现得更早。在清代，随着南京地区经济的发展和人
口的增加，对蔬菜的需求量相应加大，蔬菜种类也增多。而蔬菜园圃业
的发展，极大地满足了当地对蔬菜的大量需求。城中西北五台山、干河
沿一带，"皆有稻田蔬圃"③。"金陵城西南一隅，冈隆谷奥，为长干之分
支，回环处每成巨壑。山水所经，储以塘泑，土气深厚，最宜于蔬……盖
其地高而不患潦，其塘多而虞旱，其人朴而习于劳，其居复近于市，而易
于获利"④。城南的前旧明王府"昔年华屋，废为丘墟，水土肥腴"，亦为
"蔬圃之衍沃者"⑤。由于种植蔬菜经济效益较高，收入颇丰，菜农虽辛
苦，但比纯粹种植粮食要富裕得多。"习是业者购得嘉种，躬亲灌溉，老
圃之利，较农为优……每当晨露未晞，夕阳将落，担水荷粪之人，往来若
织，不肯息肩，力耕者无此勤也"⑥。

　　当时，南京郊区的蔬菜种类相当多，《冶城蔬谱》共记录了 24 种，
《续冶城蔬谱》又在此基础上补充了 21 个⑦。最常见的有大头菜、萝卜

　　① 乾隆《句容县志》卷 1《舆地志·物产》，《中国地方志集成·江苏府县志辑》第 34 册，第 506 页。
　　② 甘熙：《白下琐言》卷 8，南京出版社 2007 年，第 150 页。
　　③ 陈作霖：《金陵物产风土志》，第 126 页。
　　④ 陈作霖：《凤麓小志》卷 3《志事·记灌圃第六》，第 74 页。
　　⑤ 陈作霖：《金陵物产风土志》，第 126 页。
　　⑥ 陈作霖：《凤麓小志》卷 3《志事·记灌圃第六》，第 74 页。
　　⑦ 参龚乃保撰，卢海鸣点校《冶城蔬谱》，南京出版社 2009 年；王孝煌撰，卢海鸣点校：《续冶城蔬谱》，南京出版社 2009 年。

等。萝卜出自板桥，有红白二种，肥硕嫩脆，俗称"板桥萝葡善桥葱"①。大头菜产于双门桥及皇城遗址两处，"贾客争购之"②。尽管蔬菜生产有明显的季节性，但当地四季时鲜蔬菜却供应不断。"初春黄韭芽，首夏牙竹笋，秋菘之美者以矮脚黄名，冬日则有瓢儿菜、雪里蕻、白芹，可烹可菹，其甘媚舌，最为隽品"③。其中"白芹菜、雪里蕻均为他处所无"④。金陵向有腌菜之风，"自缙绅至编户，皆主妇主之"⑤，也刺激了当地蔬菜种植业的发展。

除南京城近郊上元、江宁二县外，其他各县也有蔬菜种植，品种资源十分丰富。例如，高淳县所种蔬菜主要有菜子、茨菇、荸荠、莲实、西瓜、白菜、芽芹、王瓜等，另外俗称"小菜"者，更是日用所需⑥。江浦县"蔬之至美者，冬则瓢儿菜、白芹，春则芦笋、蒌蒿、燕来牙、竹二笋，俱甘芳适口，它处弗及。荬儿菜，自春徂秋，泽民藉以为自然之利"⑦。光绪《溧水县志·物产》共记18种蔬菜，顺治《六合县志》卷7《物产》则记有蔬菜39种。但因蔬菜供销的特点是要求鲜嫩，不宜于远途运输，使这些县的蔬菜生产受到很大制约，获利也远较上元、江宁为逊，其所产蔬菜"大都无甚价值，利赖亦甚微矣"⑧。

茶不是南京地区农产的大宗，只有一些零星种植。据方志记载，上

---

① 陈作霖：《金陵物产风土志》，第126页。

② 陈作霖：《金陵物产风土志》，第135页。

③ 陈作霖：《金陵物产风土志》，第126页。

④ 陈乃勋辑述，杜福坤编纂：《新京备乘》卷下《物产》，南京：东南大学出版社2014年，第188页。

⑤ 夏仁虎：《金陵岁时记》，南京出版社2006年，第72页。

⑥ 宣统《高淳县乡土志·格致科·物产》，《金陵全书》"甲编·方志类·县志"第53册，第69页。

⑦ 光绪《江浦埤乘》卷1《疆域·物产》，《中国地方志集成·江苏府县志辑》第5册，第28页。

⑧ 宣统《高淳县乡土志·格致科·物产》，《金陵全书》"甲编·方志类·县志"第53册，第70页。

元、江宁县的牛首、栖霞二山皆产茶,"生于山顶,以云雾名"①;另有茶"出天阙山,香色俱绝,牛首洪觉又吉山小庵并有之"②。同治初年,江宁知府涂宗瀛曾在城西五台山种植茶树数十株③。句容也产茶叶,有空青、云雾等,"王门桥所产亦高品"④。这些茶产量极小,"非尽人所能得",当地茶叶更多的须从附近的皖南地区运来。如高淳县每年"茶叶自石埭及宁国运来,约五六百石"⑤。

这种经济作物区域性分工的发展,使商业性农业渐现端倪。重要农产品和手工业品的集中产区开始构成系列,伴随着商业性农业发展的是农村家庭手工业。

三、农村副业的发展

在农村种植业生产内容多样化发展的基础上,手工业、渔业等多种行业也很活跃,从而打破了以种植业为主体的传统的生产结构,以农副产品加工为主的农村家庭手工业得到了普遍发展。同时,这一地区城镇经济的发展,也使城镇对乡村农副产品的需求更为迫切。在南京城近郊地区,出现了初步的农副业生产的区域化专业分工:"龙都之民善卖药,乌龙山之民善陶;西善桥亦善陶,陶吴之民善剞劂,秣陵之民善织"⑥。

---

① 陈作霖:《金陵物产风土志》,第 128 页。

② 乾隆《江宁新志》卷 8,《民赋志·物产附》,《稀见中国地方志汇刊》第 11 册,第 134 页。

③ 陈作霖:《金陵物产风土志》,第 128 页。

④ 光绪《续纂句容县志》卷 6 下,《物产》,《中国地方志集成·江苏府县志辑》第 35 册,第 137 页。

⑤ 宣统《高淳县乡土志·格致科·商务》,《金陵全书》"甲编·方志类·县志"第 53 册,第 76 页。

⑥ 同治《上江两县志》卷 7《食货考》,《中国地方志集成·江苏府县志辑》第 4 册,第 163 页。

清代特别是清后期,南京地区的农副土产贩卖业有了一定程度的发展,其中最具代表性的为药材贩卖业。该地区多山,有丰富的中草药资源,贩卖药材成为当地农村副业的一项重要内容。"钟山多药材,太子参、桔梗、首乌、玉竹、苍术诸种,土人类能采之"①。江浦多山,出产药材达 64 种,其中"京三棱、南沙参、丹参、首乌之属,商贩常转运他省焉。龙洞柴胡,亦称上品"②。六合县的药材主要有"洋蓝、党参、桔梗、夏枯草、白部草(百部),所产以冶山为最多"③。当地竹镇"乡民烁冬入山采药村,斫茅草,取其值"④。在溧水县,"中赀之家业药材于各州县"⑤。

农村另一项主要副业是竹草编织业。当地农民农闲时多从事各种竹器的手工编织。上元北乡石埠桥人"善柔治竹木"⑥;江浦的竹丝帽、竹丝漆器、竹丝酒器"皆极精美,京省盛行"⑦。这一地区的草编业也很有地方特色。江宁靖安厂一带产蒲草,"土人以之编为蒲包,可以装置杂物,淮南北用以装盐之蒲包,皆取给于此"⑧。句容县妇女所编的麦冠更是远销苏浙一带,"麦秋至,村妇组麦秆为冠,冠可遮日,苏常诸郡

---

① 民国《江宁县乡土志》第三十二课《物产》,《金陵全书》"甲编·方志类·县志"第 22 册,第 310 页。

② 光绪《江浦埤乘》卷 1《疆域·物产》,《中国地方志集成·江苏府县志辑》第 5 册,第 28 页。

③ 民国《棠志拾遗·物产》,《中国地方志集成·江苏府县志辑》第 6 册,第 517 页。

④ 李敬:《竹镇纪略》卷下《时俗第五》,《中国地方志集成·乡镇志专辑》第 5 册,第 11 页。

⑤ 乾隆《溧水县志》卷 2《风俗》,《中国地方志集成·善本方志辑》第 1 编,南京:凤凰出版社 2014 年影印本,第 603 页。

⑥ 陈作霖:《金陵物产风土志》,第 137 页。

⑦ 光绪《江浦埤乘》卷 1《疆域·物产》,《中国地方志集成·江苏府县志辑》第 5 册,第 28 页。

⑧ 民国《江宁县乡土志略·物产》,《金陵全书》"甲编·方志类·县志"第 22 册,第 237 页。

及浙西皆取资焉"①。

此外，薪柴烧炭业也是当地农村副业的重要组成部分。薪柴和木炭主要以南京城内需求最多。薪柴一般可分为洲柴和山柴。洲柴即江边芦苇，"芦苇为濒江物产大宗，管业者固岁获厚息，而贫民之壮者佣力刈割，老稚则采掘蒿笋菱藕之属，亦恃以生活焉"②。山柴取自山中不材之木，"金陵之城背山面水，丛林灌莽，樵薪者资之"③。清代南京城内有专门的柴市，"其自西水关来者为洲柴，江荻则坚而实，泡芦则粗而空，葭苇则带叶而捆。以船运入，沿河求售，至上浮桥而止；其自南门来者为山柴，有栎有檞，有楮有橡，有松毛，皆不材木也，余若红茅杆、秫秸、豆秸，又杂取于原隰，或担以人，或驮以驴，率于小门口、鸣阳街、仓口门卖之，亦不过上浮桥而北也。盖居家者喜芦柴，为其引火易也；机户喜叶柴，为其宿火深也，各从其便而已"④。烧炭业以在南朱门一带经营最众。"木之至贱者莫如栎，烧以为炭，可以佐炊，南乡朱门人业此者伙矣。承以椭圆之筐，植立如束，亦驴驮肩挑而鬻诸市"。"又有狮子头、猴子头，炭烧树根为之，是皆与柴薪同功者也"⑤。

南京地区水网密布，除了长江横贯外，内河湖荡甚多，不少临湖临河村落，农耕之外，常以捕鱼为主要副业收入。上新河一带有沙洲南、北圩，"二圩膏沃甲一郡，兼有鱼蟹虾蛤葭苇菰蒋之饶"⑥。南京城附近的渔户多集于观音门。"渔人网得诸鱼，贩者受之，以转鬻于市。南市

① 乾隆《句容县志》卷 1 下《舆地志·风俗》，《中国地方志集成·江苏府县志辑》第 34 册，第 497 页。
② 光绪《江浦埤乘》卷 1《疆域·物产》，《中国地方志集成·江苏府县志辑》第 5 册，第 28 页。
③ 陈作霖：《金陵物产风土志》，第 127 页。
④ 陈作霖：《凤麓小志》卷 3《志事·记诸市第八》，第 77—78 页。
⑤ 陈作霖：《金陵物产风土志》，第 127 页。
⑥ 陈作霖：《金陵物产风土志》，第 125 页。

在沙湾，中市在行口，北市在北门桥，夹道布列皆鱼盆也"①。市场上的鱼类水产，种类很多，主要有鲟鳇、鲫鳞、青鱼、螺蛳青、鳜、乌鱼、鲢子鱼、鳊、缩项鳊、鲫、刀鲚、鲥、石首、鲤、白鱼、鳡鱼等等②。江浦滨江之民也多"以船渔为业"③，"而取鱼之术亦备"④。除长江所产鱼类，湖鱼产量也不少，主要出产地为高淳的石臼湖、固城湖等处，"淳地褊小，出产无多，动物以鱼为大宗"。银鱼和童鱼是当地特产。"石臼湖产银鱼，小而白，味尤鲜美"；"港口产童鱼，小于银鱼，而色青黑，味亦可口，惟夏间数日有之"⑤。高淳县的东坝镇有专门的鱼市场。县年产"鱼约一万二千石，均运在本县东坝销售，远则运至溧阳下"⑥。

此外，农家饲养业也在农村副业中占一定比例。例如养猪业，"金陵南乡人善豢之，躯小而肥，俗呼'驼猪'"⑦。另外，还有农户从事肥料贩运。在六合县竹镇，"春时白塔、古城等集油房麻饼，赖一水转运"⑧。如此等等，不一而足。

综上所述，清代南京地区农村经济的多元化发展，已开始突破了以自给性粮食种植业为主体的传统经营模式，转而以经济作物的种植加

---

① 陈作霖：《金陵物产风土志》，第 131 页。

② 陈作霖：《凤麓小志》卷 3《志事·记诸市第八》，第 78 页。

③ 嘉庆《新修江宁府志》卷 11《风俗物产》，《中国地方志集成·江苏府县志辑》第 1 册，第 109 页。

④ 光绪《江浦埤乘》卷 1《疆域·物产》，《中国地方志集成·江苏府县志辑》第 5 册，第 28 页。

⑤ 宣统《高淳县乡土志·格致科·物产》，《金陵全书》"甲编·方志类·县志"第 53 册，第 68 页。

⑥ 宣统《高淳县乡土志·格致科·商务》，《金陵全书》"甲编·方志类·县志"第 53 册，第 74 页。

⑦ 陈作霖：《金陵物产风土志》，第 130 页。

⑧ 李敬：《竹镇纪略》卷下《时俗第五》，《中国地方志集成·乡镇志专辑》第 5 册，第 11 页。

工生产及渔业、手工业等生产为兼业或主业,这使农家生产与市场的关系更加紧密。在一些地区渐渐达成"贸易之资,山泽之利,或可补田亩所不足"①的共识,由此形成了多元的农业生产结构。在市场需求的指引下,农民与市场的联系日益紧密,农民往往根据市场行情,来调整经济作物的种类、面积,以期获得优厚的回报。这又直接导致农村经济进一步走向专业化和商品化。然而,我们也应看到,商业性农业的发展程度毕竟有限,这表现为:在一县之内虽某种作物种植特别多,但真正单一经营的情形却很罕见,往往在一个特定的区域内有多种作物种植,因而生产优势不够突出,限制了商业性农业的发展水平。并且,真正专业化较强的经济作物生产还仅局限于蚕桑等少数种类,即使是蚕桑种植也与地方官的劝谕分不开,并非是完全出自农家自愿而主动发起的经济行为。

（原文载《古今农业》1999 年第 2 期）

第二节　略论明清南京地区的市镇发展

南京地处长江下游,"其地襟江带淮,上接九江江西之灌输,下引吴会浙闽两粤之朝宗,贡赋甲于天下"②,是南北东西交往的必经之地。优越的地理位置和便利的交通条件,使该地区在明清两朝涌现出一批商业性市镇。与太湖流域相比,这些市镇的规模、数量和繁荣程度无疑

---

①　乾隆《江宁新志》卷 8《民赋志·物产附》,《稀见中国地方志汇刊》第 11 册,第 135 页。

②　本文的南京地区指明代的应天府和清代的江宁府所管辖区域,应天府辖上元、江宁、句容、溧阳、溧水、高淳、江浦、六合 8 县,清顺治二年(1645),改应天府为江宁府,辖域仍袭明制,雍正八年(1730)溧阳划归镇江府。参乾隆《江宁新志》卷 5《疆域志·风俗》,《江苏历代方志全书·江宁府部》第 12 册,南京:凤凰出版社 2016 年影印本,第 375 页。

要逊色得多，但其特色和对当地社会经济所起的作用却不容忽略。研究这些市镇的变迁及其功能，不仅有助于了解当时南京地区商品经济的变化及其规律，而且或可为当今小城镇的建设与发展提供些许借鉴。

一、市镇的发展与分布

南京地区的许多市镇在宋元时代已开始设置，但这些镇多系官方建制，大都因设巡检司、市税课等而成镇，与明清时期的情况有所不同。例如上元县的淳化镇"宋淳化五年（994）立，其地遮蔽句容，应接京口，形势冲要，设巡检"①；江宁县的金陵镇"本陶吴铺，宋改为镇，元设税务于此"；句容县常宁镇"天禧初以镇置寨，有巡司税务"；溧阳县举善镇"元设税务"；六合县的宣化镇、长芦镇、竹镇等地也在宋代设有巡司税务②。这些市镇由于税务的设立，成为当地农村经济和贸易的集散点，明清时期得以继续发展。

明代前期，继承了宋元的巡检制度和税课制度，在县下设巡检司或税关，管理那些日益繁盛的市镇③。六合县的竹镇甚至为"卫所统辖，军多于民，纳粮争讼，凡事听断南部"④。但由于经济的发展，这种方式已不能适应市镇发展的要求，明中叶以后市镇的兴起已不再囿于巡检司之类的官方规划，更多的是适应商品交换的需要，在某些交通枢纽和货物聚散之地逐渐自然而然地形成商品市场和居民聚住之处。特别是地处水陆交通要道之所，车马舟楫来往不断，客商军旅络绎不绝，逐渐

---

① 道光《上元县志》卷3《舆地志中·镇》，《中国地方志集成·江苏府县志辑》第3册，南京：江苏古籍出版社1991年影印本，第137页。

② 万历《应天府志》卷16《建置志》，万历二十年刻本，第23页a。

③ 明初应天府设大胜关、龙江关、淳化关、新江关、秣陵关、江淮关、江宁镇巡检司、广通镇巡检司、瓜埠巡检司。参江苏省南京市公路管理处史志编审委员会编：《南京古代道路史》，南京：江苏科学技术出版社1989年，第175页。

④ 李敬：《竹镇纪略》卷上《古迹之一》，《中国地方志集成·乡镇志专辑》，上海书店出版社2013年影印本，第5册，第2页。

形成为市镇。

南京地区的市镇,由于明清时期的府县志记录不一,且疏漏很多,使我们很难确定其在明清两朝准确的数量变化。据万历《应天府志》载,当时南京地区计有 31 镇,它们分别是上元县的淳化镇、石步镇、土桥镇、靖安镇、湖熟镇,江宁县的江宁镇、秣陵镇、大城港镇,句容县的常宁镇、下蜀镇、东阳镇、土桥镇,溧阳县的举善镇、社渚镇、高友埠、周城埠、黄莲埠、上沛埠,溧水县的官塘镇、蒲塘镇、孔家镇、蒲干镇,江浦县的乌江镇、香泉镇、高望镇,六合县的宣化镇、长芦镇、瓜步镇、竹镇,高淳县的广通镇①。而康熙《江宁府志》卷 7《建置》所记载的镇数仍然是 31 个,且镇名与万历志完全相同,显而易见,康熙志抄袭了万历志。嘉庆《江宁府志》只记有 22 镇(溧阳不计),给人以明清时期南京地区的市镇没有增加的假象,这显然没能如实反映南京地区的市镇发展状况。须指出,上述的万历、康熙等志仅记了镇数,而没记市(集)的数目。实际上,在明清时期,南京地区除了镇外,还有不少的市和集,这在县志上多有记录。所以如果算上县志所载的市、集数,南京地区的市镇数远不止 31 个。

表 3—1　明代南京地区市镇数量表

县　　别	镇	市(含埠)	集	合　计	资料来源
上　元	5	9		14	万历《上元县志》卷 4《建置志·镇市》
江　宁	4	14		18	正德《江宁县志》卷 5《市镇》
句　容	4	6		10	弘治《句容县志》卷 1《坊镇》
溧　阳	2	5		7	弘治《溧阳县志》卷 1《镇埠》
溧　水	4	5		9	万历《溧水县志》卷 5《市镇》
江　浦	5	13		18	万历《江浦县志》卷 4《舆地志·镇店》

---

①　万历《应天府志》卷 16《建置志》,第 4 页 a—第 26 页 a。

（续表）

县　别	镇	市(含埠)	集	合　计	资料来源
六　合		7	10	17	万历《六合县志》卷3《坊市》
高　淳	1	7		8	嘉靖《高淳县志》卷1《坊乡》

表3—2　清代南京地区市镇数量表

县　别	镇	市	集	合　计	资料来源
上　元	5	5		10	乾隆《上元县志》卷3《疆域镇》
江　宁	4	23		27	康熙《江宁县志》卷3《建置志上·镇市》
句　容	7	6		13	乾隆《句容县志》卷1《舆地志·市镇》
溧　阳	3	8		11	康熙《溧阳县志》卷1《舆地志上》
溧　水	5	7		12	光绪《溧水县志》卷2《舆地志·市镇》
江　浦	8	9		17	光绪《江浦埤乘》卷1《疆域·市镇》
六　合		8	21	29	乾隆《六合县志》卷3《建置志·坊市乡集》
高　淳	3	6		9	乾隆《高淳县志》卷27《疆域·镇市》

由表3—1和表3—2可见，南京地区的市镇数在明代曾达到101个，入清以后则发展为128个。当然，由于统计上的出入，实际数量可能没有这么多。而且，在明清两朝的各个时期由于政治军事等因素，使市镇的发展有着很大的波动。以上只可算作粗略的估计。有鉴于此，下文将考察各县市镇数量的具体变化情况。

句容"因地窄人稠，于勤农之外，商贾工艺尤众"[1]，向有经商的传统。弘治间已有4镇6市。除了土桥镇外，常宁、下蜀、东阳3镇皆在宋元设置过巡检司。6市包括大市、仓头市、柴沟市、白土市、靖安市、

---

[1]　弘治《句容县志》卷1《风俗》，《江苏历代方志全书·江宁府部》第26册，第6页。

湖熟市,以大市和湖熟市为最繁华。大市"在县前大街,居民栉比,交易纷纭";湖熟市"在临泉乡五十里,与上元县人民参杂相处,客商贸易颇盛"①。清乾隆朝发展为7镇6市,其中白土市已升为白土镇,又增添米市、河口镇、龙潭镇、北镇四市镇,下蜀镇的地位则被附近的龙潭镇取代。龙潭镇在县北琅琊乡七十里,"临大江,有本县驿丞,兼巡检司署。上接金陵朝阳门,下通镇江炭渚驿。本邑厫收粮兑运在此,官弁往来,商贾络绎,为北境之大镇"②。至光绪间,仅北境就有6镇:仓头、龙潭、东阳、下蜀、桥头。所谓"北五镇,居民稠密,鳞列其中","市面东阳为最,下蜀次之,龙潭、桥头又次之,仓头为下,然乱前殷实,甲于他镇"③。溧阳弘治间有举善、社渚两镇,上兴、上沛、高友、周城、黄莲5埠④。康熙时有3镇8埠,增加甓桥镇、皇赘埠、王埠、后周埠⑤。

　　高淳县在嘉靖间只有广通一镇,另有南塘、漆桥、银林、固城、东坝、戴家城、芦溪7市⑥。至康熙朝为2镇7市,增水阳镇⑦。乾隆时又有变化,增加了漆桥、邓埠两镇和下坝、沧溪两市,减少了水阳镇和银林、东坝两市⑧。光绪朝增庙冈、韩村两镇,芦溪市也在"同治收复后更名

---

①　弘治《句容县志》卷1《坊镇》,第8页。

②　乾隆《句容县志》卷1《舆地志·市镇》,《江苏历代方志全书·江宁府部》第26册,第429页。

③　光绪《续纂句容县志》卷6下《风俗物产》,《中国地方志集成·江苏府县志辑》第35册,第137页。

④　弘治《溧阳县志》卷1《镇埠》,明弘治年间刻本,第8页b。

⑤　康熙《溧阳县志》卷1《舆地上》,《江苏历代方志全书·镇江府部》,南京:凤凰出版社2017年影印本,第26册,第447页。

⑥　嘉靖《高淳县志》卷1《坊乡》,《江苏历代方志全书·江宁府部》第23册,第433页。

⑦　康熙《高淳县志》卷2《疆域·市镇》,《江苏历代方志全书·江宁府部》第24册,第16—17页。

⑧　乾隆《高淳县志》卷2《疆域·镇市》,《江苏历代方志全书·江宁府部》第24册,第271页。

长乐镇"①。至清末民初,高淳县市镇又略有变动,共有淳溪、韩村、河城、固城、漆桥、庙冈、东坝、沛桥、下坝、桠枝港、邓埠 11 市镇②。

溧水县万历间有官塘、蒲塘、孔家、蒲干 4 镇,杨塘、乌山、柘塘、邰村、洪蓝 5 市③。到光绪年间,溧水已有市镇 12 个:洪蓝埠、蒲塘镇、孔镇、新桥镇、邰村镇、柘塘镇、官塘、水晶山窑、石湫坝、广严寺、夏家边。不过,清末溧水县市镇数虽有增长,但其发展势头已呈衰微之态,或"昔皆繁盛,今亦稍逊",或"村舍尚密,亦少市廛"④。

相对而言,明清方志史料所反映的上元、江宁二县市镇数目的变化不太明显,特别是镇的数目在道光朝以前一直没有大的变化。上元县有 5 镇,即淳化镇、石步镇、土桥镇、靖安镇和湖熟镇;江宁县有 4 镇,即江宁镇、金陵镇、秣陵镇和大城港镇。至晚清两县镇的数量有了较大的变动。同治间,上元有湖熟、龙都、土桥、解溪、淳化 5 镇,江宁有秣陵关、禄口、元山、陶吴(旧名金陵)、铜井、朱门、江宁、板桥 8 镇⑤;宣统年间,上元变为 4 镇:龙都镇、湖熟镇、淳化镇、西步镇,江宁变为 6 镇:秣陵镇、禄口镇、元山镇、陶吴镇、朱门镇、江宁镇⑥。上元、江宁二县治在南京城内,故市的数目比其他县要多。明初洪武朝,南京城有大市、大中街市、三山街市、新桥市、来宾街市、龙江市、江东市、北门桥市、长安市、内桥市、六畜场、上中下塌坊、新鞋夹等 13 市⑦。后因永乐北迁,市

---

① 光绪《高淳县志》卷 4《疆域志·镇市》,《江苏历代方志全书·江宁府部》第 24 册,第 563 页。

② 宣统《高淳县乡土志·地理科·方域》,《金陵全书》"甲编·方志类·县志"第 53 册,南京出版社 2013 年影印本,第 40—45 页。

③ 万历《溧水县志》卷 5《市镇》,万历年间刻本,第 1 页 a。

④ 光绪《溧水县志》卷 2《舆地志·市镇》,《江苏历代方志全书·江宁府部》第 23 册,第 56 页。

⑤ 同治《上江两县志》卷 5《城厢考》,《江苏历代方志全书·江宁府部》第 16 册,第 129—151 页。

⑥ 宣统《上元江宁乡土合志》卷 3《地理》,宣统二年刻本,第 9—10 页。

⑦ 洪武《京城图志·街市》,清抄本,第 51 页 b—第 53 页 a。

的数量一度有所下降,如正德《江宁县志》卷5《市镇》所称:"今犹夫地也,而贸易寥落,去昔远甚",但是很快集市得到恢复。明中后期,江宁有14市①,上元有9市②。清代南京城内外市的数量继续保持。乾隆时上元有5市③,江宁有23市④。

据方志记载,明代江浦有市镇18个,包括五镇两店两街九市,但这些市镇"或昔遗或今置"⑤,没讲清设置的时间,故实际并无法反映当时市镇的确切数量。而据康熙《江浦县志》卷3《建置》称,清朝初年,江浦仅有乌江镇、香泉镇、高望镇三镇,而在清光绪年间,江浦县市镇发展到17个,包括八镇三集四店两市⑥。

六合县的市镇变化主要体现在集的变化上。在嘉靖时仅有雷官、大营两集,之后历经明代的万历朝及清代顺康雍诸朝,至乾隆年间已发展到21集;光绪间六合县的集镇数略有下降,但也有17个(参表3—3)。

表3—3　明清时期六合县市集的数量变化

时　期	嘉　靖	万　历	顺　治	康　熙	雍　正	乾　隆	光　绪
市	8	7	7	7	7	8	
集	2	10	18	18	20	21	14

---

① 正德《江宁县志》卷5《市镇》,正德年间刻本,第5页b—第7页a。

② 万历《上元县志》卷4《建置志·镇市》,《江苏历代方志全书·江宁府部》第13册,第47—49页。

③ 乾隆《上元县志》卷3《疆域》,《江苏历代方志全书·江宁府部》第14册,第76页。

④ 乾隆《江宁新志》卷6《建置志》,第376—384页。

⑤ 参万历《江浦县志》卷4《舆地志·镇店》,《江苏历代方志全书·江宁府部》第17册,第52页;崇祯《江浦县志》卷4《舆地志·镇店》,《江苏历代方志全书·江宁府部》第16册,第201页。

⑥ 光绪《江浦埤乘》卷1《疆域·市镇》,《江苏历代方志全书·江宁府部》第18册,第25—27页。

（续表）

时 期	嘉 靖	万 历	顺 治	康 熙	雍 正	乾 隆	光 绪
镇							3

资料来源：嘉靖《六合县志》卷1《地理志·坊市》，万历《六合县志》卷3《坊市》，顺治《六合县志》卷3《建置志》，康熙《六合县志》卷2《坊市》，雍正《六合县志》卷2《坊市》，乾隆《六合县志》卷3《建置志·坊市乡集》，光绪《六合县志》卷1《地理志》。

六合县的集市有稳定的集场和集期，有很多已具"日市"性质，"日中为市，交易而退"，有固定的店铺，突破了"三日一场"、"五日一集"的时间格局。但集毕竟仍是市镇发展中的一种不发达的形式。集与一般意义上的市镇的区别在于，市镇是四方商贾凑集之地，当然也有本地居民，而集则多为本地或附近几十里的村民，外地的富商大贾一般很少到那里①；市镇本身即是从农村交换剩余产品而形成的定期集（墟）发展而来的，它与集（墟）有相似之处，但其经济组织更为复杂化，而集的交易场所有时并不像市镇那么固定，仍包含有"及辰而散"的性质。六合县某些集的位置在清朝的不同时期就发生了不小的变动（详参表3—4）。

表3—4　清代六合县集场的位置变化

时　期	顺　治	雍　正	光　绪
葛塘集	西南40里	西南30里	
皇厂河集	西南50里	西南40里	
裴家集	西北50里	西北40里	
王子庙集	东南40里	东南20里	
东沟集		东30里	东40里
八百桥集	东北30里		东北25里

① 邓亦兵：《清代前期的市镇》，《中国社会经济史研究》1997年第3期。

（续表）

时　期	顺　治	雍　正	光　绪
樊家集	东北 50 里		东北 45 里
四号墩集	北 45 里		北 40 里

资料来源:顺治《六合县志》卷 3《建置志》,雍正《六合县志》卷 2《坊市》,光绪《六合县志》卷 1《地理志》。

　　集市开市频率也是反映地区经济发展水平的指标之一。在既定的集市密度下,开市频率越高,市场的实际效率也就越大[1]。在江南发达地区,明代中叶基本上已是每日开市,每旬定期开市的,即使是较繁华的市已十分罕见。这种市镇又称"地市",而六合县则多为日市,很少有地市,所谓"江南多地市,江北多日市"[2]。甚至向称繁荣的竹镇亦是"三、六、九日,则货林林,人哄哄,晨而至,午而集,昳而散"[3],不仅是典型的日市,而且尚未脱集(墟)性质。

　　要之,若单从数量上看,南京地区的市镇并不逊于江南发达地区。但如果不把府县城内或城厢的市场计算在内,则使以上市镇数在原有基础上要减少四分之一左右。同时也要看到,即使从绝对数量上说,从明代到清代,南京地区的市镇增加数并不显著。

二、市镇区位与水陆交通

　　一般而言,作为一个地区农副产品集散地的市镇,多处在地理要冲或水运、陆路的要点上。这一方面是因为在交通要道上,由于大量的过往商客以及与之相适应的食宿服务和交易场所,为市镇的产生和发展

----

　　[1]　许檀:《明清时期农村集市的发展》,《中国经济史研究》1997 年第 2 期,第 21—41 页。

　　[2]　李敬:《竹镇纪略》卷上《地势第三》,第 4 页。

　　[3]　李敬:《竹镇纪略》卷上《地势第三》,第 4 页。

提供了可能性和必要条件。另一方面，也便于通过这些市镇为农副产品的销售提供运输的便利。明清时期，南京地区的许多市镇多位于驿道沿线（详见表 3—5）。如溧水县的乌山镇"通省城路，为北境要冲"，孔镇"通高淳路，为南境要冲"①。

有的市镇上本身就设有驿站或贴站，如江宁县的大城港镇"有大胜关及水马驿"②，江宁镇在清代也设"水马驿"③，六合县雷官集"通滁州大道……居民繁盛。知县甄伟璧以驿站至滁州甚遥，深为马累，申准于雷官集孤立马匹贴站"④。

在传统社会，陆路运输的主要方式是畜驮、畜力车、人力手推车和人力肩挑搬运，这些运输方式运量小、效率低，大宗货物的转运和交换主要靠水路运输。靠近河流两岸的地区很容易形成聚落，进而发展为集镇。溧水县的洪蓝镇"沿河两岸市阛鳞列，河通石臼湖，为南境孔道，商贾辐辏"；新桥镇"水自马桥东来，过此始通舟楫，经蒲塘桥入石臼湖"⑤。溧阳县的罾桥镇为"舟往金坛必由焉"⑥。高淳县的广通镇、邓埠镇、水阳镇、漆桥镇、下坝市、固城市、沧溪市等市镇均位于固城湖各支流沿岸，是因"淳地四境多水乡，出入各货水道居多，鲜有经陆运者"⑦。六合县程家桥集"地通大河，近亦繁盛"，皇厂河集"外江里河，大得水利，集镇之最膏腴者，二十年中繁盛数倍。今沿河两街南路各坊

① 光绪《溧水县志》卷 2《舆地志·市镇》，第 56 页。
② 万历《应天府志》卷 16《建置志》，第 10 页 b。
③ 康熙《江宁县志》卷 3《建置上·镇市》，《江苏历代方志全书·江宁府部》第 391 页。
④ 顺治《六合县志》卷 2《建置志·坊市》，《金陵全书》"甲编·方志类·县志"第 25 册，南京出版社 2013 年影印本，第 162 页。
⑤ 光绪《溧水县志》卷 2《舆地志·市镇》，第 56 页。
⑥ 康熙《溧阳县志》卷 1《舆地志上》，第 447 页。
⑦ 宣统《高淳县乡土志·格致科·商务》，第 76—77 页。

界,优俳伎术,骈集其地"①。

相对于水路,陆路运输的不便制约了一些市镇的发展。如六合县的樊家集"居民稠密,久擅诸集之胜,但去八百桥河十数里,故未大便于舟航耳"②;溧水县的官塘镇"通溧阳路,然陆路无水,本无廛肆",在光绪间已寥落③。反之,那些处于水陆交通便捷之地的市镇,兼得水陆运输之利,更易成为农村商品交易中心、农副产品加工中心或货物集散中心。如浦口镇"地为南北孔道,水陆交冲,街市喧阗,商贾辐辏"④;溧阳县的举善镇"是为入南山路,凡山中所产至镇下舟"⑤,成为当地巨镇。

表 3—5 清代南京地区主要驿道所经市镇

县 别	起 止	经过市镇
江宁县	江宁至溧水	秣陵镇、禄口镇
	江宁至当涂	板桥市、江宁镇、铜井市
上元县	上元至镇江	东流市、东阳镇、龙潭镇
	上元至句容	淳化镇、土桥镇
溧水县	溧水至江宁	乌山镇、柘塘镇
	溧水至溧阳	官塘镇
	溧水至高淳	蒲塘镇、孔镇
	溧水至博望	洪蓝埠
高淳县	高淳至溧水	南塘市
	高淳至广德	漆桥镇、东坝镇
	高淳至宣城	水阳镇
句容县	句容至镇江	东阳镇、龙潭镇、仓头镇、下蜀镇、桥头镇
	句容至上元	土桥镇

---

① 顺治《六合县志》卷 2《建置志·坊市》,第 163 页。
② 顺治《六合县志》卷 2《建置志·坊市》,第 163 页。
③ 光绪《溧水县志》卷 2《舆地志·市镇》,第 56 页。
④ 光绪《江浦埤乘》卷 1《疆域·市镇》,第 25 页。
⑤ 康熙《溧阳县志》卷 1《舆地志上》,第 447 页。

（续表）

县　别	起　止	经过市镇
六合县	六合至江浦	浦口镇、葛塘镇
	六合至盱眙	板桥集、马集、竹镇
	六合至滁州	程家桥集、雷官集
江浦县	江浦至和州	高旺镇、石碛镇、乌江镇
	江浦至滁州	小店、东葛镇、西葛镇
	江浦至江宁	浦口镇
	江浦至六合	浦口镇

资料来源："清代南京地区桥、驿设置一览表"、"清代江宁府驿道示意图"，载南京市公路管理处编著：《南京古代道路史》，南京：江苏科学技术出版社，1989年。

三、市镇中的商品交换

明清南京地区市镇的发展，不但表现在数量和规模上，更重要的是表现在其经济功能上。市镇首要的经济功能是满足市镇和附近居民购售商品的要求，即调节居民日常生活，保证其供给与需求的平衡。农民生产的多余的产品要拿到市镇上去出售，又要从集镇上买回自己所需要的日常生活和生产用品。一般，市镇的经济结构受其四周乡村经济结构的制约，就是说，市镇上所交易的货物与四周乡村产品一致。不仅当地的农民到市镇进行交易，同时附近村落的剩余产品也在那里聚集起来，供应外地市场；外地的一些商品也通过商人转运到市镇，以满足本地居民中不同层次的需要，调剂农副产品的余缺。

满足当地人们一般性需求的市镇，规模大小不一。明清时期，南京城是当地最大的消费市场，也是民众日常生活最大的调节中心；既有一定区域内商品集散的功能，又能满足周围农户和小手工业者对市场经常性的需求，对附近的市场有相当的支配力。相对而言，中小型市镇的商品种类不很齐全，但也在很大程度上能够满足附近居民的购销需求。

　　粮食是集市贸易中最主要的商品之一,不同层次的市镇均会有少量粮食交易,至于南京地区专门的粮食市场也不在少数。南京城人口众多,"所产之米不能果数月腹",城郊乡民将余粮就近挑至城中贩卖,"田多而近郭者,碾以市于城"①。清末,南京城内外米市、米铺林立,聚宝门沿河和上新河一带砻坊尤为集中。聚宝门的粮食市场,"米船泊城外河中砻坊,米行皆在其地"②。附近的郊县也有各自的粮食市场。句容县"米市在城隍庙东"③,乡民"力田之余,肩负薪米售诸坊郭"④。六合县的治浦桥市、仁和桥市、南市、西市"俱在城,皆卖买粮食之所"⑤。江浦县也有专门的米市⑥。

　　随着城镇经济的发展,鱼禽菜蔬等日常生活品的调剂和销售日益变为一种固定的需求。明代初年,南京作为首都,人口一直保持在数十万左右,需要依赖市场提供充足的消费品,这就使得南京始终拥有一般城市无法比拟的巨大消费市场⑦。日用消费品市场由此得以迅速发展。明初南京城内的新桥市是"鱼菜所聚",北门桥市"多卖鸡鹅鱼菜等物",三山街市为"时果所聚"⑧。清代南京城市规模并未缩小,日用品市场继续存在,并在原有基础上有一定发展。"金陵人家素无三日之储,故每晨必有市"⑨,为居民提供当日的生活必需品。另外还有晚市,

　　① 同治《上江两县志》卷7《食货志》,《金陵全书》"甲编·方志类·县志"第19册,第13—14页。

　　② 同治《上江两县志》卷7《食货志》,第17页。

　　③ 乾隆《句容县志》卷1《舆地志·市镇》,第429页。

　　④ 光绪《续纂句容县志》卷6下《风俗物产》,第136页。

　　⑤ 万历《六合县志》卷3《坊市》,万历年间刻本,第47页b。

　　⑥ 崇祯《江浦县志》卷4《舆地志·镇店》,第201页。

　　⑦ 陈胜利、茅家琦主编:《南京经济史》(上),北京:中国农业科技出版社,1996年,第178页。

　　⑧ 洪武《京城图志·街市》,第52页a—第52页b。

　　⑨ 陈作霖:《凤麓小志》卷3《志事·记诸事第八》,《金陵琐志九种(上)》,南京出版社2008年,第126页。

其市在"定淮门内回龙桥侧，居民至暮方集"①，"铺户彻夜不闭，灯光荧煌，通衢如白昼"②。"大中桥、北门桥、三桥楼等处，亦称大市集"，专卖鱼肉蔬菜之类③。当时，南京的鱼市尤其发达。"渔人网得诸鱼，贩者受之以转鬻于市。南市在沙湾，中市在行口，北市在北门桥"④。"自镇淮桥口至沙湾饮马巷口，半里而近，夹道皆鱼盆也……每当南门午启，市声沸腾，荆棘钩衣，路如膏滑，非举足便卷者不敢行，逮至逾亭午，始能雅步从容，不与人畜争路，盖交易者于以退焉"⑤。另外，江浦县也有鱼市、菜市等日用消费市场⑥。

这些鱼禽菜蔬等日常生活品的市场贸易，是传统意义的"市集"在商品经济条件下的重新发展，它已具备了不同于传统市集的新的市场功能，由以往从属性、间接性的调剂开始上升到全面影响居民生活的程度⑦。其市场内部为利润而买卖的商品交换的比例随之增大。例如菜农正是因"灌圃之业，较农为优"⑧，种植蔬菜的比较利益较高，而从事治蔬营利。这类市镇还保留着"日中为市"的性质，以利农民出售蔬果鱼禽等鲜活商品。

除粮食、蔬果等生活必需品之外，还有越来越多的生活、生产资料也作为日常用品在市场上经营交换。清代南京城有专门的柴市，"自西

---

① 万历《上元县志》卷 4《建置志·镇市》，第 49 页。

② 夏仁虎：《金陵岁时记·岁华忆语·夜市》，南京出版社 2006 年，第 79 页。

③ 康熙《江宁府志》卷 33《摭佚上》，《南京大学图书馆藏稀见方志丛刊》，北京：国家图书馆出版社 2014 年影印本，第 132 页。

④ 宣统《上元江宁乡土合志》卷 6《物产》，第 7 页。

⑤ 陈作霖：《凤麓小志》卷 3《志事·记诸事第八》，第 78 页。

⑥ 崇祯《江浦县志》卷 4《舆地志·镇店》，第 201 页。

⑦ 张海英：《明清时期江南地区商品市场功能与社会效果分析》，《学术界》1990 年第 3 期。

⑧ 陈作霖：《金陵物产风土志》，《金陵琐志九种》（上），南京出版社 2008 年，第 126 页。

水关来者为洲柴",“自南门来者为山柴"①。城南朱门人则将烧炭"驴
驮肩挑而鬻诸市"②。为适应渔民的特殊需要,江浦县有专门的网市,
专卖渔网渔具③。

牲畜是小农进行生产不可或缺的生产资料,在市镇贸易中占有重
要地位。明初南京城内外的 13 个集市中,就有两个为专门的牲畜市
场:内桥市"聚卖羊只牲口",六畜场"买卖马牛驴骡猪羊鸡鸭等畜"④。
六合县的东市、北市一向为"鬻卖牛羊牲畜之所"⑤,江浦县亦有猪
羊市⑥。

明清时代市场经济利益,在农户的作物选择与种植结构的变化上,
发挥重大作用。这时期的农村市镇不仅要满足一部分非农人户对农产
品的生活消费需要,还要满足一部分手工业者对农产品的生产消费需
要。农产商品化和商业性农业的不断发展,形成了一些专门化的农业
生产区域,直接为市镇手工业提供农产品。南京地区的蔬菜生产区,主
要分布在城郊一带,"以城北及东花园、万竹园为多",是因"其居复近
市,而易于获利"⑦。

与当地丝织业的发展相适应,蚕桑生产区也具有很强的区域性。
清代丝织业重心由苏州逐渐向南京转移,"金陵以机业为首,居民习此
者半"⑧。清中期以后,南京城南成为当地饲蚕业中心。"南乡之民,率
以饲蚕为业,尤以陶吴、朱门、横溪桥、禄口一带为多;茧成缫而为丝,负
以入城,行户收买,谓之土丝"。正因"机业之兴,百货萃焉,丝行则在沙

---

① 陈作霖:《凤麓小志》卷 3《志事·记诸事第八》,第 77 页。
② 宣统《上元江宁乡土合志》卷 6《物产》,第 4 页。
③ 崇祯《江浦县志》卷 4《舆地志·镇店》,第 201 页。
④ 洪武《京城图志·街市》,第 52 页 b。
⑤ 万历《六合县志》卷 3《坊市》,第 47 页 b。
⑥ 崇祯《江浦县志》卷 4《舆地志·镇店》,第 201 页。
⑦ 陈作霖:《凤麓小志》卷 3《志事·记灌圃第六》,第 74 页。
⑧ 陈作霖:《凤麓小志》卷 3《志事·记倡义第九》,第 78 页。

湾,所以收南乡之土丝也"①。甚至高淳县的微薄蚕丝也运到这里交易。高淳"丝每岁可出二三十石,并运至省城销售"②,只由于"卖丝之利十倍于布"③。

总的说来,南京地区专业市场尚欠发达。但各地也出现了不少专门性市镇,进行某类或某几类日用商品的交易。乌江镇盛产棉布,"乌江卫花之名驰于他省","镇民纺以织布,谓之乌江大布"④,乌江大布通过乌江镇远销各地。六合县棉花出产不多,往往需要从外地贩运,其花市"在滁河南朝天街,担花者自省中来,多于此憩卖"⑤。高淳县棉花织成土布,"间或运至省城暨芜湖两处,每岁约销二三千匹"⑥。除棉花市场外,六合县竹镇有肥料市场,"春时白塔、古城等集油坊麻饼,赖一水转运"⑦。这类市镇着重聚集本地出产的某种产品,为满足专门生产某一产品的小生产者销售其产品而设置。专业市场的出现,表明南京的市镇经济已随着商品交换的扩大而呈现出专门化的趋向。

由于小农日益被卷进商品经济中,对市镇的依赖大为增强,他们所生产的农产品,出售的手工业品,购买的生产资料、手工业原料乃至口粮,所有交换价值的实现,都离不开市镇。以句容县为例,方志所载"土人织〈麻〉布售市"⑧,"所收棉麻之属,皆售于他郡"⑨,均是体现。另外

---

① 陈作霖:《凤麓小志》卷3《志事·记机业第七》,第77页。

② 宣统《高淳县乡土志·格致科·商务》,第75页。

③ 许信源:《劝谕栽桑示》,载民国《高淳县志》卷21《艺文志》,《中国地方志集成·江苏府县志辑》第34册,第334页。

④ 光绪《江浦埠乘》卷1《疆域·风俗》,第28页。

⑤ 乾隆《六合县志》卷3《建置志·坊市乡集》

⑥ 宣统《高淳县乡土志·格致科·商务》,第75页。

⑦ 李敬:《竹镇纪略》卷下《时俗第五》,《中国地方志集成·乡镇志专辑》第7册,第11页。

⑧ 乾隆《句容县志》卷1《舆地志·物产》,《江苏历代方志全书·江宁府部》第26册,第434页。

⑨ 乾隆《句容县志》卷1《舆地志·风俗》,第425页。

家庭编织业更是要依靠市场,"麦秋至,村妇组麦秆为冠,冠可遮日,苏常诸郡及浙西皆取资焉"①。其他各县也是如此。六合县"民多商贾,其乡民则力田,农隙则为土木工,或编草破竹为蓑、笠、箕、屦、席之类以规利"②。溧水县"中赀之家业药材于各州县"③。这些都离不开市镇贸易。由此可见,农村市镇最基本的功能和作用就是满足小农的生产和生活需求。农村市镇不仅是生活资料市场,为满足小农衣食方面的各种需要服务,而且担负着保证小农经济生产与再生产正常运转的功能。

市镇的另一个经济功能是为贩运贸易集散农副产品。随着地区分工和农村商品生产的发展,重要的农副产品往往形成不同规模的集中产地,地区间的贩运贸易应运而生。不论在农业结构单一的产粮区,还是多种经营发达的地区都是如此。明清南京地区涌现出不少这样的市镇,这些市镇成为农产品和各种土产品的集散地。

明清时期,水陆并辖的特殊有利地形使南京转运贸易极为发达。"薪粲而下,百物皆仰给于贸居,而诸凡出利之孔,拱手以授外土之客居"④。各地商贾以南京为据点,东发两淮之盐,溯流而上,转行江西、湖广各口岸发卖;又上载湖广之米,芜湖之浆染布,顺流下达苏杭;南载太湖丝棉织品,远走秦晋齐鲁;北运山东、河南之棉,扬帆止于苏松,换取成品⑤。明初,南京城内具有贩运集散贸易性质的市集共有三个:江东市"多聚客商船只米麦货物";上中下塌场"屯集段匹布帛茶盐纸张等货",新鞋夹则为"江边屯集竹木之处"⑥。正德以后,四川、湖广、江西、安徽所产的竹、木、柴、炭、米、豆及太湖流域所产的蚕丝都沿长江大量

① 乾隆《句容县志》卷1《舆地志·风俗》,第425页。
② 万历《六合县志》卷2《风俗》,第3页a。
③ 乾隆《溧水县志》卷2《风俗》,国家图书馆藏乾隆刻本,第10页a。
④ 嘉庆《新修江宁府志》卷11《风俗物产》,《中国地方志集成·江苏府县志辑》第1册,第108页。
⑤ 陈胜利、茅家琦主编:《南京经济史》(上),第182页。
⑥ 洪武《京城图志·街市》,第52页a—第53页a。

输入南京①。清代南京转运贸易更在整个经济中处于主要地位。康熙年间，城外"上新河、龙江关二处，为商帆贾舶所鳞凑，上河尤号繁衍"②。另有川广杂货、米豆行多设于上新河市场，专门招接川广货商及粮商。在武定桥西有竹木行，为"竹木所聚"③。

粮食转运在转运贸易中仍占相当重要的地位。南京城是粮食转运的中心，每岁"贩鲁港、和州、庐江、三河运漕诸米，以粜于铺户，富户开碦坊以收之"，"大祲则川湖之米，连舟扁东下，以争利和恤灾患"④。在清代，南京每年需从长江上中游转输数百万石粮食⑤。郊县亦有粮食贩运业。溧水县"殷户运米谷，营什一之利"⑥。高淳、六合两县米粮贩运市场也很活跃。高淳"终岁所产米约五十万石上下，除本地民食外，约可余二十万石，均运至省城销售，间或运至芜湖"⑦。据民国《六合县续志稿·实业志·商类》："雍正志云，邑产良谷岁供苏浙籴买，而土人亦多赴西江湘楚一带贩卖。乾嘉以后，则多贩运至浙江海宁之长安镇"⑧。

其他转运贸易如鱼、茶等的转运在当地也占一定比例。高淳县石臼湖、固城湖每年产"鱼约一二千石，均运在本县东坝销售，远则运到溧阳"⑨。江浦县出"女儿红"茶，"浦口人于春间采制，贩运苏沪"⑩。至

---

① 陈忠平：《明清时期南京城市的发展与演变》，《中国社会经济史研究》1988年第1期。

② 康熙《江宁府志》卷33《摭佚上》，第132—133页。

③ 乾隆《江宁新志》卷6《建置志》，清乾隆十三年刻本，第8页a。

④ 同治《上江两县志》卷7《食货志》，第7—8页。

⑤ 范金民：《清前期南京经济略论》，《清史研究通讯》1989年第4期，后收入《国计民生：明清社会经济研究》，福州：福建人民出版社，2008年，第469页。

⑥ 乾隆《溧水县志》卷2《风俗》，第10页a。

⑦ 宣统《高淳县乡土志·格致科·商务》，第74页。

⑧ 民国《六合县续志稿》卷14《实业志·商类》，《江苏历代方志全书·江宁府部》第21册，第123页。

⑨ 宣统《高淳县乡土志·格致科·商务》，第74页。

⑩ 光绪《江浦埤乘》卷1《疆域·物产》，第28页。

于从外地运来的物资,有的要在本地加工后才进入市场销售。"自他境运来者,若糖若纸若茶叶烟叶,皆入本境而后制造,民间食用皆资之"①。

市镇贸易中,度量衡的规范管理,能够避免不必要的贸易争端。洪武元年(1368),明太祖朱元璋下令铸造铁斛斗秤升,然后转发各地,令依样制造,较勘相同,方许行使。其牙行市铺之家与乡村人民所用斛斗秤尺,必需与官颁器物相同,并赴官印烙,方许在市场上行使。然而,在民间仍无法根除"各市贸易之所,其斛斗秤尺,大小不一,民缘为奸"的混乱状况。一些地方为维护市场公平,不得不再三制止。嘉靖三十年(1551),六合知县董邦政"立平准悬于市肆,论贸易之人,有大小低昂,听其较量。民心知儆,市价均平"②。斛斗秤尺准确之市,往往在民间具有无形的威信。例如在江宁县,"农夫奢米入市,其聚处谓之行,皆在聚宝门外,或泊米船河下,行人径与量概,则为河行升斗最准,谓之河斛"③。

明清时期,南京地区市镇的大量存在,沟通了附近农民与市场的联系,不仅有利于弥补农民生产的不足,丰富农民的物质生活,而且有利于带动附近农民扩大经济作物种植面积,加强农民对市场的依赖性,对活跃农村市场、繁荣商品经济,有一定的积极作用。特别是经济作物开始介入农村生活,极大地改变了农村家庭的收益结构,增加了经济作物和副业生产的比重,市场结构呈多样化发展。城镇周围地区以城镇为中心进行贸易,对周围地区和广大农村的生产者和消费者有着极大的影响。"市镇在乡村城市化趋势中的作用更多地

---

① 宣统《高淳县乡土志·格致科·物产》,第71页。
② 嘉靖《六合县志》卷1《地理志·坊市》,《江苏历代方志全书·江宁府部》第18册,第25—27页。
③ 民国《江宁乡土志》卷上《物产》,民国七年石印本,第15页。

体现在它的经济中心功能上","从某种意义上讲，传统农业社会的历史也就是乡村不断城市化的过程"①。但也应看到，当地市镇的集散功能远远大于其生产功能，未能形成市镇与乡村一体化的格局，而且专业市镇并不普遍。

总的说来，明清南京地区农村商品经济的发展，仍没有脱离传统自然经济的窠臼，农村中"安土重迁"、"力本勤农"的自然经济色彩还相当浓厚。溧阳民俗"务农植谷，不事商贾"；江浦"民惟勤俭，不事末技"；溧水则"各守其分，安业重迁"②；高淳亦是"地控三湖，专事耕植，逐末者寡"③，"男子安土重迁，无远商者"④；句容"以地窄人稠，自勤农之外，列肆而居者若鳞次"⑤，但"为士为贾者必兼业农"⑥。正由于当地商品经济尚限于自然经济的补充水平，加上生产力落后，农民靠传统的农业生产根本无法生存，才不得不以副助农。"江宁寄户多于土著，人民浮于田地，而贸易之资，山泽之利，或可补田亩所不足"⑦；"六合隶江北，封域逼狭，物产硗瘠，桑蚕不登于筐茧，田亩不足于耕耘菑畬所就，复与他郡相灌输"⑧。这在一定程度上制约了市镇经济的进一步发展。

（原文载《中国农史》1999 年第 3 期）

---

① 樊树志：《市镇与乡村的城市化》，《学术月刊》1987 年第 1 期。
② 万历《应天府志》卷 14《风土志》，第 4 页 b。
③ 万历《应天府志》卷 14《风土志》，第 6 页 a—第 6 页 b。
④ 康熙《高淳县志》卷 4《疆域·风俗》，第 28 页。
⑤ 光绪《续纂句容县志》卷 6 下《风俗物产》，第 137 页。
⑥ 康熙《江宁府志》卷 4《疆域·风俗》，第 393 页。
⑦ 乾隆《江宁新志》卷 8《田赋志》，第 423 页。
⑧ 康熙《六合县志》卷 5《风俗》，《南京大学图书馆藏稀见方志丛刊》第 20 册，北京：国家图书馆出版社 2014 年影印本，第 235 页。

第三节　明末清初江南的棉布交易机制
与银钱使用

——以松江府为中心

有关明清以松江府为中心的棉业研究,历来为学者所重视。因为当地拥有庞大的产量,遍布全国的棉布市场,并且与江南市镇的兴衰、农村经济的结构性转变联系密切,20 世纪 50 年代,日本学者西嶋定生在《中国经济史》中专辟一章,详述江南棉业,尤以松江为重,研究极为细致。他在研究中理清了由赋税折银而带来的棉布商品化的过程,并指出明末清初松江棉布的市场存在由秦晋地区向长江流域的转变。在整个棉布交易机制中,参与者主要有三:外来布商、经营批发业的布庄和以中间交易为主的棉布牙行。布商带来对于棉布的需求和资金,与布庄进行交易,而牙行是各乡镇都市生产棉布的关键枢纽,从各类棉布生产者手中收取布匹[1]。

之后,随着江南市镇研究的日益兴盛,江南棉布和棉业市场被频繁地与市镇经济结合起来加以考察。以傅衣凌和范金民为代表,他们揭示出一套与西嶋定生完全不同的交易机制,即以清代苏州棉布字号为核心的体系。棉布字号从事棉布收购、包买活动,主导染布、踹布等加工过程,最后打上本号机头发卖。范金民将其定义为"从事棉布收购发卖、委托染踹加工、拥有大宗批销棉布的商业资本",几乎所有环节的参与者都在围绕字号这个行业巨头展开[2]。布号鼎盛期在康熙年间,资本多来自徽商,活跃地区在苏州而非棉布产地松江。这是在相近时间

---

① 　[日]西嶋定生著、冯佐哲译:《中国经济史》,北京:农业出版社 1984 年,第 520—655 页。

② 　按:有的布号甚至兼营布匹生产,例如乾隆《盛世滋生图》有"本店自制布匹"字样。参见范金民:《清代江南棉布字号探析》,《历史研究》2002 年第 1 期。

内出现在同一地域的两种完全不同的市场状态，而兼论两者的研究却少之又少。唯徐新吾先生在《江南土布史》中专辟一节"土布商业资本的类型"，将明清出现的资本共分六种：牙行、外地客商、产地运销商、布号、布贩以及零售，并收集了大量相关史料①。可惜他并没有就这几种商业资本的关系进行深入分析，只是简单地进行材料归类，平面化整理，指出随着时间推移，客商和字号逐渐开始自行收布，产地运销商也逐渐摆脱客商自行运销。然而，这六种资本形态如何兼容于明末清初的江南棉布市场？前述西嶋定生的"交易模型"与以苏州为中心的字号主导模式又有着怎样的关系？目前，并未见到对这些问题直接的解答。

在研究棉布市场和交易的过程中，许多学者发现了其中的价格货币因素，却未做深入研究。如徐新吾注意到商业资本对于织户的利润剥削手段，于书中列举诸条史料：商人私立牙行，依据时岁市场操纵价格；牙行雇人拦截，用强拉买并用贱价轻戥；牙行与银铺、典铺串通，用低成色银两、轻薄小钱收买布匹等。不过，多数研究只简单地将这些信息冠上"资本剥削小民"的标签，表明织户小民的悲惨境地；并以此为铺垫，转入物价研究，指向他们的生活状况与农村经济体制的说明。虽然这条思路顺理成章，但在实际交易过程中，商品、货币是与买卖各方最为息息相关的因素，它会影响货品流通，双方收益，甚至一地经济的繁荣。因此，货币资金不应当仅仅作为一种现象、一个承接的环节，它对于市场如何运作亦有着重要影响。

综上，松江府的棉布交易机制，在前人论述之中似乎已经面面俱到，可惜是如散点般分布棋盘，并未真正贯通。本文写作目的有二：一是希望通过时间线索的梳理，揭示出各类资本形态的相互关系及其动态的发展过程；二是考察货币因素或者更确切地说银钱的使用，到底在棉布交易过程中起到了怎样的作用。

---

① 徐新吾：《江南土布史》，上海社会科学院出版社1992年，第54—64页。

一、国家资本下的"客商—布行"模式

松江府的棉业兴盛于明朝中后期。整个明代,商品经济繁荣与否都与贡赋体系有着极为密切的关联。若是提纲挈领式地观察赋税对于棉布市场发育所起的作用,大抵应注意以下时间点。宣德八年(1433),南直隶巡抚周忱奏定加耗折征例中,确定以阔白三梭布、阔白棉布代替米粮纳税的核算标准。[①] 弘治十七年(1504),松江府的阔白棉布,以十之六征本色,十之四征折色,"盖向时折米以布,至此复折布以银"[②]。明代中后期,白银逐渐成为国家财政的支付和结算货币,松江赋税为白银与阔白三梭布、棉布等。阔白三梭布是高级棉布,并非普通农家织户的技术水平可以达到,因此产生了一种独特的"布解"方式。依据西嶋定生的研究,其过程大致如下:农村地区以等值白银折棉布纳税,这些税银集中到地方官,被用于收买城市专业机户所生产的三梭布等,最终作为赋税上交[③]。整个环节的基础在于农村地区的折色,农户需要卖出自家生产的土布,换取白银,这就是农村织布业商品化的最大契机,赋税折银对棉布商品化强劲的推动作用可见一斑。

那么松江棉布的市场在哪里呢? 农户所得白银的源头又在何处? 明人范濂所著《云间据目抄》有言:"松民善织,故布为易办……况今北边,每岁赏军市房,合用布匹,无虑数万。朝廷以帑藏赴督抚,督抚以帑藏发边官,边官以帑藏赍至松郡。而牙行辈指为奇货,置酒邀请边官,

---

① 正德《松江府志》卷7《田赋》,《上海府县旧志丛书·松江府卷》第1册,上海古籍出版社2011年,第101页。

② 光绪《重修华亭县志》卷8《田赋》,《上海府县旧志丛书·松江县卷》中册,上海古籍出版社2011年,第864页。

③ [日]西嶋定生著、冯佐哲译:《中国经济史》,北京:农业出版社1984年,第532页。

然后分领其银，贸易上海、平湖捕布，染各样颜色，搪塞官府。"①可见市场来自九边，大多是军队、边境贸易的需求。北方边境的官员，携带国库之银到达松江及其周边地区，大批量地购入棉布，每年以"数万"计，稳定而庞大。国库之银都是上好成色的高质量白银，又是先付款后提布，如此大量的资金注入，对于松江本地的市场刺激作用不可小觑："前朝（指明朝——引者注）标布盛行，富商巨贾操重赀而来市者，白银动以数万计，多或数十万两，少亦以万计，以故牙行奉布商如王侯，而争布商如对垒。牙行非藉势要之家，不能立也。"②富商巨贾所购布匹"俱走秦、晋、京边诸路"③，所谓"北粗布俱走九边"④，指的是贩卖到北方的布匹多供应边境地区。这些商人同边官一样，都是携带巨额的白银资本投入布匹收买之中，因此笔者推测这些货物很可能也是供军队和边境贸易使用，所谓富商大贾，实是代官办布。

由此看来，明代松江棉布的市场几乎是以国家资本而非普通的商业资本主导的北边需求支撑起来。就目前掌握的资料而言，没有任何地区的商人在这一时期可以与秦晋北边的客商相匹敌⑤。这些客商背

---

① 范濂《云间据目抄》卷 4，《笔记小说大观》第 12、13 册合订本，扬州：江苏广陵古籍刻印社 1984 年，第 122 页。

② 叶梦珠：《阅世编》，来新夏点校，北京：中华书局 2007 年，第 179 页。

③ 叶梦珠：《阅世编》，第 179 页。

④ 《新刻天下四民便览三台万用正宗》卷 21《商旅门·棉夏布》，东洋文库藏万历二十七年刊本，第 17 页。

⑤ 按：西嶋定生从《阅世编》《木棉谱》等材料中得出结论，认为明末大量贩运到北方各省的既是标布，住于长史公家的秦晋布商交易的主要物品当是此种布匹，这些客商即是所谓"标客"，叶梦珠所记携银数十万两购布客商也当是标客。又引褚华《沪城备考》"姚大汉"条，"尝为布商护其货，往来秦晋间，盗不敢近"。可见，明末确实存在大量携带巨额资本来松江购买标布的秦晋商人。至于标客自身籍贯是否全为秦晋，暂无材料佐证，不排除一些其他籍贯的商人也会卷入其中。参见［日］西嶋定生：《中国经济史》，第 644 页。不过，西嶋定生并未明确区分秦晋标商与明末清初兴起的徽商之间在经营方式上的差别；根据笔者的考察，当时还存在着绕开棉布交易的中间环节，由一些徽商直接面对小生产者的经营方式。详见后文。

后代表对松江棉布实际的使用需求,但是他们并不了解松江本地市场,因此须与松江棉布关键枢纽——牙行进行交易,这种方式既方便快捷,出了质量问题也能够追求责任,无疑成为客商首选。面对巨额订单,牙行自然竞争激烈。牙行自身不催生市场,客商才是推动市场机制形成的原动力,某种程度上说牙行处于交易的被动方,不过他们也会利用自己的优势制约客商,获取更多的利益和保障。褚华回忆其祖先事迹云:"明季从六世祖赠长史公,精于陶、猗之术。秦晋布商皆主于家,门下客常数十人,为之设肆收买。俟其将戒(成)行李时,始估银与布,捆载而去。其利甚厚,以故富甲一邑。至国初犹然。"①布行根据客商的行程,在其必须启程北归之前促成交易,抬高布价,可以赚取大量利润。作为贸易中介,他们对内收布有自己的一套专门组织。由于垄断了本地布源,也隔绝了客商与直接生产者之间的联系,在哪里卖多少,什么时间卖,依什么样的价格,就完全由不得客商。由此看来,这种代理制度下,一方创造需求,一方满足需求,达到了某种微妙的平衡。然而,进一步分析,可以发现牙行在收买本地棉布供应客商的交易中,除了赚取正常的佣金、差价之外,别有生财之法——利用货币的壁垒。

在铜钱作为主要流通货币的时代,从来没有一个放之四海而皆准的用钱法则,虽有官方定价,但是各地的铜矿多少不一,前代旧钱积压不同,市面流通币种多样,种种因素都导致铜钱的地域性使用习惯,如"短陌"②、大

---

①　褚华:《木棉谱》,北京:中华书局1985年,第10页。

②　按:"短陌"概念类似"虚银两"。据《静斋至正直记》卷1:"钱之弊亦甚。官便百文,民用八十文,或六十文,或四十文。吴越各不同。至于湖州嘉兴,每贯仍旧百文,平江五十四文,杭州二十文。"这是一种地域性的货币使用习惯,长期存在于中国的地方社会。参见[日]黑田明伸著、何平译:《货币制度的世界史:解读"非对称性"》,北京:中国人民大学出版社2007年,第85—105页。

小钱①等等。白银化时代极大便利了跨地域结算，但这并不代表货币的地域性使用不复存在。明人张应俞曾在万历年间著《杜骗新书》，历数当时流传甚广的 20 多种骗术。其中记载，有一泉州府客商孙滔，带银百余两往南京买布，搭船时遇到一混混名汪兰。汪诈称自己要去芜湖起岸卖货，"尚未倾银，有银一锭，细丝，十二两重，若有便银，打换为妙，意在就孙换之"②。孙滔便取出些八九钱重的九一二成色的碎银。汪兰则拿出九四五的碎银，重估银水，使孙乐意与他换。在经过估成色、称重量、折算之后，汪趁人不备用假银掉包真银。尽管说的是骗术，不过这则故事透露出当时用银习惯——倾银。银两是一种称量而非计数货币，真正参与流通时，银块的重量、成色都会影响价值。由于日常交易量小、频繁、琐碎，一定地域之内，人们更为习惯使用某一种银两。上述事例中，孙滔问汪兰要换折多少，汪只答是用来零买杂货，孙便拿出九一二成色的银两，大约是当时日常零售都可接受的，流动性较高。十二两重的金花细丝银，则完全不适用于日常小额消费。倾银，便是外地客商将自己所携带好成色、高质量、大价值银两经当地银铺或其他途径，换作适用于当地流通、日常小额消费之银两的过程。他们千里奔波，不可能随身携带各地适用的散银、铜钱。况且各地各时流行银色也不同，清初松江用的甚至是七一成色的低银③。

　　货币的壁垒，为布行与银铺④在银两熔铸或银钱兑换时候动手脚

----

　　① 例如万历四十六年(1618)，南京以十文抵银一分，北京以六文抵银一分；泰昌年间，北京制钱六十三文为一钱，南京百文一钱。缘于南京铸钱比北京薄小。(见彭信威：《中国货币史》，上海人民出版社 2007 年，第 508 页)

　　② 张应俞：《杜骗新书》，天津：百花文艺出版社 1992 年，第 15 页。

　　③ 叶梦珠：《阅世编》，第 194 页。

　　④ 按：明代并没有找到布行与银铺等串通的史料，而康熙年间屡见，大抵当时银两并未完全成为日常交易的手段，银铺重要性和受关注度不如清代。但是整银散银分别适用于长距离大宗货品贸易和日常小额交易是可以确认的，类似的"银铺"必然存在。

提供了可能。布行接收的是来自客商的国库纹银,他们面对的则是织户小额零售的布匹,需要使用碎银;同时作为对外服务客商的窗口,他们也帮助客商兑换碎银小钱:"(布行)收客纹银,兑换低钱,一千只交八百。问其何因,指称输税除折,有名无实,众口不平……而市棍奸牙,假称输税,用强扣除,价既抑减折算,钱复薄小低穿。稍与捡换,则钱货俱匿,些须资本,为之一空。"①这主要是针对客商。牙行上连客商下通小民,同样的手段也可以用在收买布匹之中:"(牙行)其狡者多用赝银,有撺铜吊铁灌铅淡底三倾炼熟诸色溷杂贸易,欺侮愚讷。(乡民)或空腹而往,恸哭而归,无所告诉。"②牙行收布,很多时候是直接下乡,乡民则是被动地等待贸易机会到来,卖出布纱,换取银两纳税,所谓"昨日官租斗正急,街头多卖木棉纱"③。因为明代用银还没有普及到农村小民的日常生活,才给了不良布行用赝银欺骗的机会;到了清代,则是更加明目张胆地使用低银进行欺诈了。

　　总之,在明代以布商—牙行主导的棉布交易机制中,我们看到非常浓重的国家财政、国家货币、官方需求的色彩。客商是为了切实的棉布需求而来,输入的都是上等成色的银两。布行虽然竞争激烈,却安然地垄断着本地市场,享受贸易和货币兑换带来的双重利润。这些都是明代特有的气息。同时,类似赝银、压价的行为,自此时开始一直存在于棉布贸易之中。

------

①　崇祯九年《嘉定县为严禁牙行兑低挜派指税除折告示碑》,上海博物馆编:《上海碑刻资料选辑》,上海人民出版社1980年,第82页。

②　万历《嘉定县志》卷2《风俗》,《上海府县旧志丛书·嘉定县卷》第1册,上海古籍出版社2011年,第164页。徐新吾:《江南土布史》,上海社会科学院出版社1992年,第60页。

③　《顾彧竹枝词》,乾隆《嘉定县志》卷12《风俗》,《上海府县旧志丛书·嘉定县卷》第3册,上海古籍出版社2011年,第1344页;徐新吾:《江南土布史》,第78页。

二、深入本地市场的商业资本

实际的市场运作永远比想象的要复杂很多。事实上，在客商—牙行巨额交易之外，还存在更为多元的纯商业贸易。也就是说，除了西嶋定生所概括的以国家资本为主导的棉布经营模式，还有其他商业资本也参与了布匹生意的经营，这些经营活动并非代表对于商品的刚性需求，而是为了赚取差价。牵涉到这一经营方式中的商人们有着自己鲜明的特征。

首先，这些商人携带的本金不多，相较秦晋动辄数万两只算得上是零星资本。"万历癸未（1583），邑（指上海县——引者注）有新安布商，持银六百两，寄载于田庄船，将往周浦"①。

其次，这些商人没有采取与布行接洽的方式，而是在乡间定点收买。如"明时，（钱门塘）有徽商僦居里中，收买出贩"②；开庄收买，"（杨行）本镇商业，清初最为兴旺，有汪万隆、周泰来、陈永康三典当，便民缓急，并有浙商设庄收买布匹，故有三典当六布庄之称。花衣行有张万瑞、倪吉泰，贩运于广陵、京口间，贸易发达"③；甚或经水路辗转收买，苏松二府至各处水之标题："路虽多迁，布客不可少也。"④

再次，这些商人负责将布匹商品化，给予一定的名称、分类，方便定价，帮助消费者选购、熟悉，又将信息反馈给生产者。"惟外冈布因徽商

---

① 褚华：《沪城备考》卷 6《杂记·神救布商》，《中国方志丛书》"华中地方"第 404 号，台北：成文出版社有限公司 1983 年影印本，第 849 页；徐新吾主编：《江南土布史》，第 59 页。

② 民国《钱门塘乡志》卷 1《土产》，《上海乡镇旧志丛书》第 2 册，上海社会科学院出版社 2003 年，第 17 页。

③ 民国《杨行乡志》卷 9《商业》，《上海乡镇旧志丛书》第 2 册，上海社会科学院出版社 2003 年，第 190 页。

④ 黄汴著、杨正泰校注：《天下水陆路程》卷 7《苏松二府至各处水》，太原：山西人民出版社 1992 年，第 206 页。

傲居钱鸣塘收买,遂名钱鸣塘布。又有阔大者为官布,不常织,惟官买时为之"①。"钱鸣塘布"并非本地生产者的称呼,而是因为徽商在那里定点收买得名。一个布匹的名称,种类因此诞生,想来同样叫作"钱鸣塘布"的,再无可能品质参差,工艺迥异。

最后,这些商人所收布匹没有统一制式,他们更加追求特色。在外冈镇,"布有浆纱、刷纱二种,我镇独织浆纱。据商人云:'外冈之布,名曰冈尖,以染浅色,鲜妍可爱,他处不及。'故苏郡布商多在镇开庄收买"②。所谓"以染浅色,鲜妍可爱,他处不及",这是非常明显根据商业产品创新需求的购布。为此,在万历成书的《新刻天下四民便览三台万用正宗》卷21《商旅门》中特别记载了江南各地所产布匹的特性,以供往来客商参考:"尤墩身分紧而匹实,东门大布头脸阔而细,单新改本名,身分虽好,不若刘家庄紧实。新村、松隐略胜烧香山身材。三林塘身分阔长,胜似南祥。珠泾差池不多,乌泥泾比江阴而较软,章练塘次常熟而多浆,嘉兴各行,细者不及松江野路,粗者软似江阴。"③由此可见,在国家财政主导之外,松江府一直就存在着一个特殊的商业资本市场。这些商人不为某一个特定的棉布需求而来,他们收购的布匹有些流向外地市场,有些流向棉布加工商,不一而足,是真正的市场行为。

参与市场交易的这些商人大多来自南方地区。上文已提及有泉州客商孙滔,持银600两的新安布商,傲居钱鸣塘的徽商,设庄杨行的浙商,收买外冈布匹的苏商。此外,尚有福建闽商:"(太仓)冈身高仰,合于土宜。隆、万中,闽商大至,州赖以饶。今累岁弗登,价贱如土,不足

① 崇祯《外冈志》卷2《物产》,《上海乡镇旧志丛书》第2册,上海社会科学院出版社2003年,第27页。

② 乾隆《续外冈志》卷4《物产》,《上海乡镇旧志丛书》第2册,上海社会科学院出版社2003年,第53页。

③ 《新刻天下四民便览三台万用正宗》卷21《商旅门·棉夏布》,东洋文库藏万历二十七年刊本,第17—18页。

供常赋矣。"①更有凤阳、通州等小资本商人的身影穿梭其间："通州有姓苏名广者，同一子贩松江梭布往福建卖"，"罗四维，南京凤阳府临淮县人，同仆程三郎，带银一百余两往松江买梭布，往福建建宁府卖，复往崇安买笋"②。他们并不频繁地与牙行打交道，受其掣肘，而是从一开始直接深入收布的最基础环节，参与最基层的交易，用他们的方式了解本地市场——雇佣本地人。"近商人乃自募会计之徒，出银采择，而邑之所利者，惟房屋租息而已。然都人士或有多自搜罗至他处觅售者，谓之水客；或有零星购得而转售于他人者，谓之袱头小经纪"③。这是经营方式的重大变化。商人会自己出资聘请财务顾问，这样可以避免牙行在货币兑换时掺以赝银小钱，降低成本，从而得以直接采购棉布，减少中间环节。他们可以雇用会计、熟悉水路的船夫及熟悉乡间市场的经纪人。这种以资金整合资源为自己服务的商业行为，使得原先货币兑换的利润、中间贸易的差价全被转移到了这些客商口袋里，属于本地牙行的空间也被大大挤压，只剩些固定的房屋租金可图④，以至于自行搜罗的水客、零星购买的袱头小经纪成为南方客商的实际代理人，而非通过中介商，这一现象是突破既有牙行体制的表现。而这些商人手中持有的大都是较纯粹的商业资本，并非来自国家财政的转移支付。

同样的经营理念也出现在售卖过程中。万历年间即有休宁商人在苏州开铺卖布，"吴胜理，徽州府休宁县人，在苏州府开铺，收买各样色布，揭行生意最大，四方买者极多，每日有几十两银交易。外开铺面，里

---

① 吴伟业：《木棉吟序》，同治《厂头镇志》卷8《土产》，《上海乡镇旧志丛书》第3册，上海社会科学院出版社，2003年，第141页。

② 张应俞：《杜骗新书》，天津：百花文艺出版社1992年，第3、69页。

③ 褚华：《木棉谱》，北京：中华书局1985年，第10页。

④ 按：本地牙行的经营者原来主要是为客商提供住宿。如"秦晋布商皆主于家"。

藏各货"①。此类商人专注于江南市场地域内的交易。而明末席端樊、端攀兄弟,"学贾松江,治生敏办……遣宾客北走齐燕,南贩闽广,不二十年,资累巨万"②。则是行贾通达南北,"遣"代表往来贩卖之人俱是席氏兄弟所派出。这些统辖于商业资本的棉布售卖与边官、秦晋客商不同,后者是布匹的直接需求方,而吴胜理、席氏兄弟收买布匹纯粹是为了贩卖获利。以资本整合生产经销的各部分资源,获取商业利益,正与其后棉布字号的经营思路不谋而合。

三、横跨苏松的布号体系

布号是商业资本整合的最高形态。它在明末就已出现,于康熙朝鼎盛。据范金民统计,康熙朝最多同时有 70 余家,而平均下来,也有 30 家左右的布号参与市场③。在极盛时代布号几乎垄断了从收布到发卖的所有环节:"苏布名称四方,习是业者,阊门外上下塘居多,谓之字号。自漂布、染布及看布、行布,各有其人。一字号,常数十家赖以举火,惟富人乃能办此。"④"踹匠工价平色,各字号不得扣克,其增减悉照苏松之例"⑤。从选购布匹开始,到发卖为止,想要完成全部产业链的贯通并不是一件易事。布号中有专人负责相布和购买。范金民提到至迟形成于乾隆初年的《布经》⑥,即推测是字号相布之人的经验总结。

---

①　张应俞:《杜骗新书》,天津:百花文艺出版社 1992 年,第 7 页。

②　康熙《具区志》卷 13《人物》,徐新吾:《江南土布史》,上海社会科学院出版社 1992 年,第 60 页。

③　范金民:《清代江南棉布字号探析》,《历史研究》2002 年第 1 期。

④　乾隆《元和县志》卷 10《风俗》,《中国地方志集成·江苏府县专辑》第 14 册,南京:江苏古籍出版社 1991 年影印本,第 110 页。

⑤　康熙五十四年《嘉定南翔禁踹坊齐行勒索碑》,光绪《嘉定县志》卷 29《金石》,《上海府县旧志丛书·嘉定县卷》第 3 册,上海古籍出版社 2011 年,第 2555 页。

⑥　范金民、罗晓翔:《清代江南棉布字号的竞争应对之术》,《安徽史学》2009 年第 2 期。

另有专人负责运输。至于棉布加工，一些字号兼营染坊，雇有染匠；不过更广泛被采用的是委托加工的形式，字号雇佣踹匠加工布匹的雇主，发放布匹，由踹匠在包头开设的踹坊内完成加工收回，不直接经营。也就是说，布号要么直接雇请技术人员，要么外包给技术团队，自己负责品控监察，这是清朝前期客商聘请会计、租房开庄收布模式的延续，即资本整合产业链资源的发展。

棉布字号的拥有者大多并非松江本地人。根据范金民的研究，顺治十六年《苏松两府为禁布牙假冒布号告示碑》所列 37 家布商中，多是苏州商人、徽州商人；康熙年间，字号与徽商布店几可视为一体。他认为，清前期经营棉布字号者，绝大部分是徽州商人，甚至主要系休宁系商人①。这是早期南方客商突破松江牙行进入本地市场的延续，他们成为松江棉布最主要的购买者，市场的主导权转移到了客商手中。但是他们既不属于生产者的利益群，也不属于需求者，他们做的是中转贸易，所以把棉布市场放在商品经济最发达、江南最大的市场中心地苏州。

那么，苏州的布行如何取代松江布行自成体系？以苏州为核心的中心市场又是如何整合原来的基层市场与中间市场呢？彼时虽字号多数设在苏州，而棉布生产仍然在松江府："沪渎梭布，衣被天下，良贾赖以起家。张少司马未贵前，太翁已致富，累巨万。五更篝灯，收布千匹，运售阊门，每匹可赢五十文。计一晨得五十金。所谓鸡鸣布也。"②许多商人店铺资本都在苏州，每日进行着布匹的两地送运。当然也有布号资本在松江，顺治年间，经营已久的松江布号"金三阳"就是布店在松江，发卖在苏州。这两种布号，一个在苏州更贴近市场，乃是早期进入松江的客商资本的发展；一个在松江更贴近产地，脱胎于原先与北方客

---

① 范金民：《清代江南棉布字号探析》，《历史研究》2002 年第 1 期。

② 许仲元：《三异笔谈》卷 3《布利》，重庆出版社，1996 年，第 80 页；徐新吾：《江南土布史》，上海社会科学院出版社 1992 年，第 60 页。

商交易的布庄布行。他们之间的竞争,是"客商—布行"体系向"布号"体系转变的微缩。

顺治十六年(1659),"金三阳"字号的布匹遭苏州奸牙沈青臣冒替,沈氏将非金三阳的布匹打上金三阳的标记,假冒射利①。乾隆元年(1736),松江府再次立碑,禁止苏郡布商"并不自立字号,觊觎他人字号盛行之时,或以字音相同,或以音同字异,窃冒垄断,以伪乱真"②,并提到康熙四十二年(1703)也曾为类似事件立碑。字号之所以频繁被盗用冒替,是因为它是判断布匹品质的重要因素,两处碑文均有记载"为照商贾贸易布匹,惟凭字号识认,以昭信义"。"但货有精粗长短之不齐,惟各立字号以分别"。这些不正当的竞争手段严重干扰了市场,而竞争中受损的都是离交易市场较远的松江布号。正如松江人所云:"松郡各邑产布,甲于他府。昔年开张青蓝布号者数十家,通商裕课。后有迁移他郡地方,今仅止数号。向守祖遗店名图记,价平货实,远商心服,从无假冒诸弊,历岁虽久,始终如一。但远商相信,全在布记确切为凭。"③原来数十家布号多数迁移其他府县,松江只剩几家,他们也没有特殊的竞争之道,凭借的是老字号积累下的客源与一如既往的好品质低价格,不难看出,在这场商业竞争之中,更贴近市场的苏州赢得了主导权。

苏州布号通过布匹收购与各地市场建立联系。南翔、朱泾、枫泾等特别重要的市镇本身设有字号机构,"布商各字号俱在镇,鉴择尤精,故里中所织甲一邑"④。这些市镇都存在棉布加工机构,如前文提到康熙

---

① 顺治十六年《苏松两府为禁布牙假冒布号告示碑》,上海博物馆编:《上海碑刻资料选辑》,上海人民出版社 1980 年,第 84 页。

② 乾隆元年《松江府为禁苏郡布商冒立字号招牌告示碑》,上海博物馆编:《上海碑刻资料选辑》,上海人民出版社 1980 年,第 86 页。

③ 乾隆元年《松江府为禁苏郡布商冒立字号招牌告示碑》,上海博物馆编:《上海碑刻资料选辑》,上海人民出版社 1980 年,第 86 页。

④ 嘉庆《南翔镇志》卷 1《物产》,《上海乡镇旧志丛书》第 3 册,上海社会科学院出版社 2003 年,第 12 页。

五十四(1715)年立有《嘉定南翔禁踹坊齐行勒索碑》,《枫泾小志》中也有记载:"康熙初,里中(枫泾)多布局,局中所雇染匠、砑匠皆江宁人。"①加工发达,产业多元,其中交易品种自然多样,字号机构得以直接在这些市镇开设。而字号在棉织业市镇如外冈、娄塘、诸翟、奉贤和唯亭等地则采取派驻布庄收买布匹的方式,"布庄在唯亭东市,各处客贩及阊门字号店皆坐庄买收,漂染俱精"②。"恬度里,在横泾东里许……向有质库布庄。四乡贸易者,咸辐辏于斯,遂成一市,今其地亦稍衰"③。这些地区的市场更为单纯,以棉布收购为主。更有一些牙行势力仍是强盛之处,则由当地牙行布庄代为收购布匹。在安亭镇,"南北有二市。俗以北市为大安亭,南市为小安亭,皆以桥为市。市中贸易,必经牙行,非是,市不得鬻,人不得售……黎明而集,日中而散"④。然而,此时牙行只是以交易中间商的身份存在,并不能从根本上影响布匹收购发售的结构。由此可见,在棉布字号的繁盛时代,尽管各地实际状况不尽相同,各字号参与各地市场的方式也不统一,但它们从江南商业中心苏州到各个商业市镇的影响力不言而喻。布号所采取的通过资本整合江南市场的方式,正是这种影响力存在的根本,也是棉布交易中苏州这样的中心市场辐射地方市镇的独特手段。

四、侵蚀国家资本的商业资本

白银资本的质量和走向随着主要的交易模式一起转变。前文交代

---

① 光绪《重辑枫泾小志》卷 10《拾遗》,《上海乡镇旧志丛书》第 6 册,上海社会科学院出版社 2003 年,第 279 页。

② 道光《元和唯亭志》卷 3《物产》,《苏州工业园区乡镇志丛书》,北京:方志出版社 2001 年,第 41 页。

③ 乾隆《奉贤县志》卷 2《市镇》,《上海府县旧志丛书·奉贤县卷》,上海古籍出版社 2011 年,第 35 页。

④ 嘉庆《安亭志》卷 3《风俗》,《上海乡镇旧志丛书》第 2 册,上海社会科学院出版社 2003 年,第 32 页。

过,以边官、秦晋客商为代表的国家需求,不断为松江地区注入大量的高质量白银。这些白银极大地活跃市场,也是农户上缴赋税的来源之一。那么在布号体系下,各级政府与朝廷所需要的布匹又是通过何种方式到达中央呢? 答案是:布号代办。前文提到顺治十六年(1659),苏松两府为禁布牙假冒布号告示碑中记载,"为照众商各立号记,上供朝廷之取办,下便关津之稽查,取信远商,历年已久,向有定例,不容混冒"。说明布号设立之初,有方便官办布匹定位与问责的考虑。清初官府人员仍直接委托松江布行办理所需,可惜松江布行并没有保住这份生意。"织造府采买垫厢布匹,坐定字号青蓝,理应对号给买。岂奸蠹反派白布……反抬时价,不饱不发"①。因此,自康熙三年(1664)起,"不扰商牙,印结在案。内局布匹……就苏仍对字号平买",再如织造布匹,向例在苏办染,并不在本邑(松江)采买"②。官办布匹转由苏州字号代为采办,也就意味着,原先直接注入松江的国家资本转由苏州布号接管,布号将其转化为商业资本,再通过收购布匹的方式进入松江市场。不过,此时的国家需求更多的是宫廷和官府,并非明代的军队与边境贸易。

国家资本淡出,商业利润被转移,本地盈利空间被挤压。一来使得松江地区的经济受制于人,显得十分脆弱:"乡民多恃布为生。往时,各省市布商先发银于庄,而随收其布,故布价贵,贫民竭一日之力,赡八口而有余。今布有余积,而商无现银,价因日落,民生之计蹙矣。"③二来使得明代开始就出现的假银欺诈行为变成低银贸易,看似和缓,实际上

---

① 康熙十一年《官用布匹委官办解禁扰布行告示碑》,上海博物馆编:《上海碑刻资料选辑》,上海人民出版社 1980 年,第 90 页。

② 康熙十一年《官用布匹委官办解禁扰布行告示碑》,上海博物馆编:《上海碑刻资料选辑》,上海人民出版社 1980 年,第 90 页。

③ 咸丰《紫堤村志》卷 2《风俗》,《上海乡镇旧志丛书》第 13 册,上海社会科学院出版社 2003 年,第 49 页。

低银却几乎成了市场惯例,影响深远。

明代,农户对银的需求来源于纳税,日常生活则多用铜钱。这种情况一直持到明末,而从万历开始的铜钱膨胀、钱对银比价暴涨的过程使得入清之后人们更多地使用银两。银两为称量货币,会因成色、计重标准不同而在交易中被赋以不同的价值。清代在棉布交易的基层市场,使用低成色银两欺诈农户小民十分常见:"康熙二十八年(1688)知县邓天羽奉巡抚洪批示立石县署内。略曰:奸牙拦截通津桥巷,用强拉买贱价轻戬,并串同奸匠兑换七八成色银及挓搭假银者,许指禀拿解,科赃拟罪。"①"康熙三十五年(1696)知县许锺英同上青二县奉总督范批示,立石诸翟,略曰:布行、布庄将低银小钱收买花、布及典铺出轻入重,刻剥小民,许禀县拿解决处。"②此时布庄布行不同于明代竞争客商订单的本地垄断商人,清代松江的布庄牙行多在与小民农户交涉的语境中出现,他们在称量工具上做手脚,同时用七八成色的银两收取布匹。低色银多是布牙与银匠、典铺合谋熔铸兑换,如上引"串同奸匠",银匠可以打造各色银块,典铺则通过货币兑换谋取利益:"(典铺)重利殃民,粗重者加利五分,轻细者加利二分五厘。银钱当出则色潮平亏,挽搭私钱每百十文,入则纹银勒贬,九七重平兑作九五。更以一月逾十日之外,即苛两月之利。三年为满之期,竟以一年为绝,不准取赎,任意低昂,勒索虐害穷黎。"③有的时候,布商与质库这类金融机构根本就同出一源的:"顺治间,江宁陈翁君化⋯⋯亟自金陵迁小涞里,寻以里人程启耀托

---

① 康熙二十八年《禁布行奸匠倾造低银碑》,光绪《嘉定县志》卷 29《金石》,《上海府县旧志丛书·嘉定县卷》第 3 册,上海古籍出版社 2011 年,第 2554 页。

② 康熙三十五年《严禁奸牙倾换低银碑》,光绪《嘉定县志》卷 29《金石》,第 2554 页。

③ 张伯行:《正谊堂文集》卷 40《严禁典铺示》,转引自范金民:《明清江南商业的发展》,南京大学出版社 1998 年,第 177 页。

以收布……晚年家饶裕,启质库,仍兼布商。"①

　　低银交易泛滥,对于农户小民影响最大。一在于日常交易,有时店家不收低劣银两;二在于完纳赋税。西安附近有一县,"自国初至今(指明末——引者注),惟纳边银粮用足色,其余用使常五六程耳"②。可见即使日常交易银两低至五六成色,纳税仍需足色银。这在江南市镇中亦非常普遍:"诸荻镇地接嘉、上、青三邑交界,小民将木棉、布匹易银完赋,惟赖出入真纹,庶使民无亏耗。无奈本镇典铺、布庄将客付真纹,与银匠倾熔各色低银,收买民布,致民将卖布之银赴县。倾熔完纳,每两完串不及七钱,为害极深,病民无日,贻害无穷……不独上不足以完钱粮,下实难以买花米。"③往时典铺布肆倾镕各色低银,收买布匹,赴县输粮,每两不及七钱,民多病之。康熙丙子(1696),里民控宪,立碑禁革,远近称便④。这两则材料都是反映康熙中期的情况,市场交易的银子成色应当是七成都不到。这与明后期的市场情况差别很大。前文提及"倾银"惯例时,曾说到江南地区通用九一二成色银两。明谈迁在他的笔记中也有类似记载:"友人朱义儒过西安云:'市易并低银。'余按《康对山集》,有为乡人论银禁书云:'此县自国初至今,惟纳边银粮用足色,其余用使常五六程耳,九程则太高者也。今欲一切悉用足色,使贫者典,无衣服,卖器物,以十易五,尚不得常行六七程,谓为通行之物。今被抚公之命,市井之徒,动勒卷桶。卷桶者,此间足色银之别称。彼贫寒之家,安得有卷桶耶! 抚公之意,以两直隶、山东、河南、江淮俱行用细丝银。盖此数处,钱法通行,故不得不用细丝。今若能使百姓通用

---

　　① 咸丰《紫堤村志》卷 6 人物,《上海乡镇旧志丛书》第 13 册,上海社会科学院出版社 2003 年,第 175 页。

　　② 谈迁《北游录·纪闻上·西安低银》,北京:中华书局 1997 年,第 316 页。

　　③ 咸丰《紫堤村志》卷 6《人物》,《上海乡镇旧志丛书》第 13 册,第 156 页。

　　④ 康熙《淞南志》卷 2《风俗》,《上海乡镇旧志丛书》第 13 册,上海社会科学院出版社 2003 年,第 17 页

钱法，则不可刑一人，而自无低银矣'云云。"①细丝银是九成以上的银两。在江淮通行高成色银两的同时，西安地区市场交易只有五六成的低银，即使如此，边粮纳银仍需要用足色银。

从九成银到七成银，虽有国家资本退出的因素，更有一层原因是政府开始出面区别缴税银两和商用银两。康熙二十四年（1685）嘉定知县曾立碑规定："凡倾元宝，遵照□定事理，每锭止给手工银六分，官给硝炭，毋许奸胥混派，造作低银者，据实呈报以凭拿究。"②这是要求倾造元宝不允许造低银。同时期的《苏州府为禁官匠熔锭派累散匠告示碑》中，尽管碑文残缺，却明确地透露出通商和赋税的白银是分离的业务："官匠倾铸之宝，不许借端派累通商散匠……布政司章于县详又上批，该县银匠既有白银通商两项分别（下缺）。"③这就为市场交易低银泛滥提供了充分的理由。尽管白银已经进入了生产贸易税赋各个领域，通商、赋税银两分离的做法却对市场和国家财政之间的联动起到了一定阻隔作用。牙行、银匠、典铺用低色银两赚取的多余利润并不需要国家财政来结账，而是直接交给赋税的承担者、市场的弱者——农户小民。可以看出，从明到清，政府的力量逐渐远离市场，并使得真正的商业市场的自由度和发展空间不断扩大。这个趋势，与布号以资本力量整合市场、清代政府官办布匹直接委托布号具有一致性。

更有甚者，由于从市场上获取低成色的商用银远较用于缴税的高成色银方便，从乾隆末期始，利用前者直接缴税的例子亦逐渐普遍。《二林居集》有云："即以纳银论，数年以前，圆丝一两抵纹八钱，今则只

①　谈迁：《北游录·纪闻上·西安低银》，北京：中华书局 1997 年，第 316 页。

②　康熙二十四年《禁银匠造作低银凡倾元宝止给手工碑》，光绪《嘉定县志》卷 29《金石》，《上海府县旧志丛书·嘉定县卷》第 3 册，第 2551 页。

③　康熙《苏州府为禁官匠熔锭派累散匠告示碑》，上海博物馆编：《上海碑刻资料选辑》，上海人民出版社 1980 年，第 127 页。

完七钱以内矣。"①说的是钱粮征收中可暂用低色银估算本应缴纳的银价，但须用相应的浮收补足差额。对照同时期史料《清俗纪闻》，圆丝银（亦称元丝银）成色虽低于足纹，但亦属上品之银（中品银称錠封，下品称三轻）②。在清后期的地丁银征收中，无论百姓完纳、州县解省、各省解京各个环节，由于银价渐趋混乱，均要负担所谓"补水"、"补平"之类附加税，各级政府也利用币制的缺陷（成色、平准），作为获取额外盈余的借口。

五、结论

综上所述，西嶋定生所总结的"客商—布行"模式乃是明代松江交易的主导，这个机制依托国家资本使得松江棉业迅速兴旺，也哺育了一批松江布行和棉业市镇的成长。与此同时，一些来自苏、浙、闽、徽地区的商人带着对商业利润的追求来到当地，他们直接深入松江，逐渐架空垄断本地市场的大布行，并以资本整合各个环节，在九边供应体系式微以后逐渐成长为可以控制从收布到加工到发卖全过程的布号。布号是生产商和需求者之间的中介，将棉布交易地从松江转移到了苏州，发展成为傅衣凌、范金民等学者所关注的那种布号经济。而支撑商品、市场的棉布生产者——农村织布业者，亦不可避免地被卷入进这种商品经济的变革之中。他们从税赋到日常生活与市场的联系在不断加深，遇到的欺诈从个别假银到全市场普遍性的低色银，打交道的中间商从本地的牙行到布号资本下的布庄、典铺。这一系列的变化，至少在明中叶业已初现端倪，嘉靖时人黄省曾曾经说过："自刘氏、毛氏创起利端为鼓铸囤房，王氏典债而大村名镇必张开百货之肆，以榷管其利，而村镇之

---

① 彭绍升：(乾隆五十五年)《奉巡抚侍郎闵公书》，《二林居集》卷 4，《清代诗文集汇编》第 397 册，上海古籍出版社 2010 年影印本，第 406 页。

② 《清俗纪闻》，北京：中华书局 2006 年，第 206 页。

负担者俱困，由是，累金百万"①。所谓"创起利端为鼓铸囤房"，指的就是市镇商用银之制造和流通过程中所产生的巨额利润。这些转变的背后，既是国家资本主导市场向真正的商业资本参与、控制市场的过渡过程，也是以苏州为代表的中心市场整合地域性市场的过程，从中可以窥见明清时期由江南棉业中心所带动的全国性市场的建立。

推而广之，低色银不单在江南的棉业市场中大行其道，在其他领域中，低位银与高位银并存的现象亦绝非罕见。据《漕运通志》记载：弘治年间，部分漕运卫所的军兵因缺少运费，常常向"在京势豪家"借高利贷，后者将"不成色银五七两、货物二三两，凑作十两"，借给运军，"积三四年间，如至本利一百四五十两，年年交还，不得了绝"，运军于是大困。户部为解决运军生计，不得不再三出面，直接借太仓库官银应急，各债主却"指以旧债为由，逼取（运军）官银"②，造成户部借出的高位库平银再次回流到充斥着低位银和假银的高利贷市场的历史怪圈。这与本文所揭示的明代松江棉业市场交易中边银和低色银之间的置换机制，不仅具有高度的同构性，其中也暗含着贡赋经济所特有的市场逻辑。

（原文载《学术研究》2016 年第 5 期）

---

① 黄省曾：《吴风录》，《吴中小志丛刊》，扬州：广陵书社 2004 年，第 178 页。
② 杨宏、谢纯：《漕运通志》，《淮安文献丛刻》，北京：方志出版社 2006 年，第134、140 页。

第四章　盐政与漕政

第一节　百姓日用而不知:明洪武十四年
后户帖的流传

户帖制度并不始自明代,唐宋时期即已有之,唯其性质与明代有所不同,基本上属于账籍系统,仅与赋税催科有关,与户籍人口无涉[1]。明初的户帖,不仅载有田地、房屋、孳畜等事产,且登记了人口的详细情况(户名、住址、性别、年龄、成丁、不成丁、户等、大口、小口等)。过往的研究表明,户帖乃明初佥派赋役的主要依据之一,可视作黄册制度的前身,由于从中可以得知各户的土地和其他财产等状况,因而备受赋役史和人口史研究者的关注。洪武十四年(1381)之后,随着里甲黄册制度的全面推行,户帖登记渐成具文,直至销声匿迹。然而,作为一种逐渐淡出历史舞台的制度,户帖仍若隐若现地出现于明清时代的各类志书、笔记、谱牒和

---

①　葛金芳:《宋代户帖考释》,《中国社会经济史研究》1989 年第 1 期。

文集当中，近数十年来，陆续有少许明初户帖的原件被发掘。对此，学界已经做过不少制度史的梳理，并达成一些共识，但多把户帖作为"被动的"、"死的"文本加以利用；很少有人注意到，明清时代的一些文献中为何会不断引用或者介绍这些早已成为遗迹的户帖，户帖原件又为何会被一代一代地传承下来一直保存到如今。人们流传户帖的原始动机何在？梁方仲在其对于户帖的开创性研究中，曾经留意到明中叶户帖的流传情况，但对之并未加以详细讨论①，陈学文对明清时期传抄户帖的行为虽有关注，却将之归结为人们崇祖爱护文物的传统，在一定程度上脱离了文本产生的历史语境②。有鉴于此，本文拟在特定的历史场景下，对洪武十四年(1381)黄册制度实施以后户帖之流传做一初步考察，通过揭示这些户帖保管和流传的情况，以探求明清时代的人们在生产、传抄和使用户帖的过程中所表现的复杂心态及其与之相关的社会文化机制。

一、户帖的产生及其流传简况

明王朝甫一建立，即开始了全国范围内的户籍整顿抄报工作。洪武元年(1368)，太祖下令收集元代遗留下来的各类户口册籍，"凡军民医匠阴阳诸色户计，各以原报抄籍为定，不得妄行变乱。违者治罪，仍从原籍"③。整理户籍的目的，无疑是为了派差均徭有所凭依。洪武三年(1370)，又在此基础上正式确立了户帖制度。有关户帖制的具体推行情况可参见《明实录》：

（洪武三年十一月辛亥）核民数，给以户帖。先是上谕中书省

---

① 梁方仲：《明代的户帖》，原载《人文科学学报》1943年第1期，收入氏著：《明清赋税与社会经济》，北京：中华书局2008年，第102—112页。
② 陈学文：《明初户帖制度的建立和户帖格式》，《中国经济史研究》2005年第4期。
③ 《皇明制书》卷1《大明令·户令》，《北京图书馆古籍珍本丛刊》第46册，北京：书目文献出版社2000年影印本，第9页。

臣曰:"民国之本,古者司民,岁终献民数于王,王拜受而藏诸天府,是民数有国之重事也。今天下已定,而民数未核实,其命户部籍天下户口,每户给以户帖。"于是户部制户籍户帖,各书其户之乡贯丁口名岁,合籍与帖,以字号编为勘合,识以部印,籍藏于部,帖给之民,仍令有司岁计其户口之登耗,类为籍册,以进著为令①。

明代赋役之法,以一户之内的丁和资产的总数为根据。这一原则正是随着户帖制的实施而逐步定型。据栾成显的研究,户帖的登载,详于户口而略于事产②,显示出与前朝户籍编造之法不同的旨趣。对于明王朝来说,同时掌握户口和财产的基本情况非常必要,因为只有了解了这些信息,划分户等、佥编差役等工作才有据可查。

洪武十四年(1381),太祖采纳户部尚书范敏的建议,制定了里甲与黄册之法③。户帖制逐渐失实以致废弃不用。不过,黄册乃是依据户帖类编而成,不仅它登记的内容和项目多与户帖相同,详载各户乡贯、丁口、名岁、事产等,而且开载了旧管、新收、开除、实在四柱式,其中旧管一款,或可理解为户帖中所录之人丁事产的原始数据。正德《姑苏志》卷14《户口》透露出户帖和黄册之间的某种接续性:"国初,每户各给户帖,备开籍贯丁口产业于上,俾民执照,军匠籍例不分户,缺役以丁男代补。每十年一造册,丁口老死,田产卖去开除,成丁小口新置产业收入。"每十年一造册,显然是将洪武三年(1370)底推行户帖之令看作洪武十四年(1381)黄册之先导,因为自黄册实行以后,也有每隔十年一

① 《明太祖实录》卷58,"洪武三年十一月辛亥"条,台北:"中研院"历史语言研究所校印本1962年,第1143页。
② 栾成显:《明代黄册研究》(增订本),北京:中国社会科学出版社2007年,第22页。
③ 梁方仲:《明代黄册考》,《岭南学报》1950年第2期,收入氏著:《明清赋役制度》,北京:中华书局2008年,第399—435页;韦庆远:《明代黄册制度》,北京:中华书局1961年,第20页。

大造的制度规定。

由于户帖实施的时间仅十年左右，至明中叶，其实物已难觅踪迹。然仍有些少许"好事之徒"将之抄录下来并加以介绍，使我们可以得知它的格式乃至被保存的原因。根据前人爬梳，录有户帖的明清文献，大概有李诩的《戒庵老人漫笔》、谈迁的《枣林杂俎》、许元溥的《吴乘窃笔》、盛枫的《嘉禾征献录》、天启《平湖县志》、崇祯《嘉兴县志》、康熙《杏花村志》、乾隆《濮院纪闻》、《新安大阜吕氏宗谱》等①。另外，中国社会科学院历史研究所、中国第一历史档案馆、中国国家博物馆和国家图书馆等公藏机构还收藏有数份户帖的原件。笔者近年来翻检文献，偶然发现康熙《濮川志略》和收藏于南京图书馆古籍部的抄本《史氏吴中文献谱》中，也录有户帖的全文。这些文本无疑为我们进一步了解户帖的规制提供了可靠的途径。

据中国社会科学院历史研究所善本库收藏的《洪武四年徽州府祁门县汪寄佛户帖》原件，户帖书写于厚麻纸之上，纸质坚韧耐磨，圣旨部分雕板墨印，户籍内容则正楷毛笔填写，长宽各 36 厘米，四周细线双边，外层边栏长宽各 34 厘米，内层边栏长宽各 30 厘米，两层边栏之间印有梅花图案②。藏于中国第一历史档案馆的谢允宪户帖，长 37.5 厘米，宽 34 厘米③。虽然单张户帖的尺寸可能略有出入，但每张户帖之前，均先开圣旨，其内容大同小异：

> 户部洪武三年十一月二十六日钦奉圣旨："说与户部官知道，如今天下太平了也，止是户口不明白俚。教中书省置下天下户口的勘合文簿户帖，你每户部家出榜，去教那有司官将他所管的应有

---

① 栾成显：《明代黄册研究》（增订本），第 23 页；陈学文：《明初户帖制度的建立和户帖格式》，《中国经济史研究》2005 年第 4 期。

② 吴展：《明代户帖的史料价值与版本价值》，《中国史研究动态》2006 年第 9 期。

③ 《洪武四年户帖》，《历史档案》1983 年第 2 期。

百姓，都教入官附名字，写着他家人口多少，写得真，着与那百姓一个户帖，上用半印勘合，都取勘来了。我这大军如今不出征了，都教去各州县里下着绕地里去点户比勘合，比着的便是好百姓，比不着的，便拿来做军。比到其间，有司官吏隐瞒了的，将那有司官吏处斩，百姓每自躲避了的，依律要了罪过，拿来做军。钦此。"除钦遵外，今给半印勘合户帖，付本户收执者。

其下列户主的姓名、乡贯、住址、所隶户籍，之后登载人丁事产，详细记有男子之成丁不成丁、女子之大口小口及其姓名年龄，最后开载家内财产的数目。

除了公藏机构里的户帖原件，明清时代所传录的部分户帖中亦录有尺寸和形制等相关信息，陈学文将这些户帖称为"准实物式的户帖"①。例如嘉兴县林荣一户帖旁有加注曰："原帖长一尺三寸，阔一尺二寸，合同填号处有户部半印。"②李诩的《戒庵老人漫笔》记录得更为详实："周围梅花拦，大不满二尺，号数处用部印合同半钤，年月日下空处用全印，后有一大部字，印下花押，直连者三，又横并者三，无官吏职衔姓名。背后沿边，县刊一小牵长腔宕印于其上……末行'洪武三年十一月日。'县印向前，不在年月处。"③这些文献之所以加载这些信息，或出于考镜典故源流，或为了显示原帖的真实性，均从不同侧面为我们展示了户帖的原始样貌。不过，我们考察户帖的流传，绝不能仅仅停留在了解户帖的物质属性层面，更应该追究人们流传户帖的动机，进而弄清明清时代的人们怎样看待和使用户帖。

---

① 陈学文：《明初户帖制度的建立和户帖格式》，《中国经济史研究》2005 年第 4 期。

② 崇祯《嘉兴县志》卷 9《食货志·户口》，《日本藏中国罕见地方志丛刊》第 17 册，北京：书目文献出版社 1991 年影印本，第 351 页。

③ 李诩：《戒庵老人漫笔》卷 1《半印勘合户帖》，北京：中华书局 1997 年，第 34—35 页。

二、户帖的保存与使用

梁方仲在其研究中，一方面敏锐地注意到洪武以后户帖之制已趋紊乱的事实，另一方面仍对明中叶以后户帖是否通行犹豫不决。之所以会有这样的认识，是由于他发现，正德间吴县人王鏊所撰《(跋)邢丽文家藏洪武三年定户口勘合帖》中有云：

> 尝窃伏读皇祖实录，见其芟刈群雄，经画海宇，莫非出自神谟，臣下仰成焉耳。今观户口勘合，亦其一事，百姓盖日用而不知也。桥山之弓，曲阜之履，邢氏独能存之，谨再拜而题其后①。

所谓"户口勘合"，即户帖之别称。文中"百姓盖日用而不知"之句颇具迷惑性，很容易给人以明初户帖在正德年间仍在使用的印象。然而，细读此跋，即可从"邢氏独能存之"一语判断，保存户帖并非一般人家的惯常行为，否则王鏊也不会专门为邢氏做跋。嘉万年间，李诩已经有户帖难觅之叹："此帖人罕得见矣，余从一处觅来，录之以备典故。"正因为他深知户帖的价值，才特地将式样、尺幅、内容详细记录下来，以告诫来者，"片纸只字关典故者，断不可轻弃"②。由此可以大致推测洪武十四年(1381)后户帖之命运。

尽管如此，明清二代，人们保存户帖的例子仍不少见，除了收藏猎奇的心态外，更多的则是出于现实需要。李诩、谈迁、许元溥等学者对户帖的兴趣相对比较单纯，他们或偶翻志书而随手录抄③，或订正传世

---

① 王鏊：《震泽集》卷35《题跋》，《景印文渊阁四库全书》第1256册，台北：台湾商务印书馆1986年，第507页。
② 李诩：《戒庵老人漫笔》卷1，《半印勘合户帖》，第34—35页。
③ 谈迁：《枣林杂俎》"智集·逸典"，北京：中华书局2006年，第4页。

文献之缺漏,以帖证史①,或叹服于先朝政令之明白晓畅,借古讽今②,并无太多现实利益的缠绕。

活跃于宣德至弘治时期的耿九畴、耿裕父子,分别为永乐二十二年(1424)进士(官南京刑部尚书)和景泰五年(1454)进士(官吏部尚书),其家祖孙三代所传之户帖,在同僚中颇具名声,吴宽、李东阳二人与耿裕交游颇密,因而得窥原帖。吴宽在其《跋巨鹿耿氏公牒后》云:

> 吏部公(指耿裕——引者注)检诸故箧,得其大父当时所给户帖及乡试公据,曰:"此吾家故物,不可弃也。"饰成巨卷,而谨藏之。以宽在寮末,公暇出以相示。夫所谓户帖,国初人家有之,而公据则凡预乡试未必无也。惟夫子孙贤虽世逾十纪,而断烂故物犹相传如新,否则煌煌宝墨,玉轴牙签,往往有落于他人之家者。然则此盈尺之纸,岂独考见耿氏之先,而其后世之有人不于是而见乎!③

在吴宽看来,耿氏精心保存明初人家皆有之户帖的行为,不仅出于对先人事迹的追思,更是为了给后代保留一份关于祖先身份的记忆。吴宽曾阅读过耿氏家谱,"知其世序甚远","自金历元,累叶仕宦,虽不甚显,而未尝弃儒为业。及皇明有天下,始定户版,耿氏犹以儒系籍"④。虽不知耿氏是否将户帖抄入谱牒,但从吴宽的语气中,或可感觉到他对耿氏在金元时期的漫长世系并不十分相信。

李东阳在《书耿氏家藏公牒后》一文透露,该户帖是颁给耿汝明户的,而耿汝明即耿九畴之父,领帖时居住山西平定县。后以乡举任卢氏

---

① 李诩:《戒庵老人漫笔》卷1《半印勘合户帖》,第35页。
② 许元溥:《吴乘窃笔》"洪武安民帖",收入王稼句编:《苏州文献丛钞初编》上册,苏州:古吴轩出版社2005年,第238页。
③ 吴宽:《匏翁家藏集》卷53,上海商务印书馆民国(1912—1948)四部丛刊初编缩印本,据明正德(1508)刊本,第327页。
④ 吴宽:《匏翁家藏集》卷53,第327页。

县教谕,永乐中卒于官,其家遂定居河南卢氏。户帖中称"耿氏为儒籍,盖因元之旧",至于其他信息,李东阳讳莫如深,大概强调"以儒起家"是好友耿裕最愿听到的恭维话。弘治初年,礼部官署起火,此帖恰好存放在礼部侍郎周经之廨舍,令人惊奇的是,虽经历祝融之灾,户帖竟然毫发无损,安然无恙,对此,李东阳评价道:"卷归而廨烬,意其为神物呵护,使永为家庙之宝,非偶然也。"①耿氏户帖的传奇经历,更加凸显了"盈尺之户帖"的珍贵,它与"乡试公据"一道,成为耿氏在明初定居入籍的最好证明材料,并在一定程度上淡化了耿氏在追溯其祖先时的不确定性。

像耿氏这样利用户帖作为主要依据来构建祖先记忆的家族,在明清两代并不罕见。昆山陆氏之所以数代"独称儒户",全因藏有户帖之故②。平湖赵氏亦称:其祖先"国初以良民称,有户帖"③,领受户帖者为原居海盐县的赵友一户,天启《平湖县志》录有此帖之片段:

> 一户赵友一嘉兴府海盐县原武乡十九都东扇新仓民户,计人丁七:
>
> 男子五口:
>
> 成丁二口,本身年六十一,男兴一,三十七岁。
>
> 不成丁三口,仪孙。
>
> 妇女二口。
>
> 事产　田十七亩八分三厘,房屋二间二厦,牛一绳。
>
> 洪武四年　月　日④

---

① 李东阳:《怀麓堂集》卷 41《文稿二十一》,《景印文渊阁四库全书》第 1250 册,台北:台湾商务印书馆 1986 年,第 447-448 页。

② 顾梦圭:《疣赘录》"续录"卷下《诗·诗余》,《四库全书存目丛书》集部第 83 册,济南:齐鲁书社 1997 年影印本,第 180-181 页。

③ 赵伊:《序芳园稿》卷上《谒新仓祖墓》,《四库全书存目丛书》集部第 95 册,第 680 页。

④ 天启《平湖县志》卷 10《风俗志·氏族》,《天一阁藏明代方志选刊续编》第 27 册,上海书店 1990 年影印本,第 636 页。

该户帖由赵氏子孙世代相承,即使后来宗支迁居平湖,仍谨记"友一罹胜国之乱,勤生畜德,以免于难,其后世子孙珍守不堕"①。

海宁许氏明初所受户帖一度藏在许杙卿家里,杙卿时常拿出与其兄相卿把玩共赏,以致"楮漫墨渝",故不得不"装潢表章之,如丹书大训"。在装裱之前,许相卿专门于户帖左侧空白处题写了墨宝,"并列海州(即许氏受帖祖先——引者注)所自出以及吾世"。将世系书于户帖之上,或许不过是许氏兄弟突发奇想之举,而"俾后来者德绳罔替,为江南故家猗与",恐才是他们的本意②。

随着户帖流传和使用的日益普遍,人们逐渐相信:"户帖之制,不惟防奸,抑亦甄别流品,如军民匠灶之属,皆不得混淆"③,乃是确认编户身份最权威的记录之一。相应的,许多族谱均"首标高皇帝户帖"④,以突出该族在明代初年定居的历史。由此户帖本身愈发超出其原始的功用,甚至出现了刻意造伪的趋向。

经过一番仔细比对,笔者发现,康熙《濮川志略》和乾隆《濮镇纪闻》中所提及的濮守清户帖,很可能即是附会虚饰的产物。位于嘉兴府秀水县的濮院镇,早在元代已成丝织业重镇,濮氏一族对于该镇的繁荣起了至关重要的作用,当时的丝绸贸易几乎全被濮氏所垄断。到了明初,在明太祖打击江南豪强的历史背景之下,"濮氏流徙他处"⑤,濮院镇也随之衰落。万历间,濮院重振雄风,"拓街衢,广庐舍",即使那些位于镇

　　① 郑晓:《端简郑公文集》卷7《书赵渐斋户帖卷后》,《四库全书存目丛书》集部第85册,第300页。

　　② 许相卿:《云村集》卷12《恭识先藏洪武户帖》,《景印文渊阁四库全书》第1272册,台北:台湾商务印书馆1986年,第248页。

　　③ 顾梦圭:《疣赘录》"续录"卷下《诗·诗余》,第181页。

　　④ 张世伟:《自广斋集》卷4《昆山顾氏族谱序》,《四库禁毁丛刊》集部162册,北京出版社2005年影印本,第228页。

　　⑤ 万历《秀水县志》卷1《舆地志》,《中国方志丛书·华中地方》第57号,台北:成文出版社有限公司1970年影印本,第82页。

边的原来每亩只值二三金的瘠田，也"加值过百金"①。面对如此巨大的商业利润，长期不见行踪的"濮氏子孙"纷纷粉墨登场，企图在残酷的利益争夺中分得一杯羹，他们先是制造出"守清公于洪武四年辛亥诏给天下户帖，时濮氏星散，惟公在镇受帖安居。生子彦威，复振书香。后宗渊辈诸孙蔚起，皆公之能保其世业也"的说法②，再与所谓濮守清户进行联宗，拟以濮守清的"户帖"作为有力武器，为他们接管元代濮氏遗留下来所谓"八宅二十六庄"的祖产制造声势。正因为如此，由濮孟清编纂的康熙《濮川志略》中才会出现户名为濮守清的户帖：

> 一户濮守清，嘉兴府崇德县梧桐乡二十八都仁字圩民户，计家五口：
>
> 　男子二口：
>
> 　　成丁一口，本身四十一岁。
>
> 　　不成丁一口，男福郎，年五岁。
>
> 　妇女一口：
>
> 　　妻赵氏，年四十岁。
>
> 　事产　屋三间。田自己民田二十八亩五分三厘六毫③。

这份户帖的明显漏洞在于，首行讲濮守清户家有五口，而实际所列仅三口而已。当然，我们也可以将这一矛盾，假设为由于纂者在抄录户帖时的笔误所致。然而，我们如果再仔细读一下胡琢编撰的乾隆《濮镇纪闻》中有关"濮氏八宅"的记载，似可基本排除笔误的可能。在胡琢介绍完"濮氏八宅"的房屋坐落之后，仍保留有"洪武四年诏给天下户帖

---

①　乾隆《濮镇纪闻》卷首《兴废》，《中国地方志集成·乡镇志专辑》第 21 册中，第555—556 页。

②　康熙《濮川志略》卷 3《起家》，《中国地方志集成·乡镇志专辑》第 21 册上，第 65 页。

③　康熙《濮川志略》卷 3《起家》，第 66 页。

时，惟濮守清受帖居镇"之类的文字，似乎是想通过户帖来论证洪武初年濮氏继续在镇居住，但他并没有像之前的濮孟清一样，抄录濮守清户帖的样式，而是谨慎地附了一份与濮氏毫不相干的张得肆户的户帖①。这或许从一个侧面表明了胡琢对于濮氏户帖真实性的质疑，这就好比在应该拿出"铁证"之前，虚晃一枪，环顾左右而言他。如果我们沿着胡琢的思路继续向前推进，那么濮守清很可能是一个子虚乌有的人物，而万历年间重现濮院镇且口口声声称为濮氏"后裔"的那群人的身份也值得怀疑。假如在这个基础上重新反思濮守清户或者张得肆户户帖的史料价值，我们还会完全不假思索地将它们用来直接做研究吗？

与秀水县相隔不远的吴江县南境黄家溪一带，居住着一群史姓人家。他们有着极强的文献"保护"意识，曾经在明末清初由史册等人撰成《史氏吴中派文献谱》一书。书里收录了大量与家族历史有关的公牍案卷，其中也包含户帖一件。其原文如下：

> 一户史居仁，苏州府吴江县范隅上乡二十三都西十三图教书儒籍户，计家三口：
>
> 成丁一口：本年三十九岁。
>
> 不成丁一口：男彬，十岁。
>
> 妇女一口：黄素琼，年三十八岁②。

单从户帖的内容上看，"史居仁帖"不仅缺少了"男子二口"一句，而且毫无事产记录。难道自称为儒户的史姓人家真的就没有任何财产吗？答案显然是否定的，据史居仁的玄孙史鉴后来回忆，史居仁之子史彬（即户帖中的"彬"）"以力田起家，甲其乡，推择为税长"③。明初能担

① 乾隆《濮镇纪闻》卷1《建置·宅第》，第561页。
② 史册等纂：《史氏吴中派文献谱》第3册，清抄本，第1页。
③ 史鉴：《曾祖考清远府君行状》，《西村先生集》卷17《行状五篇》，清八千卷楼珍藏抄本，第2页。

任粮长者，非地位煊赫之富家大户不可，由此可以推知，史氏绝非泛泛之辈。遗漏了事产多寡，而专称祖上为"教书儒籍户"，显然别有深意。必须指出的是，黄溪史氏在明末清初"制造"的文献，除了《史氏吴中派文献谱》外，更为著名的是描写建文帝流亡故事的《致身录》。该书的题名作者为"史仲彬"，"史仲彬"实即史彬。在《致身录》中，史彬的身份由原来的普通粮长变成了建文帝之流亡臣子①。与皇帝攀上关系，无疑可为史氏家族带来更多的现实利益。《史氏吴中派文献谱》中有一件免役帖可为佐证：

> 吴江县二十三都西黄家溪现任徐王府宾辅兼翰林院侍书史仲彬奉圣旨，本官勋在皇朝，其所有户田二千二百五十亩零，永免徭役。今据本官家属开列依字、根字、稔字、小旬、枪字、委毕、苗字、大陈等圩田，止一千九百亩零，余俱在嘉兴县，本县竟将现在一千九百零二亩除免徭役，给帖付照。
>
> 建文三年九月初九日②

这份"免役帖"透露出，如果"史仲彬"朝廷命官的身份能够得到官方的认可，那么史氏后人就可独享赋役的优免权。在优免权不断扩大的明朝末年，史氏后人一直为证明《致身录》的真实性而奔走相告。我们必须清醒地认识到，在为史彬争取"无中生有"的荣耀背后，实际上缠绕着巨大的经济利益；而"户田二千二百五十亩零"之说，恐怕亦非明初史居仁户（或史彬户）的全部事产，实为明末史氏后裔希望享有徭役优免的田土数目。这就不难理解史居仁户帖中为何刻意隐去事产数目的真实动机了。直至清朝初年，史氏的如意算盘亦未能获成功，经钱谦

---

① 参张妍妍：《笔力乱神：〈致身录〉流传前后黄溪史氏家族史的建构》，中山大学硕士学位论文（未刊稿）2008年。
② 史册等纂：《史氏吴中派文献谱》第3册，第7页。

益、潘耒等人反复举证,最终断定《致身录》实系伪撰①,《史氏吴中派文献谱》中的公牍案卷与《致身录》一道,永远停留在史氏族人"自娱自乐"的阶段。

三、简短的结语

作为明王朝开国之初户籍登记的权威文件,户帖的影响并未随着明洪武十四年(1381)之后黄册制度的推行而淡出百姓的日常生活,它不仅可以用来确认编户齐民的社会身份,而且是人们定居入籍有来历的最好历史证明材料。研究存世的明代户帖原件,固然可以获取对户帖的直观印象,且能在一定程度上弥补"第二手"史料的种种缺憾;然而,目前收藏于各大公藏机构的单件户帖,早已脱离文献自身的系统,使我们只能停留在了解户帖物质属性的层面,无法进一步获知人们将户帖保存至今的原始动机。相反,通过明清时代一些志书、笔记、谱牒、文集中的"二手"户帖,我们则可以结合相关"语境",在更为复杂的社会文化机制中了解人们在生产、传抄和使用户帖的过程中所表现的复杂心态。研究表明,明清时代的人们之所以保存户帖,除了收藏猎奇的心理外,更多地是出于现实的需要。随着流传和使用的日益普遍,户帖被越来越多的人们用来作为构建祖先记忆和追求现实利益的工具。刻意记录的有之,附会虚饰的亦有之。但不论是真实的还是虚构的,户帖均在不同程度上引发出了种种与确认身份有关的现实问题。或许只有立足于此,我们才能更好地理解王鏊"百姓盖日用而不知"一语的真实涵义。

(原文载《历史教学》,高校版,2010 年第 12 期)

---

① 钱谦益:《致身录考》,《牧斋初学集》卷 22《杂文二》,上海古籍出版社 1985 年,第 755—758 页;潘耒:《重刻致身录辨》,《遂初堂文集》卷 11《杂著》,《续修四库全书》第 1417 册集部,上海古籍出版社 1995 年影印本,第 583—586 页。

第二节　改兑与冻阻：明代漕运体制的两难选择

隋唐以后，随着经济重心的南移，中央王朝愈来愈倚重来自东南地区的财赋。为了大规模转漕的方便，甚至把政治中心从长安、洛阳东移至开封，漕运线路亦由原来的东西向转变为东南西北向。受地理条件的限制，冬季的黄淮之间天寒地冻，处于 0℃ 等温线以下，河流封冻期长达数月之久，极大地影响了通航能力。与此相应，"舟卒亦还营，至春复集，名曰放冻"①。元代为保障大都供应，除了例行海运之外，又开通会通河，使内河航运的线路由东南西北向转变成南北向，供应目的地的大幅度北移，不仅使运输距离加长，更在无形中延长了冬季封冻的日期。这一格局一直影响至明清两代。

明清时期是中国历史上第四个寒冷期，平均气温相较现今普遍低 0.5—1.5℃，即便是相对温暖的 1553—1599 年期间，年均温度也比现在低 0.5℃②。这无疑在客观上增加了冬季河流封冻的机率。然而，遍检明代文献，恰恰是相对温暖的嘉万时期（1522－1619），有关漕运"冻阻"的记载不绝于书，远远超过更加寒冷的明代前期。种种迹象表明，漕运是否出现"冻阻"，不仅与气候等自然条件有关，而且与运输方式、漕船和运军数额、运输时机选择、河道畅通与否等因素密切相关。进言之，考察"冻阻"的发生机制，必须要结合整个漕运体制，以及漕运体制和人、环境之间的互动，才能抓住问题的核心。气候在漕运系统中的位置，仅仅是一个宏观变量，将"冻阻"单纯归为气象的结果或有失偏颇。

①　《宋史》卷 175《食货上三·漕运》，北京：中华书局 1977 年，第 13 册，第 4252 页。

②　竺可桢：《中国近五千年来气候变迁的初步研究》，《考古学报》1972 年第 1 期；王绍武：《公元 1380 年以来我国华北气温序列的重建》，《中国科学》（B 辑），1990 年第 5 期。

以往学界对于"冻阻"现象的关注,往往在讨论漕粮折征、漕船管理、"过洪"时限、程限制度等问题时随带论及①,鲜有展开。即便有专论,也往往限于一时一地②,难窥全豹。有鉴于此,本文将从漕运制度整体性的角度重新审视有明一代的"冻阻"现象,尤其重视运输方式(选择兑运还是支运)与冻阻发生之间的紧密关联,进而从运输周期、运输成本、运输效率等层面深刻理解明代漕运与国家体制的转变。

一、支运与兑运的选择

在漕运话语中,"冻阻",也称"守冻",是指漕船因河道封冻而阻滞不前的现象,与普通商旅阻冻于航道有着完全不同的意义。后者更多是个人的体验与选择,由于私人出行往往有着充分的自由和极大的灵活性,冬季河冻造成的威胁相对有限。漕船"冻阻"则深受漕运体制的制约,运输周期年复一年,一旦运输环节出现严重问题,很难加以彻底规避。然而,运河封冻并不意味着冻阻的必然发生,由封冻造成的航运"阻碍"每年都会存在,而只有当漕船确实因迟误受阻于封冻的河道时才能称之为发生"冻阻"。从这个意义上说,"冻阻"的出现与否有其特定的历史语境。在明清二代,"冻阻"专指河水结冰导致载粮重船北上时不能抵达京通二仓和回空轻船无法南下两种情形。

---

① 参见鲍彦邦:《明代漕粮折征的形式及原因》,《明史研究》第 2 辑,合肥:黄山书社 1992 年,第 73—82 页;封越健:《明代漕船管理述略》,《明史研究》第 10 辑,合肥:黄山书社 2007 年,第 132—155 页;李德楠:《明代徐州段运河的特点与治理——以运艘"过洪"时限为视角》,第十三届明史国际学术研讨会论文,2009 年;胡铁球:《明清歇家研究》,上海古籍出版社 2015 年,第 324—326 页。

② 参见李俊丽:《明清时期漕船在天津的冻阻》,《邯郸学院学报》2012 年第 2 期;李德楠、刘炳涛:《道光十一年冬季严寒对京杭大运河运作状态的影响》,《中国历史地理论丛》2012 年第 4 期;赵家勇:《试论康熙时期的漕粮违限问题》,《佳木斯大学社会科学学报》2015 年第 5 期。

明清时期，北方运河的封冻时间基本在每年农历十一月至次年一月底，长达三个月左右。以宣德四年(1429)为例，该年正月二十一，"山东济宁以北旧河，自长沟至枣林闸百二十里，沙土淤塞，漕舟难行，今冻渐解，馈运将兴"；十一月，"上以河冻，天下朝觐官及往来之人俱由陆路，虑有盗贼"①。民国初年，上海东亚同文书院的调查亦可印证："（运河）愈往北，封冻期来得愈早，最早的始于旧历十月下旬，而解冻则在一月中旬以后，结冰的厚度在沧州附近为2尺。"②一般而言，河道运输只要刻意地回避这一段结冰期，便可有效地避免"冻阻"的发生。譬如，在主要以转般法运漕的北宋时期，"江、湖上供米，旧转运使以本路纲输真、楚、泗州转般仓，载盐以归，舟还其郡，卒还其家。汴舟诣转般仓，运米输京师，岁折运者四。河冬涸，舟卒亦还营，至春复集，名曰放冻"③。在漕河沿线设立转般仓，既可有效地规避封冻期，又可一年往返运输四次，"冻阻"对漕粮运输并没有造成威胁。崇宁三年(1104)蔡京改行直达法，运输距离和运输周期的延长加重了漕运负担，"道里既远，情弊尤多，如大江东西、荆湖南北有终岁不能行一运者"④，因而深受时人诟病。

明永乐元年(1403)，成祖改北平为北京，立为陪都，称行在。随之漕粮北运的规模不断扩大，"军民联运"运输方式逐步得以奠定。其初，"惟海运用官军，其余则皆民运云"⑤。据王琼的《漕河图志》记载："每

① 《明宣宗实录》卷59，"宣德四年正月戊辰"条、"宣德四年十一月丁卯"条，《明实录》，台北："中研院"历史语言研究所1962年校印本，上海书店1984年影印本，第11册，第1206、1420页。

② 《大运河调查报告书》，载冯天瑜、刘柏林、李少军选编：《东亚同文书院中国调查资料选译》，下册，北京：社会科学文献出版社2012年，第1343页。

③ 《宋史》卷175《食货上三·漕运》，第4252页。

④ 《宋史》卷175《食货上三·漕运》，第13册，第4259页。

⑤ 《明史》卷79《食货三·漕运》，第7册，北京：中华书局1974年点校本，第1916页。

岁海运约有一千一百余只,运粮八十余万石到于北京。"①除了海运之外,漕运之途有二:一是"自淮安用船可载三百石以上者运入淮河、沙河,至陈州颍岐口跌坡下,复以浅船可载二百石以上者运至跌坡上,别以大船载入黄河,至八柳树等处,令河南车夫运赴卫河,转输北京"②;二是"临清仓储河南、山东粟,亦以输北平"③。前一种方式较为常用,运量也远大于后者。永乐元年(1403)十一月,即"命右军都督府都督金事陈俊等,督运淮安、仪真等处仓粮百五十七万六千二百石有奇,赴阳武,转输北京"④,由此开始了明初河陆接运的进程。在河陆接运的重要节点八柳树一带,"距黄河百步置仓廒,受南方所运粮饷"⑤,似乎在形式上蕴含了转般仓的含意。然唐宋转般法多采用官船官运,在阳武暂储粮米以待车运,运输线路的主体仍为粮里长,具有浓厚的民运色彩,故在严格意义上算不上典型的支运。

永乐八年(1410)北征,数百万石军粮拟发北运⑥,加上北京供应所需漕粮,大大超出海陆兼运每年两百万石左右的运输能力。永乐九年(1411)六月,开通会通河,使朝廷除了通过黄河、卫河水陆接运之外,又多了一个内河航运的重要选择。永乐十二年(1414)年户部会议上正式确立了通过会通河运漕的方案:

---

① 《始罢海运从会通河攒运》,载王琼:《漕河图志》卷4《奏议》,北京:水利电力出版社1990年点校本,第178—179页。

② 《明太宗实录》卷21,"永乐元年七月丙申"条,载《明实录》第6册,第400页。

③ 《明史》卷79《食货三·漕运》,第7册,第1916页。

④ 《明太宗实录》卷25,"永乐元年十一月庚辰"条,载《明实录》第6册,第451页。

⑤ 《明太宗实录》卷18,"永乐元年三月戊戌"条,载《明实录》第6册,第331页。

⑥ 《明太宗实录》卷102,"永乐八年三月壬申"条,载《明实录》第7册,第1325页。

　　查得会通河现运粮止有浅河船一千三百余只，每次可运粮二十余万石。于徐州并济宁两处仓支粮，运赴北京在城仓，一岁可运三次，共该粮六十余万石，比与海运粮数不及。若添造二百料船，共辖三千只，专于淮安仓支粮，运至济宁交收。却将二千只于济宁仓支粮，运至北京。一次该运粮四十万石，往回约用五十日，自二月起至十月河冻止，可运四次，共得粮一百六十万石，比与海运数多，又无风水之险，诚为快便①。

这条线路运输潜力不仅超过海运总数一倍以上，而且更符合转般法的基本原理。在徐州、济宁二处设立大型水次仓，一年可以转搬三次；在淮安和济宁设立转般仓，一年则可转运四次。尤其重要的是，运输时间为 9 个月（270 天左右），"自二月起至十月河冻止"，如果衔接得当，在转般仓之间往返一次只需 50 天，有效地避开运河 3 个月的封冻期，可以说绰绰有余。当然，运输能力的增加除了与运输方式有关外，同时还要以足够的漕船数量作为支撑。在支运法推行初期，大量添造浅船，不遗余力地挖掘运输潜力成为一时之首选，在封冻期之外尽可能实现漕运能力的最大化，内河漕运由此显现出巨大的优势。事实上，不仅在支运时代，即便到了长运时代，漕船数量的多寡仍然是制约漕粮能否及时上仓最重要的因素之一。

确立了内河漕运的运输方式以后，风险更高的海运再也没有继续维持的充分理由。户部在对淮安和济宁的粮米来源作出重新调整时，将原储太仓的海运粮改储淮安，并在运河沿线增置水次仓，全面推行内河漕运。永乐十三年（1415）正月，"设淮安府常盈仓、徐州广运仓、德州广积仓"②，后为了平衡各段运输距离，同年六月"移山东德州广积仓于

① 《始罢海运从会通河攒运》，载王琼：《漕河图志》卷 4《奏议》，第 178—179 页。

② 《明太宗实录》卷 160，"永乐十三年正月戊辰"条，载《明实录》第 8 册，第 1822 页。

临清县永清坝,储漕运粮"①。在保留济宁仓的前提下,利用新设的常盈、广运和广积等仓实施支运:

> 原坐太仓岁粮,苏、松、浙江改发淮安仓,镇江、庐、凤、淮、扬送徐州仓,徐州并山东兖州送济宁仓,河南、山东送临清仓,各交收。浙江并直隶卫分官军于淮安运至徐州,京卫官军于徐州运至德州,各立仓廒收囤,山东、河南官军于德州接运至通州交收,名为支运,一年四次②。

这段材料出自正德年间漕运总督邵宝的追溯,从可操作性的层面看,颇具可信度。从中可见,永乐十三年(1415)支运法主要由以下两个环节组成:一是有漕省份将漕粮民运至淮安、徐州、济宁和临清等大型转般仓;二是由各地运军从转般仓节级递运。这种运法的核心在于军民联运,即包含民运上仓、官军支运两个相对独立的环节,这与之后在兑运法之下军民直接交兑的方式有着根本的差别。更为重要的是,有了运河沿线几个大型转般仓作为保证,"支者不必出当年之民纳,纳者不必供当年之军支,通数年以为衰益,期不失常额而止"③。漕粮运输不拘于当年完成,可以跨年转输,使支运拥有了更大的回旋空间,并能够尽量避免极端天气的影响。永乐年间漕粮北运的数额常在200万石至600万石左右波动④,也正是因为这一时期运输方式的多元性和灵活性所致。永乐十三年(1415)当年"馈运北京粮六百四十六万二千九

---

① 《明太宗实录》卷165,"永乐十三年六月癸未"条,载《明实录》第8册,第1856页。
② 邵宝:《国朝运法五变》,载万表辑:《皇明经济文录》卷7《户部下》,上册,北京:全国图书馆文献缩微复制中心1994年影印本,第181页。
③ 《明史》卷79《食货三·漕运》,第7册,第1916页。
④ 黄仁宇:《明代的漕运》,北京:新星出版社2005年,第238页。

百九十石"①，几近京杭运河运输能力的最大值，绝不仅仅包括当年的漕额，而是之前多年转般仓储额的总汇。济宁仓在以上运输体系的主要功用主要在于辅助收储徐州和山东兖州的米麦，当时德州、临清仓正处于建设之中，储粮能力有限②。

由于连接通州和北京的通惠河此时尚未开通，两地之间往返八十余里需走陆运，不免耽误漕运期限。为保证每年转般四次，其初漕粮只需运至通州仓交卸。后因缺少官军接运，北京正式成为首都之后粮食缺口亦越来越大，永乐二十一年（1423），粮米改为径赴京仓，每年只运三次③。这多少减缓了永乐十三年（1415）运输能力最大化的势头。更重要的是，由于郑和下西洋、北京城营建和军事征伐等需要，运军常被调离运输岗位，"不数年，官军多所调遣，遂复民运，道远数愆期"④。在军民联运的理念下，永乐年间民运始终占相当的比例，支运数额逐年下降。在民运机制下，南方的粮户辛苦耕作，同时承担着远运任务，"秋收后运来，则北方河以冻，候春暖冻开，又妨农作"⑤，一旦遭遇严寒守冻等困难，只能自己消化，实在是苦不堪言。

洪宣之际，针对粮户远运之苦先后出台了新政。先是由漕运总兵官平江伯陈瑄提议，将湖广、江西漕粮也纳入接运体系，并令民户"于近便淮安、徐州等处交纳，别令官军接运至北京，如此则民力可苏，而农务

---

① 《明太宗实录》卷 171，"永乐十三年十二月"条，载《明实录》第 8 册，第 1908 页。

② 郑民德：《明清京杭运河沿线漕运仓储系统研究》，北京：中国社会科学出版社 2015 年，第 127—128 页。

③ 万斯同：《明史》卷 99《食货五·漕运》，载《续修四库全书》"史部"第 325 册，上海古籍出版社 2002 年影印本，第 622 页。

④ 《明史》卷 79《食货三·漕运》，第 7 册，第 1916 页。

⑤ 《明太宗实录》卷 214，"永乐十七年七月辛亥"条，载《明实录》第 9 册，第 2146—2147 页。

不妨"①。在运军缺额问题没有得到解决的情况下,陈瑄的建议显然缺乏实施的条件。至于如何由官军接运至北京,陈瑄并无特别交代,延续支运法的可能性比较大。须要指出的是,在这一时期,相对于增加或维持漕运效率,避免民运之弊开始占据上风。宣德四年(1429),宣宗"以军民每岁漕运劳苦,欲少苏其力,使岁运不乏"为由,命行在工部尚书黄福与陈瑄共同计议,"凡民间所运税粮,当于何处置仓收贮令官军转运,或不必置仓令军民输运如旧,务处置得宜,使公私两便"②。经过这次调整,新方案的重心放在了如何处置军运和民运的比例之上,与永乐年间更侧重转般仓选址的原则大异其趣:

> 今淮、徐、临清仓厂犹存,宜令江西、湖广、浙江之民运粮一百五十万石贮淮安仓,苏、松、宁国、池、庐、安庆、广德民运粮二百五十万石贮徐州仓,应天、镇江、常州、太平、淮安、扬州、凤阳及滁、和、徐三州民运粮一百五十万石贮临清仓,山东、河南、北直隶府州县粮俱令运赴北京仓为便③。

一方面,大型转般仓体制的恢复,能够使支运法继续正常运转,另一方面,军民联运的方式则可有效减少民运直达京通的弊端。不过,在新的政策下,各地民运的距离相比永乐十三年(1415)的支运法不仅没有缩短,反而大幅度延长,如苏、松由淮安仓改至徐州仓,淮、扬由徐州仓改至临清仓。在官军运力不足时,民运距离进一步加长的事例越来越多。苏州府原拟运粮至徐州仓,而宣德五年(1430)坐派该府"临清粮

---

① 《明仁宗实录》卷 2 下,"永乐二十二年九月壬辰"条,载《明实录》第 9 册,第 71 页。

② 《明宣宗实录》卷 53,"宣德四年四月戊子"条,载《明实录》第 11 册,第 1277 页。

③ 《明宣宗实录》卷 55,"宣德四年六月庚子"条,载《明实录》第 11 册,第 1320—1321 页。

一百六万一千一百九十二石，徐州粮十五万石"①，绝大部分漕粮是运往距离更远的临清仓。民运之弊依然普遍存在。

为了缩短民运距离，应天巡抚周忱发现必须要付足够的运费，每石量加耗米以补偿运军，才能使运军心甘情愿地加入到漕运体系中来。他于宣德六年(1431)提议："民运至淮安或瓜洲水次交兑，漕军运抵通州，淮安石加五斗，瓜洲又益五升，其附近并南京军未过江者即仓交兑，加与过江米二斗。"②果然，此议一出，立刻得到军方的积极响应。当年六月，陈瑄上奏将之扩大到湖广、江西、浙江等有漕省份：

> 江南之民，运粮赴临清、淮安、徐州上仓，往返将近一年，有误生理。而湖广、江西、浙江及苏、松、安庆等官军，每岁以船至淮安载粮，若令江南民粮对拨附近卫所官军运载至京，仍令部运官会计给与路费耗米，则军民两便③。

考虑到官军连年岁运之辛劳，陈瑄又提议各处佥民丁及军多卫所添军 12 万人，与现运军士共 24 万人，分为两班攒运④，暂时解决了运军不足的顽症。在此基础上，紧接着出台了军民加耗之例："每石湖广八斗，江西、浙江七斗，南直隶六斗，北直隶五斗，民有运至淮安兑与军运者止加四斗。如有兑运不尽，令民运赴原定官仓交纳，不愿兑者听自运。"⑤运价核算完毕之后，宣德七年(1432)正式推行兑运：

① 况钟：《请减秋粮奏》，《况太守集》卷 7，南京：江苏人民出版社 1983 年点校本，第 72 页。

② 《明史》卷 153《周忱传》，第 14 册，第 4213 页。

③ 《明宣宗实录》卷 80，"宣德六年六月乙卯"条，载《明实录》第 12 册，第 1861 页。

④ 《明宣宗实录》卷 80，"宣德六年六月乙卯"条，载《明实录》第 12 册，第 1861 页。

⑤ 《明宣宗实录》卷 84，"宣德六年十月丙子"条，载《明实录》第 12 册，第 1949 页。

江南、浙江、湖广、江西军船各回本司府地方交兑,诸府州县各于附近水次盖设仓廒,领兑不尽者令南京并江北卫所不下坝军船仍于瓜、淮交兑。其北边一带如河南彰德等府俱小滩镇交兑,山东济南州县各于德州交兑,东平等州县于安山交兑,沂州等州县于济宁领兑,其余水次类多仿此。民粮仍有送纳淮、徐、临、德诸仓者,支运十分之四①。

兑运法的确立,一定程度上解决了支运"民有往复之劳,军无脚耗之利,诸仓既收,支放经费无益"②等弊端,明代漕运进入了"兑运、支运相参"③阶段。此法为官军在瓜、淮等交兑地点支粮后直接送达京师,而非节节转般,是对永乐十三年(1415)支运法的彻底颠覆。但对粮户来说,相比自运上仓,兑运的成本更低,是以兑运日多,而支运益少。正统年间,兑运的规模不断扩大,如正统二年(1437),"运粮四百五十万石,内兑运二百八十万一千七百三十五石,淮安仓支运五十五万二百六十五石,徐州仓支运三十四万八千石,临清仓支运三十万石,德州仓支运五十万石"④。正统九年(1444),"令各处民粮每岁该起运京师之数,先尽本都司卫所兑运,其有不尽者,布政司坐拨各府县轮流运送于淮安、徐州、临清、德州等仓交收"⑤。到成化前期,各仓支运米仅有70万石。兑运逐渐取代支运,表明漕运方式日趋单一,运河沿线大型水次仓的功能也开始弱化。

此后,在瓜(洲)、淮(安)以北的漕河内部,大部分漕粮陆续实现由

① 万表:《九沙草堂杂言》,《玩鹿亭稿》卷5《杂著》,载《四库全书存目丛书》集部第76册,济南:齐鲁书社1997年影印本,第87页。
② 杨宏、谢纯:《漕运通志》卷8《漕例略》,载《四库全书存目丛书》史部第275册,第85页。
③ 《明史》卷79《食货三·漕运》,第7册,第1915页。
④ 《明英宗实录》卷22,"正统元年九月甲午"条,载《明实录》第13册,第422页。
⑤ 杨宏、谢纯:《漕运通志》卷8《漕例略》,第88页。

运军采取直达法长途运输，一年三运或一年四运的运输方式逐渐淡出漕运系统。对于运军来说，运输距离和运输周期的延长意味着他们将要在北方面临冬季严寒的考验。事实上，支运时期运军已遭遇此类困难，宣德五年（1430）刑部郎中李文正言："北京粮饷皆出江南，各卫军士转运不息，有遇河冻不得还家者，有至家未及一月复就道者，经年奔驰在外。"①实行兑运后，正常情况下官军需要春兑秋归。嘉靖年间万表称："既改交兑于瓜、淮，漕艘百千直输京师，计程三千里，率六阅月而讫事。"②也即是说，理论上兑运可以避开河道封冻期。宣德七年（1432）陈瑄奏请增拨运军，所列理由中自然因素包括"春初河浅，舟行甚艰，夏秋有水，又多漂流损失"③，并未言及冬季河冻的影响。可见在官方最初的考虑中，没有将河冻视为严重的威胁。随着兑运年复一年的进行，"冻阻"才出乎预料地成为一项挑战。

景泰四年（1453）十一月至次年二月，全国普遍陷入严寒，粮船受冻。为避免下年漕运迟误，户部提出将漕粮改纳沿线水次仓，以缩短运输距离使粮船早回："如舟可前进，则令运赴通州上纳，如不得进，则令沙湾以北者于临清上纳，以南者于东昌及济宁上纳，漕挽军民令回本处运次年粮储"④。在"兑、支相参"初期，部分大型转般仓的收储功能尚可利用，保证了实施这种权宜之计的可能性。随着转般仓的逐渐废弛，天津、德州和河西务的角色变得越来越重要。天顺六年（1462）十月，"运粮船尚有三四千在临清，其前行者约二十余日方到通州，已在十月

---

① 《明宣宗实录》卷72，"宣德五年十一月癸丑"条，载《明实录》第11册，第1685页。

② 万表：《佑民观理漕厅事记》，《玩鹿亭稿》卷3《文》，第52页。

③ 《明宣宗实录》卷95，"宣德七年九月甲申"条，载《明实录》第12册，第2162页。

④ 《明英宗实录》卷231，"景泰四年七月壬午"条，载《明实录》第19册，第5065页。

尽间,若交纳而回,河已冻矣……必误下年运粮"①。为保证漕船及时回空,"将南昌左等三卫德州收,荆州左等六卫所天津收,宁波等一十二卫所河西务收"②。

运法调整完成后,漕运相关规定也逐渐细化,各项制度趋于成熟稳定。漕粮数额方面,正统以来每年大致在 400 万石至 450 万石之间上下波动,不再像永乐、宣德年间多至五六百万石③。天顺以后,又"定船一万一千七百七十、官军一十二万"为定制④。随着漕船、漕军数量的确定,漕运能力也相对固定,成化初年每年运粮总额均为 335 万石,到成化八年(1472)始定每岁运粮 400 万石为常额。

漕粮数额稳定后,总的运输负担逐渐定额化。运输环节越多,折耗越大,因此官军长运成为最节省的办法。从另一方面看,只有以漕粮定额为前提,全面施行兑运才有可能。因为粮额不定的年代,必然有兑运不尽的情况。成化年间的改兑之议,便是通过给与江北运军过江脚米来消除瓜、淮交兑⑤,再将几大水次仓的 70 万石支运米改行兑运以彻底实现官军长运⑥。改兑法的彻底推行,则以成化九年(1473)户部奏请暂免诸仓支运米之议为标志:

> 递年民运赴淮安、徐州、临清、德州仓粮,官军领运原无加耗,然民苦远运之劳,军乏盘剥之助。今宜免民远运,就同本处兑军粮运赴水次与官军领运,仍作支运之数。其粮每石加耗湖广、浙江、

① 《明英宗实录》卷 345,"天顺六年十月丁亥"条,载《明实录》第 21 册,第 6979 页。

② 杨宏、谢纯:《漕运通志》卷 8《漕例略》,第 91—92 页。

③ 黄仁宇:《明代的漕运》,北京:新星出版社 2005 年,第 238 页。

④ 万斯同:《明史》卷 99《食货五·漕运》,第 626 页。

⑤ 《明宪宗实录》卷 95,"成化七年九月丁亥"条,载《明实录》第 24 册,第 1823 页。

⑥ 万历《明会典》卷 27《户部十四·会计三·漕运·漕运总数》,北京:中华书局 1989 年缩印本,第 199 页。

江西四斗，应天并江南直隶诸府三斗，江北直隶诸府二斗五升，山东、河南一斗五升。如兑支不尽，仍令民运赴各仓上纳，其各该官军原兑粮每石仍加七升，不为例①。

这一提议很快成为定制，尽管之后还存在交兑不尽的粮米由民运赴四仓，且各地兑军之前也有着广泛的民运环节，但从漕河内部来看，民运基本结束，官军长运在制度上最终确立。对于瓜、淮以北的漕运而言，改兑的意义不在于长运的产生，而在于支运的彻底废除，运河沿线大型水次仓失去支运功能后呈现出不同转向，临、德二仓转变为预备仓，淮、徐二仓则成为运军行粮支放仓②。"诸仓之粮每岁又有灾伤支运，所储益少，仓厫倒塌皆荒芜矣"③，仓储规模的缩小，意味着当漕船来迟且有发生"冻阻"危险时不再发挥转般仓的功能，需要更多地运至天津、河西务等处寄收。

二、长运法实施后"冻阻"的日益频繁及其应对之策

如前所述，在支运和"兑支相参"阶段，官运和民运的比重始终处于不确定的状态，一旦民运周期拉长，既加重了粮户的负担，也会直接影响其日常生产。改行长运后，不仅官运周期被拉长，沿途也缺乏转般仓的调节，使得漕运体制的弹性越来越小，逐渐丧失在沿途暂储以及进行休整的空间。由于运道不畅的情况时有发生，北方河冻前完粮回空的可能性随之大幅度降低，漕船"冻阻"的几率愈发频繁。

① 《明宪宗实录》卷 120，"成化九年九月乙巳"条，载《明实录》第 24 册，第 2315 页。

② 参见吴缉华：《明代临清德州的地位极其漕仓的研究》，《大陆杂志》1960 年第 1、2 期合刊；张叶、吴滔：《从淮仓到淮库：漕粮加耗折银与明代财政》，《史林》2017 年第 4 期；张程娟：《从漕运卫所和仓储体系看明前中期漕运改革——以徐州地区为中心的考察》，《史林》2017 年第 5 期。

③ 万表：《九沙草堂杂言》，《玩鹿亭稿》卷 5《杂著》，第 88 页。

　　为了缩短长运周期,水兑和免晒之策应运而生。所谓"水兑",是指漕粮来迟不必入京通二仓,而是由京卫官军前往张家湾、河西务等沿河地方就船兑支俸粮,如此可以省去漕粮的上仓时间,使粮船早日回空。此法始于成化六年(1470),"沿河就船兑与京卫官军,作本年十月、十一月俸粮,于九月以里支尽"①。水兑实质上是通过将运粮负担转移至在京官军身上的办法,既节省了部分运费,也缩短了运输周期,可谓一举两得,多为后世所援引。

　　免晒的目的和水兑相同,也是为了加快完粮过程。明代漕粮入仓之前,照例应当晒扬几日,以保证粮米干燥,延长储存时间,如万表所说:"凡粮米进京通二仓,必晒三日,扬一日方收。"②而当漕船来迟时,通常免去这一程序以节约时间,早在景泰天顺年间已有先例。成化十七年(1481)又提出了加收免晒米折耗的办法,"是岁天旱,河流浅涩,以致漕运违期",户部尚书翁世资称:"今欲如常例晒米上仓,恐岁暮河冻,有误明年漕运,乞免湖广、江西、浙江所运米摊晒,每石加米四升以充折耗"③。漕米晒扬需要等候,若天气不佳则需守候更久,本身这数日时间不是必须争取的,但为了尽快回空还是予以跳过,可见情形之迫切。

　　这两种较为直接的应对之策节省出来的时间尽管有限,但在时人看来却可以有效地避免发生冻阻,保证下一年的漕运效率,因此会同时采用。成化二十年(1484),漕运总兵官陈锐等题称:"天时亢旱,自仪真至宿迁河道干浅,船不能行,即今八月初旬,湖广等处粮船尚有二千六百余只未过济宁,若计完粮须至十二月,必致冻阻"④,于是建议水兑、

　　① 《明宪宗实录》卷 120,"成化九年九月戊申"条,载《明实录》第 24 册,第 2320 页。
　　② 万表:《九沙草堂杂言》,《玩鹿亭稿》卷 5《杂著》,第 89 页。
　　③ 《明宪宗实录》卷 219,"成化十七年九月丁亥"条,载《明实录》第 26 册,第 3789 页。
　　④ 梁材:《议处通惠河仓疏》,《梁端肃公奏议》卷 5,载陈子龙等编:《明经世文编》卷 106,第 2 册,北京:中华书局 1962 年影印本,第 967 页。

免晒并用，"将已到京通二仓未收者悉令照例免晒，每石明加耗米，并今免晒米四升作急收受。其未到京仓粮米，行令在京各卫所，将仓粮官军该支本年十月、十一月、十二月分俸粮月粮，造报关领勘合，委官带领前去通州地方，听本部委官监督，就船一并兑支，张家湾兑者每石添与脚米三升，河西务兑者七升，就于该上京仓脚价米内支给"①。

水兑渐成常态后，也往往会生出弊端。正德十六年（1521）命户部郎中李献可前往催攒漕运，敕令中指出："近年以来，漕规废弛，奸弊多端，见今八月将尽，运到粮米不及十分之四，比之往年尤为迟滞……中间若有奸懒官军人等，或乘漕运缺官总督，在途延缓致使冻阻，希图寄囤水兑，以遂奸计者，逐一严加查访。"②隆庆年间，漕政日弛，"时冻阻者多令就便兑军，军遂故为迟延以规水兑"③。对运军来说，水兑意味着运输负担的减轻，为了达到目的，他们不惜人为地延缓运程，敦促水兑成为既成事实，从中做"制度套利"。

正德年间"冻阻"现象愈发频繁，除了长运法自身的结构性缺陷之外，漕船不足乃更直接的原因。正德五年（1510），刘六、刘七起义爆发，次年十月，"刘六等攻济宁州不克，焚粮运船千二百一十八艘"④，占漕船总量的十分之一左右。漕船被毁直接造成运输工具的缺乏，运输能力自然下降，由此引发连年冻阻。明廷只好多种措施并用，一方面利用改纳、免晒、体恤运军等办法处置冻阻，另一方面加紧造船。但造船非一日之功，次年仅补造完成三分之一，"又因流贼扰攘，被阻重船二千一百八十五只，回空船一千三百一十五只"⑤，漕船还是存在巨大缺口。

---

① 梁材：《议处通惠河仓疏》，《梁端肃公奏议》卷5，第967页。
② 雍正《故城县志》卷4《文翰·敕谕》，《中国地方志集成·河北府县志辑》第54册，上海书店出版社2006年影印本，第136页。
③ 万斯同：《明史》卷99《食货五·漕运》，第624页。
④ 《明武宗实录》卷80，"正德六年十月甲申"条，载《明实录》第35册，第1734—1735页。
⑤ 杨宏、谢纯：《漕运通志》卷8《漕例略》，第114页。

正德七年(1512)之后数年,连年发生冻阻。先是"有司运粮行至中途冻阻,粮米寄囤临清等处"①,天津也有冻阻寄囤粮二十万石有余,漕运官员提出存留十二万石改纳天津仓,充作此后两年额运天津仓的改兑粮,由此省下余耗以供修船之用②。接着是正德八年(1513)阻冻粮十七万三千五百石,"旧粮既阻,新运缺船",只好采取折征的办法,"宜查不通水次州县今年兑军粮米折银如阻冻之数,每石连耗七钱以抵之"③。在明代,折征之例有严格的标准,虽时有权宜,但难成定规。寄囤天津遂成为应对冻阻的另一常用之策。正德十四年(1519),"命运船冻阻天津即于天津仓交纳,凡米六万石"④。

在正德时期,寄囤的地点有较为严格的限制,一般主要寄囤天津,若在德州、临清以南的地方申请寄囤,则不被允许。宁可临时改为折征,也绝不让步。正德十五年(1520),江西运军"兑粮在船,行至沛县庙道口,冻阻三个月余。次年四月船方抵湾,改拨通仓纳完,七月方才回到仪真坝下"⑤。据此,漕运官员于正德十六年(1521)十二月提出:"江西运船值兵变冻阻,到淮愆期,恐误来年粮运,乞将见到正粮十五万余石即于淮仓收贮,候次年查有被灾州县止征折色,存下军船改拨运纳。"⑥改纳淮仓的提议显然挑战了户部的底线,被户部官员严词拒绝:"迩来漕规废弛,领运官旗希图寄囤,故意稽延,诚难准拟。"要求"江西回空船只先完过淮者,责令速回领兑,其冻阻未回者,尽该年折银粮数,

———————————

　　① 杨宏、谢纯:《漕运通志》卷8《漕例略》,第124页。

　　② 杨宏、谢纯:《漕运通志》卷8《漕例略》,第114页。

　　③ 《明武宗实录》卷117,"正德九年十月丁未"条,载《明实录》第36册,第2367页。

　　④ 《明武宗实录》卷171,"正德十四年二月丁亥"条,载《明实录》,第37册,第3304页。

　　⑤ 杨宏、谢纯:《漕运通志》卷8《漕例略》,第124页。

　　⑥ 《明世宗实录》卷9,"正德十六年十二月己卯"条,载《明实录》第38册,第321页。

免其领兑,督令回卫修船办料"①。

兑运法定制之前,陈瑄曾宣称推行兑运"军民两便"。然行至正德年间,其弊端已充分显现。漕运总督邵宝开始无限怀念永乐十三年(1415)支运法的好处,"永乐间淮、徐、临、德水次四仓以受民输,运军支赴京通二仓……军民两便,今所谓支运法。自变兑运为改兑,易转输为直达,辗转稽迟矣"②。他甚至"以漕运迟滞,请复支运法",而此时支运相关制度和配套设施荒废已久,"户部议,支运法废久,不可卒复,事遂寝"③。

支运法既然已不可恢复,出台更加严厉的避免冻阻的措施就成为当务之急。对各个运输环节加以严格把控乃至对纳粮时间和运输时间作出详细规定的程限制度于是应运而生。程限制度并非仅针对"冻阻"一项而设,官军长运确立后,从秋粮起征、开帮起运,到黄河大水、运河干浅、河道封冻等各个运输环节均有必要进行协调,否则会对漕船北上和回空造成阻碍,故政府必须合理规划漕运程限,才能使漕运体制有序运转。

"漕运程限"是指政府规定漕粮开仓、征完、兑完、开帮起运、过淮、过洪、到达京通仓,以及漕船回南的期限规定,其目的是为了保证漕粮足额、及时到达京通仓。为了达到这一目的,必须防止漕船守冻与漂没事故。明代征收漕粮,其初按秋粮十月开仓的律例推行,没有过淮、过洪、进京的时间规定,但随着长运法的推行以及漕粮在途守冻、漂流等问题越来越严重,程限制度开始不断完备并日臻严格④。长运法推行之初便有进京期限的规定,期限的长短依据各地距京距离的远近而定:

---

① 《明世宗实录》卷9,"正德十六年十二月己卯"条,载《明实录》第38册,第321页。

② 万斯同:《明史》卷99《食货五·漕运》,第627页。

③ 《明史》卷79《食货三·漕运》,第7册,第1920页。

④ 胡铁球:《明清歇家研究》,第324—330页。

"北直隶、河南、山东五月初一日,南直隶七月初一日,其过江支兑者,展一月,浙江、江西、湖广九月初一日"①。运官通计三年考成,违限的惩罚并不严厉,且一旦粮船来迟,则命令漕运官员"计其程途远近",重新"定与到京期限"。② 因此官军拖延的情况难以禁止。

正嘉年间,漕船冻阻的问题日渐突出,为了保持行进速度,减少沿途耽搁,正德五年(1510)出台了水程图格制度:"令漕运衙门以漕运水程日数列为图格,给与各帮官员收掌,逐日将行止地方填注一格,同原给帮票送部查考。事完,送漕运衙门查缴。无故违误,运官住俸问罪。"③"运程图格"的颁行,标志着程限制度的正式诞生。然而,由于监督机制过于宽泛模糊,违限冻阻事件仍频繁发生,明廷于是加大了对把总运官的处罚力度,并不断调整和严格漕运程限。嘉靖八年(1529)制定了过淮程限,"江北十二月,江南正月,湖广、浙江、江西三月",同时提前了完粮期限,"限五月者,缩一月,七八九月者,递缩两月"④。到嘉靖三十七年(1558),上仓期限再前移一月,"四月初者限三月,五月初者限四月,六月初者限五月,七月初者限六月"⑤。不断提前完粮、上仓和过淮的时限,目的是催促漕船尽快达到京通二仓同时防止返途遭遇冻阻。

隆庆四年(1570),鉴于徐州、吕梁二洪险恶,为"河漕咽喉",航行艰难,有漂没之险,首次推出过洪程限。并将之前出台的开仓、征完、兑完、开帮、过淮等一系列期限加以统合,订立"议单程限",配套完善了更加严密的奖惩制度⑥。至隆庆六年(1572),最为严格的程限制度正式出台:"定漕运程限,每岁十月开仓,十一月兑完,十二月开帮,二月过

① 《明史》卷79《食货三·漕运》,第7册,第1921页。
② 杨宏、谢纯:《漕运通志》卷8《漕例略》,第95页。
③ 万历《明会典》卷27《户部十四·会计三·漕运·漕规》,第201页。
④ 《明史》卷79《食货三·漕运》,第7册,第1921页。
⑤ 万历《大明会典》卷27《户部十四·会计三·漕运·漕规》,第201页。
⑥ 胡铁球:《明清歇家研究》,第329页。

淮,三月过洪入闸,四月到湾,永为定例。"①

如前所述,最佳的漕运周期在每年的二月至十月。将过淮期限定在二月,本无可厚非,而且,漕船如能在四月顺利抵达张家湾,就能保证充足的回空时间,有效地防止冻阻的发生。但隆庆六年的程限制度在实际操作上会面临诸多困难。首先,将运输周期无限提前,以保证漕船回空为代价,不仅没有充分享用每年的最佳运输时机,反而在每年封冻最严重的季节,人为地造成大量来自湖广、浙江、江西的漕船在天津以北的河西务、通州等处拥堵。其次,每年十月至次年一月,不仅是北方河流的封冻期,也是南方河流的枯水期,运输效率急剧下降,若遇极寒天气,在淮河以南出现封冻也并非罕见。第三,漕粮开仓征收时间过早,未与南方有漕州县晚稻的收获日期形成错峰,收割、晒干、征收、起运、交兑从十月开仓到十一月兑完即便在理论上也不可能完成,"江南诸郡征输失期"渐成常态,甚至"历春徂夏,迁延惟意,比至毕兑,渡淮时已五六月矣"②。至晚明时期,鉴于"程限愈是提前、官军愈是违限"的实情,"粮船三月过淮"的旧例再度被翻出台面③。

三、嘉万以后冻阻的扩大

正因为程限制度和漕运最佳时机之间存在不可调和的矛盾,期限越发提前,官军越是违限。当违限成为普遍状态后,制度的约束力也就越加孱弱。嘉万以后,冻阻非但没有被根治,反而有进一步扩大的趋势。《明史》称:"世宗初政,诸弊多厘革,然漂流、违限二弊,日以滋甚。

---

① 《明神宗实录》卷 2,"隆庆六年六月庚辰"条,载《明实录》第 51 册,第 60 页。

② 万表:《佑民观理漕厅事记》,《玩鹿亭稿》卷 3《文》,第 53 页。

③ 毕自严:《题复总漕李侍问从新整饬漕粮疏》,《度支奏议·云南司》卷 2,上海古籍出版社 2008 年影印本,第 7 册,第 97 页。

中叶以后,益不可究诘矣。"①可谓切中要害。嘉靖元年(1522)户部亦言:"漕运之法无他,惟在船不守冻、粮不挂筹、军不借债三事为急。"②在漕运总兵官杨宏等的主持下,于嘉靖初年围绕漕船的补造进行了一系列漕务整治,但漕运能力并未得到明显提升。

正嘉之际,冻阻较前岁更加严重,正德十六年(1521)"各总自北河起至临清,共冻阻粮船二千三十七只"③,当年,户部已批准折银一百一十万石,仍未能使情况得到缓解。有鉴于此,杨宏与漕运总督陶琰提议:"将各省灾伤兵火地方漕运京储,量准一百万石折银解纳,冻阻运船军士暂存办料,补造缺少船只,以苏军困。"建议被户部驳回,以之前批准折银数额已大,"若再折银,恐京通仓储太少,京师米价腾贵","宜查军船完备及回空稍先者,先将本色坐派运赴京通二仓交纳","折色之数当分派缺军缺船及守冻卫所存留休息"④。而在杨宏看来,使"冻阻之船不为误运,缺少之船可渐修补"⑤才是当务之急,现有浅船只能运送320余万石漕粮,存在70余万石的运输缺口。追加改折数量并非是给户部出难题,通过改折筹措人力物力补造漕船才是杨宏的真正目的。

杨宏一方面统计出"各总共缺船二千四十四只"⑥,另一方面积极清查各处拖欠料价,加紧补造浅船。他先是建议"将南北二京并江西抄没犯人田产变卖银两,舍缓就急,照数给发清江、卫河二提举司,并浙江、湖广、江西三省,及南直隶各府,趁此无事之时,分投打造,期在来年

---

① 《明史》卷79《食货三·漕运》,第 7 册,第 1923 页。

② 《明世宗实录》卷 21,"嘉靖元年十二月壬寅"条,载《明实录》第 38 册,第 627 页。

③ 杨宏、谢纯:《漕运通志》卷 8《漕例略》,第 124 页。

④ 《明世宗实录》卷 12,"嘉靖元年三月壬子"条,载《明实录》第 38 册,第 423—424 页。

⑤ 杨宏、谢纯:《漕运通志》卷 8《漕例略》,第 125 页。

⑥ 杨宏、谢纯:《漕运通志》卷 8《漕例略》,第 126 页。

秋冬时月完备，给与各卫官军领驾"，如银两不敷，则"于太仓银库将折粮银先借一十万两，给发各布政司，并清江等提举司买料打造"①。然而，至嘉靖三年（1524），"前项缺船将近二年之限，完造不及六十余只"②。公允地说，正德以来的缺船问题，与其说是因为"被盗焚毁"或"遭风沉失"，还不如说是"军民料价连年拖欠"③。由于长期料价不足，一直未能如数补造，漕运官员虽然多方筹措造船费用，始终未能成功。尽管杨宏在嘉靖初年多次争取添补，但在改折频繁的情况下，对漕运能力的要求并不迫切，补造缺船也就没有得到官方的一致重视。

嘉靖中后期，冻阻愈发严重，且规模庞大。嘉靖十八年（1539），漕运总兵官顾寰奏称："湖广、江西、浙江、下江、南京、江南、江北、中都诸部运船，前以回避梓宫，继以河水涨发，不获时进，比已冻阻共二千九百余只。必至明年河泮时始得还，恐过期不复能领运。且各处灾伤，民不堪命，明年兑运亦未必能如期。"④此年冻阻涉及数总卫所，受冻漕船、漕粮数额巨大，顾寰直接请求暂将冻阻漕船"免下年装运，约所装粮可九十六万七千四百余石，即以各灾伤地方量准折银上纳"⑤，一次性折银近百万石，可见冻阻规模之巨。

即便不在河流封冻期，程限制度对过淮、过洪、抵湾时限的过分执念，亦会在特定的时节人为造成漕船的过度拥堵。以白漕河段为例，"岁值全运则万艘云蒸，旅进猬集。由河西务以达通州，绵亘百数十里，两涯之间，舳舻相衔，中流仅仅通舟。且时复壅塞，运剥小舠甚亦旬日

---

① 杨宏、谢纯：《漕运通志》卷8《漕例略》，第136页。
② 杨宏、谢纯：《漕运通志》卷8《漕例略》，第142页。
③ 杨宏、谢纯：《漕运通志》卷8《漕例略》，第125页。
④ 《明世宗实录》卷231，"嘉靖十八年十一月庚申"条，《明实录》，第43册，第4761页。
⑤ 《明世宗实录》卷231，"嘉靖十八年十一月庚申"条，《明实录》，第43册，第4761—4762页。

不能通"①。嘉靖二十年(1541),漕河干浅,七月二十二日,末帮运船方过吕梁洪,八月初,头帮运船方才交粮,"八九月间后帮运船俱到,数当不下五千,比常加倍"②。漕船在天津至北京河段拥堵已无可避免,进而会影响回空造成冻阻。漕运参将万表实在想不到万全之策,只好在细节上做文章。他建议:"为今之计,必须水陆并进,或于后到运船内量摘通起京粮,就令于丁字沽一带湾泊,听候雇车,不须抵湾挤塞,却于已过河西务各帮摘起通粮,惟不失京通三七、四六总数……或将湖广、江西二总路远运船从权水兑,以速回南。"总的原则就是不在京通地区耽误时间,迅速回空,通过缩短运输时长来避免冻阻。这种办法只能治标不治本。

正嘉之间,由于冻阻而奏请改折的事例越来越多,造成京师供应缩减,本色粮米不足,引起了朝廷的高度警觉。长此以往,每年 400 万石的漕额迟早会被一点一点地侵蚀掉。隆庆四年(1570)漕运会议决定:"严改折,岁漕四百万石,今后必十分灾伤万不得已者,令附近州县照例拨补,或临、德等仓所积堪抵支运,方准议改,毋以小灾市恩致亏旧额。"③同时,为了保持对冻阻问题的高度重视,不得不放宽了择地寄囤的标准,"自今凡遇冻阻者,不拘道路远近,择地寄贮,留军看守,发船回南,另补官旗以整新运,旧者必掣通关方许回卫"④。

寄囤乃临时露囤漕粮,由于运河沿线水次仓廒废颓日久,无从寄收,一般会采取择地露囤的办法。寄囤时期,派专人看守,在春暖冰融

---

①　万表:《佑民观理漕厅事记》,《玩鹿亭稿》卷 3《文》,第 53 页。

②　万表:《辛丑河道浅阻议处起粮出冻疏》,《玩鹿亭稿》卷 6《奏议》,第128 页。

③　《明穆宗实录》卷 51,"隆庆四年十一月乙丑"条,载《明实录》第 50 册,第1270 页。

④　《明穆宗实录》卷 51,"隆庆四年十一月乙丑"条,载《明实录》第 50 册,第1270 页。

时大部分会转运入仓，尽量保障本色粮米供应京师。这一储存方法基本能够保证漕粮不失原额，不过是推迟了上纳时间。但寄囤之弊也不容忽视，不仅搬运不便，更为有害的是官军希图寄囤，于是故意迁延冻阻。曾任户科给事中、湖广左参政的蓝璧对此有相当精彩的评论：

> 近年以来河决为患，倭寇肆逆，为因船少而改折，为因阻冻而寄囤十余年间，鲜有全运，京通之储，日以益薄，不过二三年之积而已……寄囤之议起于阻冻，此不得已之计也，然利害较殊，遂成观望。盖寄囤之费十三，京通之费十七，京通费多而归迟，寄囤费少而归速，又安肯舍彼而趋此哉？是以督催虽频而迁延日甚也。且粮一入囤，军多私回，止留一二老弱守船，行未数程，河冰已合，迨其赴淮，已迫兑期，是本以防阻冻而未尝不阻冻也，本以急来岁之运而来岁之运益迟也①。

在蓝璧看来，防止冻阻之策反而成为冻阻的原因，可谓一针见血。实际上，成化以后为维持运输能力而采取的各种减轻运输负担的办法，无一不导向类似的结果。这种状况明代官员也未尝不知，但终究只能两害相权取其轻，为保证有限的京师供应，存在严重弊端的政策也不得不继续施行。

明朝末年，辽东边饷也开始由漕船带运，这无疑增加了运输压力，同时给漕运能力带来更大的挑战。由此造成边粮与漕运的同时冻阻，进而导致二者之间的关系混乱。辽饷来迟或者不足时，冻阻漕粮遂经常被借充辽饷。冻阻漕粮充作边粮早有先例，嘉靖元年（1522），"发张家湾守冻漕船应纳通仓粮米十五万石，给大同宣府边饷"②；嘉靖三十

---

① 蓝璧：《上漕政疏》，同治《高安县志》卷21下《艺文志·疏》，《中国地方志集成·江西府县志辑》第38册，南京：江苏古籍出版社1996年影印本，第617页。

② 《明世宗实录》卷12，"嘉靖元年三月癸亥"条，载《明实录》第38册，第438页。

七年(1558),"发天津卫守冻漕粮十二万石,输蓟州充兵饷"①。

万历后期,辽饷数额与日俱增,即便多方筹措也难以完成。万历四十六年(1618)户部奏,"辽饷会议三百万,今内帑之请发,南北部寺之那借,才得二百三十万"②。在这种状况下,冻阻于天津等地的漕粮自然成为辽饷"觊觎"的对象。"津门每岁应截粮数与带运辽粮原有历年成例"③,然运军为了不运至京通上仓,往往故意拖延守冻,甚至期待截留。天启七年(1627),巡漕御史何可及称:"自有辽事以来,津粮屡截,当事亟图完局,每留早到新粮,各船到此偏多观望,一舟拦阻,万艘齐停。"④户部尚书郭允厚亦发现:"自截漕以来,各弁营求留津,有意落后,漕船尽皆守冻矣。夫应截鲜粮不过十万,应留带运不过三十万耳,以致数百万漕粮逗遛不前,耽误滋甚。"⑤天启七年(1627)因大量漕船冻阻于天津,不能及时入仓,当年的截漕数额达到前所未有的高峰,"漕粮一年八截,津门觊觎无已"⑥。

辽饷与截漕的共同作用,导致天津至通州河段冻阻规模愈来愈大,冻阻于河西务钞关上下的漕粮数额已成为国家财政中的重要名目⑦。天启五年(1625),冻阻于河西务的漕粮数额竟然占到实该进京通二仓

---

① 《明世宗实录》卷 456,"嘉靖三十七年二月辛巳"条,载《明实录》第 10 册,第 7707 页。

② 《明神宗实录》卷 572,"万历四十六年七月乙卯"条,载《明实录》第 64 册,第 10814 页。

③ 《明熹宗七年都察院实录》卷 11,"天启六年三月十四日"条,载《明实录》第 90 册,第 1330 页。

④ 《明熹宗实录》卷 80,"天启七年正月壬辰"条,载《明实录》第 5 册,第 3898—3899 页。

⑤ 《明熹宗实录》卷 83,"天启七年四月丁未"条,载《明实录》第 70 册,第 4025 页。

⑥ 《崇祯长编》卷 2,"天启七年十月壬寅"条,载《明实录》第 91 册,第 55 页。

⑦ 据《明熹宗实录》每年十二月总结的财政数据可见,从天启元年(1621)至六年(1626),每年冻阻在河西务钞关上下粮在 50 余万石至 160 余万石之间。

兑改粮总额的 53%①，由此给京师供应带来严重影响。崇祯年间，冻阻形势更加严峻，毕自严记录了崇祯元年（1628）的冻阻情况，"查得今岁进过京仓粮米共四十七万一千六百九十五石六斗六升四合，进过通仓粮米二十万七千四百一十三石九斗"，"关内冻阻粮船六百零六只，共米三十万二千五百四十九石零"，"关外至天津止冻阻粮船五百九十六只，共米二十八万九千三百六十七石零，自天津以下，查淮单船数尚该三千五百九十四只，冻在德州、临清、济宁、直河一带粮数难以一时查考"②。至次年，情况仍未得到缓解，"通州一带国储四百万新集，堆集如山，冻阻河上，搬运不及"③。京储缺乏已成为重大隐患。为扭转这一困局，有人提议陆运，有人"请制冰床"④，因种种原因，皆未能实施。

在这一过程中，天津因冻阻形成辽饷、漕粮的大量汇聚，反而逐渐发展成北方最重要的粮食市场。早在嘉靖年间，"贩粟者，至自卫辉、磁州并天津沿河一带，间以岁之丰歉，或籴之使来，粜之使去"⑤，天津作为华北粮食集散地的潜质已初现端倪。至万历后期，一方面辽饷和漕粮在天津调拨协剂，另一方面，当地吸纳了来自全国各地的巨额商品粮，且米色米种齐全，包括漕军在内的各色人等均可在上仓前购买合适的米种，调剂补缺，非常便利。进入清朝，天津"城西北沿河一带，旧有杂粮店，商贾贩粮百万资运京通，商民均便，河东新创杂粮店，商贾贩粮

① 《明熹宗实录》卷 66，"天启五年十二月"条，载《明实录》第 69 册，第 3166 页。

② 毕自严：《条议漕粮守冻事宜疏》，《度支奏议·云南司》卷 1，第 7 册，上海古籍出版社 2008 年影印本，第 67 页。

③ 《崇祯长编》卷 28，"崇祯二年十一月戊子"条，载《明实录》第 93 册，第 1566 页。

④ 《崇祯长编》卷 28，"崇祯二年十一月丁酉"条，载《明实录》第 93 册，第 1585 页。

⑤ 嘉靖《河间府志》卷 7《风土志·风俗》，明嘉靖刻本，第 3 页。

通济河东一带村庄"①,延续了明代漕粮交纳市场化的传统。

四、结论

综上所述,冻阻绝不只是一种单纯的自然现象,而是明代漕运系统面临的制度性难题。结合上文及《明实录》相关记载,永乐中叶到弘治间的近一百年里,发生冻阻的年份较少,且冻阻的规模不大。正德初到万历末岁的一百余年里,冻阻的次数明显增多,受冻的漕粮数额也大幅提高。在天启、崇祯短短二十余年间,则近乎年年冻阻,入京通二仓的漕粮甚至不足百万石。造成这种大幅波动的原因并非单是冬季气候寒冷,更牵涉到国家财政、赋役折银、河工治理、辽东军事等诸多方面。

影响冻阻发生与否最主要的因素,乃是运输方式的选择。永乐年间所推行的支运法优势有二:一是通过分段运输缩短了每一段的运输距离和运输周期;二是在运输沿途设有大型仓库,不需要一次性地将漕粮运达最终目的地,运军从各转般仓支运的漕粮,并不一定是当年的民运粮,即便是当年的民运粮也不一定在当年支运。如此灵活的运输方式可以有效地规避运河的封冻期。然而,明初的支运法毕竟不能包打天下,军民联运始终是漕运体制的主流。随着永乐北迁后民运负担的日益加重,如何保持供应能力的同时避免民运之苦成为焦点。"弃支改兑",派运军直接前往有漕府州县水次兑运成为明朝君臣选择的答案,这其中既有对民运弊端的取舍,亦有对军运优势的考虑,从而避免了民夫远运对农业生产的影响,在一定程度上实现了漕运负担中"赋"与"役"分离。

在兑支相参阶段,运军运送漕粮,粮户偿付运费,运输成本和运输效率达到了表面上的平衡,似乎为明代漕运体制找到了最好的一剂良

---

① 康熙《天津卫志》卷1《建置·集期》,《中国方志丛书》"华北地方"第141号,台北:成文出版社有限公司1968年影印本,第62页。

方。随着漕船、漕军数额的渐趋稳定，支运法及与之配套的相关设施在成化年间正式退出了历史舞台，形成了长运法一家独大的局面。虽然"转运则民有往复出纳之扰，长运则军有守浅阻冻之困"①，支运和长运各有优劣，然而，长运法显然不是地理和气候层面的最优方案，不仅运输者独立运输的距离延长，路途遥远且沿途航运条件无法保证，而且变通协调的制度机制也因转般仓的废弛而丧失，年转运次数由 3—4 次减少为 1 次，不可控性增加。

漕运制度的本质就是要在中央财政需求和漕运能力之间取得平衡。在一定意义上，成化八年（1472）400 万石漕运定额即建立在长运法运输能力上限的基础上，超过这一上限的漕粮运输量只有在支运和兑支相参阶段才能达成。即便如此，长年维持 400 万石的运输量也并不容易，不仅要接受天寒地远、河道干浅等自然因素的考验，而且会受交兑迟误、督运违限、漕船缺失等人为因素的左右。与河道淤浅造成的"淤阻"及偶尔发生的"水阻"、"风阻"相比，冻阻更加难以避免，也更加频繁，成为明代漕运体制中无法回避的隐患和一直萦绕的顾虑。

从政府的角度来看，厉行长运法既是为了减轻民运之苦，也是为了全面加强对漕运环节的控制。针对冻阻所采取的各种相应的预防和规避措施，无论是水兑、免晒，还是折征、改纳，均被纳入官方严格监管的范围。长运法之下的漕运体系，各个环节紧密相连，既精密又脆弱。越是体恤漕运、顾虑冻阻，就越是会造成冻阻。最典型的事例就是，为保证漕粮及时上仓和漕船及时回空所制定的程限制度，与河流封冻期存在难以回避的内在冲突，却仍作为维持漕运体系的铁律加以贯彻。至晚明时期，冻阻已完全超越其自然属性，成为一种漕运制度的专有话语。最终，长运法之下"共图脱冻"的种种补救措施逐渐沦为漕运相关群体在制度的缝隙中转嫁运输成本、谋求额外利益及与政府讨价还价

---

① 杨宏、谢纯：《漕运通志》卷 6《漕仓表》，第 78 页。

的工具。

（原文载《浙江社会科学》2020 年第 7 期）

第三节 明代浦东荡地归属与盐场管理之争

"浦东"地区，即现在上海市黄浦江南北向河道以东地区。这一地区在宋代以前还基本上没有成陆，宋代以后，随着太湖流域下游水系的变迁和东南沿海陆地的不断淤涨且迅速扩大，黄浦水系终于在明初得以确立，"浦东"无论从地理上还是文化上，也相应成为一个分离于上海其他地区之外、相对独立的地域单元。浦东成陆的过程中始终伴随着地区开发，各种群体在自然条件变动的过程中，不断调节自己的生计方式。州县和盐场之间，民户和灶户之间，围绕土地与赋税等一系列问题，产生出纷繁复杂的矛盾。

研究盐政史者，多有"盐糊涂"一说，其实两浙盐场的"荡糊涂"尤甚于"盐糊涂"。所谓"荡糊涂"，即灶地、灶课之糊涂。与福建、广东等盐场以晒盐为主不同，两浙盐场多采取"煎煮"的方式，为此各盐场划出专门的灶地，出产"柴薪"以供煎盐之用。然而，明清时代，灶地与民田犬牙交错，界限一直不明确，以松江府的浦东地区为例，一直存在着灶地和棉地"争田"的问题。有关松江府"东乡"植棉面积的探讨前辈学者已经多有涉及①，本文从浦东盐场变迁和灶户民户身份的转化层面着眼，关注灶户中的水乡灶户逐步民籍化的趋势，以期深化对这一问题的认识。

一、"浦东"的形成

现在的黄浦江，最初称黄浦塘，原本是吴淞江尾闾的一条小支流，

---

① 森正夫：《明代江南土地制度研究》，南京：江苏人民出版社 2014 年，第 262—280 页。

明代以后因形成独立水道的而称黄浦。黄浦水系的形成是太湖流域下游水系变化的结果。在宋以前，太湖下游呈东北、东、东南三路排水的格局。宋乾道八年(1172)，丘崇修筑捍海堰18处，北起松江，南至海盐界①，导致东南排水河道发生重大变化。海塘修筑后，太湖东部三江水道特别是东江出海口日趋淤塞，淀山湖及浙西平原的水流，"转而东流，至闸港又折向北流，注入吴淞江"，②致使太湖流域的排水集中到了吴淞江一条江上。吴淞江水量变大，作为吴淞江的支流，黄浦塘水量相应增加，水面扩大，黄浦水道初现端倪，成为处于上海县治东侧一条南北向的大浜。到明初，吴淞江日趋淤浅，永乐二年(1404)，原为吴淞江下游出海口的南跄一段，"潮汐壅障，菱芦丛生，已成平陆"③。次年，夏元吉奉命治理水患，以黄浦水道取代吴淞江，作为太湖流域排水的主干道。为了便于排水，夏元吉开范家浜，另觅出海口，放弃了原南跄出海口。原来位于南跄出海口北面的嘉定县"江东八都"，因新出海口的隔离，被分割在黄浦水道的东侧。自此以后，黄浦水道基本定型。西北承淀山湖来水，在李塔汇附近转而东折，至闸港镇北流，经华泾镇略向东一路蜿蜒向北入海。明清时期，黄浦水面逐渐开阔，嘉靖《上海县志》已将黄浦作为区分上海县东、西乡的地理界线④，这是浦东包括黄浦东面地区最早的文献记载。黄浦水道的形成和水面的扩大，使浦东逐渐成

---

① 绍熙《云间志》卷中《堰闸》，《上海府县旧志丛书·松江县卷》第1册，上海古籍出版社2011年，第35页。

② 褚绍唐：《历史时期太湖流域主要水系的变迁》，《复旦学报(社会科学版)》1980年第1期。

③ 《夏尚书治水奏》，正德《松江府志》卷3《水下·治绩》，《上海府县旧志丛书·松江府卷》第1册，上海古籍出版社2011年，第59页。

④ 嘉靖《上海县志》卷1《山水第二·黄浦条》(民国二十一年传真社景印本，第5—6页)："由闸港而下若盐铁塘、沈庄塘，若周浦，若三林塘、若杨淄港、黄淄溇，此为浦东之水也；若陆道浜，若唐子泾，若南俞塘、北俞塘，若车沟，若吴店塘，若华泾，若乌泥泾，若龙华港，若日赤浜、薛家浜、肇嘉浜，若方浜，若南北侯家浜，若洋泾，此为浦西之水也。"

为一个独立的地理单元。

唐以前的海岸线位于太湖平原的冈身地带,离太湖较近。唐以后,成陆速度加快,海岸线不断向东推移,黄浦以东陆地面积逐渐扩展。宋代丘崇修筑捍海塘,东部海岸线基本确定,但当时的捍海塘并没有完全阻断出海的水道,海水还能引入塘内。到明成化八年(1472),巡抚毕亨、巡按郑铭、水利佥事吴瑭筑捍海塘,"里人呼为里护塘,即宋丘崇所筑捍海堰十八闸处"[①],几乎将东南出水通道尽数封闭。于是海塘以外,不断涨出新的土地。

由于靠近沿海,浦东地区主要以滩涂为主,常被称作斥卤之区。宋代以前,当地已设有盐场。丘崇修筑海塘,主要是为了保护沿海的盐业生产,在塘上每隔一段距离都开设有闸门,保障海水流入塘内盐场,供煮盐之用。明成化八年(1472)修筑护里塘后,"诸闸皆废"[②],入海通道被截断,海水不能顺畅地引入塘内,盐业生产受到直接影响,盐场不得不向海塘外转移。同时,塘内原本由盐场管辖的土地,逐渐远离海岸,虽丧失了煮盐的功能,却有了被开垦成田的条件。到正德年间,金山卫一带之捍海塘以内,已开垦农田数万顷[③]。到嘉靖年间,盐场渐渐转移到了海塘外新涨陆地上来,"塘外内遍为团场,煎办盐赋"[④],不同生计的人群随着生存空间的变化而发生了转移。

随后几百年间,海塘外新生陆地面积仍在不断扩大。靠近海塘的土地渐次被开垦成田。清初上海县人叶梦珠述云:"沙滩渐长,内地渐垦。于是同一荡也,有西熟、有稍熟、有长荡、有沙头之异。西熟、稍熟,可植五谷,几与下田等。既而长荡亦半堪树艺。惟沙头为芦苇之所,长

---

①　正德《金山卫志》下卷之 1《险固·水类》,《上海府县旧志丛书·金山县卷》,上海古籍出版社 2014 年,第 55 页。

②　正德《金山卫志》下卷之 1《险固·水类》,第 55 页。

③　正德《金山卫志》下卷之 1《险固·水类》,第 55 页。

④　嘉靖《上海县志》卷 1《山水第二·黄浦》,第 6 页。

出海滨，殆不可计。萑苇之外可以渔，长荡之间可以盐。"①

在几百年的海岸线不断向外拓展的过程中，浦东地区逐渐形成三个地带。靠近海塘、距离海岸较远的地带种植粮作；中间地带种植柴薪；靠近海岸线的地带种植芦苇。相应的，在不同地带，也生活着不同生计的人群。最远离海岸的地带逐渐被农民开垦成农田，中间地带主要生活着煮盐的人群，即灶户，最外围的芦苇地带主要生活着渔民。随着这三个地带的整体外移，各种人群的生存空间也随之发生变动。

二、明初灶户的生计

"浦东"在北宋已成煎盐之所。南宋建炎年间，又专设两浙都转运盐使司分司，即松江分司，下属五个盐课司：浦东场、袁浦场、青村场、下沙场、天赐场，除了天赐场位于崇明沙外，其余各场均位于"浦东"地界，历元代不变。到明代，明太祖朱元璋将各色人等分为不同户籍，以期各司其职。浦东地处滨海，被划分成军、民、灶、渔等籍。其中民户分属华亭、上海、嘉定三县；灶户分布于沿海各盐场；军户则分布在金山卫所辖松江、青村、南汇三个千户所和隶属太仓卫的宝山所。金山卫的军饷一部分由附近的松江府直接供应，另一部分来自卫所屯田籽粒，卫所屯田主要分布在上海县二十保长人乡及其附近②。此外，沿海一带有不少渔户，但材料记述不详。州县、盐场、卫所各自成体系，诚如正德《金山卫志》所云："乡镇皆松江府属，盐场皆浙江运司属，若无与于卫者，然环匝海上，凡农得耕于野，商贾得藏于市，盐灶得煮于海，晏然生养兹土，不复知有海患者。"③

随着海势东迁，盐场随之东移，正统二年(1437)，两浙都转运盐使

---

① 叶梦珠：《阅世编》卷 1《田产二》，来新夏点校，北京：中华书局 2007 年，第 26 页。

② 乾隆《金山县志》卷 8《屯田》，第 187 页。

③ 正德《金山卫志》卷下之 1《险固·乡保》，第 58 页。

司分司,由下沙镇东迁至新场镇。明代盐场数量也相应增加,永乐六年(1408),添设清浦场于嘉定县江东八都,正统五年(1440),将下沙场一分为三,新置下沙二、三场于上海县境内。然而,明清时期浦东地区海陆变迁,以成陆最快的南汇嘴为顶点,往北、西两侧海岸线延伸,始终处于较为剧烈的"涨坍不定"的状态:一方面,随着海岸线的外推,部分盐场所辖土地不断扩大,成为各种利益集团的争夺对象,或被开垦成田,并入州县,或被势豪隐匿,中饱私囊;另一方面,在长江入海口和金山卫一带,由于受海潮冲蚀的影响,常有陆地坍入海中,煎盐场所不断萎缩。两种情况均导致盐场直接控制的土地呈日益减少之势。后世盐场与州县的纠葛主要集中于上海县、嘉定县的江东八都,或可直接归于这种不稳定的海陆关系。

盐场产盐主要有两种方式:煮盐和晒盐。江浙沿海一带,"明代前期都是用煎的,所以需要燃料。灶户所用的燃料,在沿海一带的是草,草出于荡,因此荡地是制盐不可缺少的生产资料"①。浦东所属盐场也不例外。在成陆速度较快的南汇嘴一带,各方均为争夺外扩的荡地而不遗余力。

明初的灶户群体,主要由附近州县佥派为灶户的民户及其从宋元继承下来的亭户组成。由盐课司分配柴荡、工本钞,灶户则向盐课司交纳盐课。洪武中,"每灶一丁给与工本钞二贯六十文,以备器用,以给口食",当时灶户虽然常年熬波煮盐,但"钞一贯可易米二石",生计尚算宽裕②。灶户最初不分离场远近,俱要煎盐③,后来逐渐发生分化,"那些

① 陈诗启:《明代的灶户和盐的生产》,《厦门大学学报(哲学社会科学版)》1957年第1期。
② 正德《松江府志》卷8《田赋下·盐课·国子生沈淮盐政奏疏略》,第118页。
③ 《明英宗实录》卷244,"景泰五年八月丙子"条,《明实录》第19册,第5314页。

从州县派来'不谙煎烧'的灶丁,大都住在离盐场三十里之外,由于没有生产盐的技术,只好私自出资给直接参加生产的滨海灶户,代煎盐课"①。前者被称为水乡灶户,后者被称为滨海灶户。起初,水乡灶户除了以直接出钞给滨海灶户的形式缴纳盐课之外,还需向盐课司提供柴薪,缴纳荡课②。他们原多为州县民户,被划为灶户后,仍保留原有田地,需向州县纳粮服役,又由于他们参与盐业生产的缘故,享有免杂泛差役的特权。总的说来,虽然水乡灶户在盐场、州县都有赋役责任,但至少在明初,盐场、州县基本上是各自为政,互不干扰。

宣德以后,宝钞贬值,灶户生计日益贫困,大量逃亡。水乡灶丁改贴补滨海灶丁"柴卤钱米",由后者代为办盐,"虽云贴米,钱米杂物无所不受,出者不觉其难,收者各得其用"③。这种较为灵活的提供物资的方式,一开始尚能取得较好的效果。到正统三年(1438),周忱治理两浙盐课,将水乡灶户的盐课纳入体制内,由盐课司掌握调剂,并设立赡盐仓,将华亭、上海二县水乡灶户需向州县缴纳的秋粮存留本处,连同"远乡灶户所贴"④,以维持向滨海灶户提供工本的机制。这一机制的功效不光在于联络水乡灶户与滨海灶户生活生计,同时也开启了州县、盐场权责由各自独立走向相互交叉的第一步。为收取盐课便利起见,周忱还仿照州县里甲制度,在盐场设立总催、头目,"轮年应当,有消乏者依前选替"⑤,这为后世总催兼并荡地,盐课不能完纳埋下祸根。

至成化年间,周忱改革中水乡灶户"代办工本"渐失,改向水乡灶户

① 徐泓:《明代前期的食盐生产组织》,载《文史哲学报》第 24 期,1975 年版。

② 陈诗启:《明代的灶户和盐的生产》,《厦门大学学报(哲学社会科学版)》1957 年第 1 期。

③ 《国子生沈淮盐政奏疏略》,正德《松江府志》卷 8《田赋下·盐课》,第 119 页。

④ 《明英宗实录》卷 47,"正统三年十月乙丑"条,《明实录》第 14 册,第 914 页。

⑤ 正德《松江府志》卷 8《田赋下·盐课》,第 116—117 页。

直接征收盐课。成化九年(1473),两浙水乡盐课进一步货币化,每引"折银三钱五分",彻底摆脱"工本"的意味,成为赋课的一种①。成化二十年(1484),经两浙巡盐御史林诚奏定,自次年始,滨海灶户的盐课也开始折银,分本折二色②。盐课全面折银后,除了荡课仍由盐课司征收之外,水乡灶户原需向盐课司缴纳的盐课,也由松江知府樊莹建议,改由州县催征,再缴纳运司,与此相应,水乡灶户"还入民伍当差"③。这是盐场、州县权责进一步交叉的一个重要标志,同时也反映了水乡灶户的民户化倾向。

盐课折银对于灶户的生计影响深远。一方面,水乡灶户可以自由选择生计方式,不再需要为煮盐而专门种植柴薪,种植何种作物,可由自己决定。另一方面,滨海灶户以白银的形式缴纳课盐,不必专守于盐业生产,甚至可以改变户籍身份。更重要的是,由于盐场荡地相比州县民田,所征收税额相对较低,"长荡以内税隶鹾司,较之田赋,十不及一,业户以之成家,司役视为奇货"④,因此盐场荡地成为豪强、总催和富灶等大户竞相争抢的焦点。甚至出现如下极端现象:"在下砂三场九团,富家占塘外滩荡者,自国初至弘治末并无赋役"。⑤

三、赋役改革与灶户生存空间的变化

盐课折银后,包括灶户在内的沿海各色人等纷纷追求种植高经济

① 徐泓:《明代的盐法》,"台湾大学"历史学研究所博士毕业论文1972年,第79页。

② 详见徐泓:《明代后期盐业生产组织与生产形态的变迁》,《沈刚伯先生八秩荣庆论文集》编辑委员会主编:《沈刚伯先生八秩荣庆论文集》,台北:联经出版事业公司,1976年。

③ 正德《松江府志》卷8《田赋下·盐课》,第118页。

④ 叶梦珠:《阅世编》卷1《田产二》,来新夏点校,第26页。

⑤ 万历《上海县志》卷4《赋役志下·盐课》,复旦大学图书馆藏手抄本,第17页。

利润的作物，以换取银两交纳赋税。滨海土地偏碱性，适宜种植棉花。徐光启的《农政全书》中曾描绘当地大面积种植棉花的景象："海上官民军灶垦田几二百万亩，大半种棉，当不止百万亩。"①而棉花所得的收益，在缴纳赋役后，仍有不少盈余。加之水乡荡地因税额较低，还可免杂泛差役，于是各种人群纷纷争夺水乡荡地。正德九年（1514），两浙巡盐御史师存智曾指出："灶户所管滩荡，每为豪强或以近而侵，或以倩而准折，或强夺为产业，或开垦为田园。遂使煮灶无资，煎盐失利。"②崇祯《松江府志》记载："灶户田地连接民产，易为隐蔽。滩荡并无塍岸，难以丈量。册籍顷亩，俱是随意捏写，以应官司督责。若论原有土地，十才开报一二。"③灶户的荡地，或被附近的州县卫所军民侵占，或被盐场富灶兼并，皆与盐课折银有着间接的关系。对于荡地被侵占的趋势，盐运司也无力改变，屡屡感叹法令不严。

水乡灶户的盐课已在成化二十二年（1486）并入州县秋粮征收，这无疑加剧了荡地的流失，于是，盐场方面的富户豪强要求由州县包补的呼声随之而起："原扣水乡荡俱在县境纳粮，民田之东，各场办课。灶地之西，外不近海，内不傍江，岁种花稻豆麦，无异负郭膏腴，府县盐司两不编差，东海士民视为仙境。征价之后，又不曾坼裂为河，陷没为湖。正德三年（1508），沿海富家忽言水乡荡价内白涂银无征，竟为此辈诳说，割民间已入黄册科钞分补，此外不敷，再加县粮耗米包补，谓之白涂荡价。自是水乡丁荡止征银若干，而该县士民岁代各场补纳盐课

---

① 徐光启：《农政全书》卷35《蚕桑广类》，《景印文渊阁四库全书》第731册，台北：台湾商务印书馆1986年，第7页。

② 《（正德）九年御史师存智修举盐法疏条》，王圻：（万历）《重修两浙鹾志》卷20《奏议中》，《四库全书存目丛书》"史部"第274册，山东：齐鲁书社1997年影印本，第763页。

③ 崇祯《松江府志》卷14《盐法》，《上海府县旧志丛书·松江府卷》第2册，上海古籍出版社2011年，第309页。

矣。"①此段议论虽然站在州县官员的立场上,对"包补"行为加以声讨,但是由盐场富灶提出的州县包补白涂荡价的提议得到批准。水乡荡地处于民田与煮盐灶地的中间地带,其种植花稻豆麦的收益,无异于州县民田,又有优免杂泛差役的规定,令人羡慕。盐场方面之所以提议让州县包补白涂荡价,很大程度上也是因为州县民户大量侵占荡地。

当然,盐场富灶也深知其中的奥妙,他们采取各种手段隐匿荡地,转而以亏空为由,让州县包补荡课,致使州县包补荡课的种类和数量均不断增加:"考嘉靖十六年(1537)黄太府刊行赋役册,水乡荡价除富家所谓白涂无征外,其有樵荡银下砂场该七百七两二钱,下砂二场该八百二十六两二钱一分七厘。今据总科开报及各场揭帖,下砂场止有荡价银四百九十两九钱六分五厘,下砂二场共有荡价银四百七十九两一钱二分七厘九毫,两场计亏银五百六十三两三钱二分四厘一毫。内五百二十六两四钱三分,查是下砂三场九团富家遥认收去,以为影蔽计,后分本团百催均纳,今加于小塘内田荡矣……县民何辜恒为此辈包补,此海上富家占盐司地,逐灶户入水乡,而令县民包补之大略也。"②从表面上看,除了正德三年(1508)包补水乡荡课中的"白涂"之外,下沙一、二场灶户在嘉靖间还需交纳荡课中的"樵荡银"若干;至万历年间,此项荡课已亏空五百二十六两四钱三分,均由县民何辜恒等包补。后经调查,这一亏空,完全是由于下沙三场富灶何辜恒早年遥认了一、二场的荡价银。

在州县官员一再揭露盐场富灶兼并荡地转嫁州县包补的"阴谋"的同时,盐课司的官员则更乐意强调州县对于侵占盐场荡地负有不可推卸的责任:"各场灶荡滨连边海,原有二则。宪下者专主晒淋,宽平可补樵采,二者相须煎办盐课……近奉明旨丈量田亩,附场县分里递人等,

---

① 万历《上海县志》卷 4《赋役志下·盐课》,第 16 页。
② 万历《上海县志》卷 4《赋役志下·盐课》,第 22 页。

遂将前项开垦灶地报入有司，以抵民产，而有司亦即丈入民田数内，攘为己功。"①每当州县、盐场清丈田土时，州县豪强便在官府的默许下把兼并来的一部分荡地上报为民田。部分灶户因此纳不起荡课，由是，州县包补之声再起。

在这场博弈中，州县也有一套对付盐场的专门办法。按照规定，包补的荡课征收由州县负责，再由盐场总催解送盐运司。然而，由于征收包补不计入县官的考成，所以，州县对于包补荡课的征收，一直缺乏足够的重视，"县帑每视此项为末务，富人阴为阻挠，吏胥利于干没，不肯依期发解，恒致失时"，总催往往因此受到牵连，"屡坐稽迟之罪，受鞭笞之苦"。有鉴于此，万历年间，两浙巡盐御史杨鹤建议，将"包补征解入县额考成，而该场减额免解，是在该县不以包补一项为秦越之视，而富室猾吏难以染指舞奸，在该场不致挂额受累矣"②。该建议最终被采纳，这是州县、盐场从各自为政到权责交叉的又一重要步骤。

四、清浦场盐课成功转嫁

明中期以后，田、荡界限不清，民灶争夺田荡的案件层出不穷。盐司、州县不断发起清丈田荡，企图分清各自所属田荡，以各负其责。但欲恢复明初疆界分明、不同户籍人群各安其职的格局，绝无任何可能性。清丈只是治标不治本的权宜之计，事实上，大量原属盐司所辖的荡地，已落入附近州县民户手中，甚至已编入州县民田，升科起租。如万历年间上海县历年清丈记录载："万历元年（1573）……除还下沙三场九团灶户顾滔等水乡灶柴荡二百一十四顷四十八亩……万历二年，除还下沙等三场水乡灶田荡五百八十顷九十五亩五厘九毫。万历三年，除还盐司水乡灶田荡一百三十九顷四十六亩一厘九毫三丝。万历五年，

---

① 杨鹤：《清灶荡议》，崇祯《松江府志》卷14《盐法》，第321页。
② 《万历四十二年盐院杨预申包补二议》，王圻：（万历）《重修两浙醢志》卷8《库价》，第564—565页。

除还盐司沈珏、夏禹积水乡灶田荡二顷三亩四分六厘。夏禹积查系下沙三场九团人。万历六年,除还盐司储里、唐文懋、乔春水乡灶田荡八十六亩三分三厘二毫。"①

从清丈间隔期之短,每年清理出水乡荡地数额之巨来看,清丈基本上形同虚设。可以说是清丈之后,即立刻又有人占用水乡荡地,历年如此。

如前所述,与南汇嘴的迅速成长呈鲜明对照的是,有明一代,长江入海口附近的海岸日受侵蚀,不时有内坍的趋势,沿海盐业生产也因此受到影响。比起民田扩张、富灶侵占盐场荡地的进度,海岸受侵蚀内坍的进度,恐不容小视,最终甚至导致盐场的撤销。处在黄浦江东岸的嘉定县江东八都的清浦场,即为典型。

清浦场盐位于苏州府嘉定县境内,设于明永乐八年(1410)。自嘉靖以后,该场屡受海潮侵蚀,"墩荡洗坍,水不成盐,商引遂绝,而岁办银课如前。加以三十二、三等年兵燹,死徙灶丁亡者过半。隆万以来,排催岁受赔累,无不破家"②。

万历年间,世居江东高桥并成功促成嘉定县"折漕"的主导者之一瞿仲仁,率先主张将清浦场盐课转嫁给一江之隔的崇明县,并发动下层灶户向盐运使发起请求。这在万历四十八年(1620)《漕粮永折为百世利宜久远之碑》中记载了一二:"有灶户邹张万安等,见得□对有新涨海沙芦滩千亩,告蒙盐院给帖,拨补坍场虚课,被崇明沙豪擒拿。"③在自下而上的请求受到了来自崇明县"沙豪"的阻挠与报复后,瞿仲仁最终说服了嘉定县知县高荐,促成了部分盐课的转移。高荐在瞿仲仁的建

---

① 万历《上海县志》卷 4《赋役志下·盐课》,第 16 页。

② 万历《嘉定县志》卷 6《徭役》,《四库全书存目丛书》第 208 册,济南:齐鲁书社 1996 年影印本,第 770 页。

③ 《漕粮永折为百世利宜久远之碑》,载《浦东碑刻资料选辑》,上海:浦东新区档案馆 1998 年,第 60 页。

议下，向盐运司提出请求："奉以涨补坍之例，告将本荡对港崇明排草沙荡拨补。是时本县高侯荐、崇明何侯懋官奉醢使者檄行会勘，具悉灶户疾苦，议将崇明备用羡余、新涨沙涂二项，共银八百七拾七两三钱，拨补本场额课。而水乡银亦即于各灶优免丁田内编征，隶县司征解。而本场止岁办课银三百两而已。"①

高荐借崇明县"以涨补坍"之先例，要求豁免清浦场的部分盐课，改由崇明县新涨沙涂来弥补，最终成功转移了 800 多两盐课于崇明县。所谓崇明县"以涨补坍"之先例，指的是隆庆年间天赐场被裁之后，为保证灶产荡课不失原额所采取的"以涨补坍"之法。当地势要很快洞悉此法的制度漏洞，纷纷以备办新增盐课为名，谋占沙涂，增报盐课。至万历三十年(1602)，已由原来的 600 余两，猛增至 2670 余两。盐课之增加，并非是因为当地盐利重兴，更多的还是出于补贴灶荡的丰厚回报使一部分人以承担灶课为名换取沙涂之需要②。正是由于崇明县盐课数目的猛增，才使清浦场成功转嫁 800 多两盐课成为可能。另从转嫁盐课的过程来看，真正的策划和组织者，应为瞿仲仁。然而，瞿仲仁并非"业盐者"，若不是与自身利益相关，为何如此热心，促成此事呢？

万历年间，嘉定县折漕运动日益高涨，倡导者提出的理由不外乎是当地不适合种稻而适合种棉之类。瞿仲仁如此热心转嫁盐课之事，甚至将之与折漕并列，很可能是由于清浦场的荡地多已被开垦成棉田。借口盐场被海潮坍蚀，将盐课转嫁，既可减轻嘉定县征收盐课的负担，亦可堂而皇之地利用盐场荡地种植棉花等经济作物。不排除瞿仲仁本人就是侵占荡地的既得利益者之一。

不可否认，清浦场确实存在海岸坍塌、荡地损毁的现象，将 800 余

---

① 万历《嘉定县志》卷 6《徭役》，第 770 页。
② 吴滔：《海外之变体：明清时期崇明盐场兴废与区域发展》，《学术研究》2012 年第 5 期。

两盐课转移后,清浦场只需承担近 300 余两的额课①,无疑卸掉了一个巨大负担。然而,嘉定县仍不满足。万历二十七年(1599),韩浚上任嘉定知县,进一步主张援天赐场裁撤之例,裁撤场官,盐课改由州县代征:"往者滨海之民多煮盐以为利,今海味淡而利悉归于崇明,乃灶户犹岁输盐课,清浦犹虚设场官,民与国交病焉。"②韩浚认为,将场官革除,不仅可以省下一笔行政经费,而且能统一行政体系,有利于案件的审理,化解很多纠纷。然而,这些文辞都不过是官样文章而已,他的实际目的显然是想像崇明县一样,以交纳 300 余两盐课的代价,名正言顺地垦种沿海荡地。

这些措施若真正落实,必将要牵动各方利益。初入官场的韩浚,或许没有参透其中的微妙。故在韩浚的知县任上,其主张并没有得到响应,只能将这一想法记录在自己主修的万历《嘉定县志》上。非常巧合的是,万历三十七年(1609),韩浚竟调任两浙巡盐御史,开始直接处理清浦场的遗留问题。出于对县情的熟稔,韩浚很自然地将清浦场和天赐场的命运再次捆绑在一起。

他分析了清浦场与天赐场的兴衰过程,根据在嘉定知县任上的经验,将清浦场的现状定位为由盛转衰,不仅场官无盐可收,处理诉讼案件时也与州县官存在倾轧;出现天赐场撤消后私盐横行的混乱局面,亟需派遣场官到场治理,收受盐课,于是动议将清浦场官改设到天赐场,发挥其管理之责③。

就在此事出现重大转机之时,韩浚却被调往他地,所以,在他巡盐御史任上并没有真正解决清浦场是否裁撤的问题。此后,天赐场是否复置一直成为历任两浙巡盐御史关注的焦点。韩浚的继任者是张惟任,张惟任认为两浙各盐场荡地存在的普遍弊端是"穷弱小灶产无立

---

①　万历《嘉定县志》卷 6《徭役》,第 769 页。
②　万历《嘉定县志》卷 6《徭役》,第 770 页。
③　韩浚:《天赐场因革》,王圻:(万历)《重修两浙盐志》卷 6《岁办额课》,第 518 页。

锥，富家场霸业连阡陌。"他发现，即便是新涨不久的海滨荡地，也几乎被开垦成农田。为掩人耳目，豪强对州县谎称是荡地，对盐场则又假报为民田，于是两不交税，滩涂一时成为巨大利润之渊薮①。这显然会影响盐课的征收，于是，张惟任发起了大范围的清丈荡地运动，松江分司所辖盐场更是清丈之重点。

正如张惟任所预料，经过清丈，松江分司所辖盐场大都能清出不少海滨荡地，可以弥补荡地缺额。唯独清浦一场，完全没有其余盐场一样的幸运，"欲补而无可补"②，这说明清浦场荡地不足的情形已然积重难返。

事实如此，张惟任也不得不认真对待韩浚的提议，连同多名地方官员，"题请撤清浦场，复天赐场"③。然而，裁撤清浦场固已是大势所趋，想要复置天赐场，却并没有那么容易。天赐场自撤消后，盐课荡地均归崇明县管理，荡地的使用与管理，逐渐纠缠着各利益集团的复杂关系，崇明县绝不甘心再设天赐场，失去政策的灵活性。

由于张惟任没有充分考虑到崇明的利益，因而遭到崇明知县袁梦鳌的激烈反对，袁梦鳌立即条陈六事，据理抗争。张惟任之后，继任两浙巡盐御史的杨鹤也为推行裁清浦复设天赐而摩拳擦掌，他认为"……灶有灶产，民有民产，民灶各不相关，县、场各自为政，何复场之不可？又思场之兴废，一视盐之有无。昔既以无盐而裁，今应以有盐而设，又何复场之非是？"④他最初以为，州县与盐场本应各自为政，互不相关。盐场之废立，决定于该场是否产盐。清浦场不产盐，理应裁撤。后经调查，他又转变了看法，认为，只要盐课由县征收得到充分保证，那么清浦场裁撤也无妨，天赐场再设也没必要。杨鹤此议，终于使清浦、天赐两

---

① 王圻：(万历)《重修两浙鹾志》卷21《奏议下》，第778页。

② 王圻：(万历)《重修两浙鹾志》卷21《奏议下》，第780页。

③ "万历四十二年九月二十三日巡盐御史杨鹤题为酌议天赐场事宜并裁革冗员事卷"，王圻：(万历)《重修两浙鹾志》卷21《奏议下》，第796页。

④ 王圻：(万历)《重修两浙鹾志》卷21《奏议下》，第798页。

场的积压问题暂时告一段落。

由明入清,清浦场的 300 两盐课仍一直被保留下来,仍由所属州县代征完解运司①。实际上,至少自明中叶以来,清浦场的荡地已普遍没有作煮盐之用,而是被大量开垦成田,种植桑麻豆麦之类经济作物。荡地的大量缺失,使盐场无法收齐盐课,遂渐由州县包补代征。经过几番努力,清浦场被裁撤,并保留 300 两盐课,很多新开垦出的荡地均可装入这一合法的"箩筐"之中。不仅如此,对于嗅觉灵敏的嘉定县江东大族来说,还可从中获取更多的利益。

江东与嘉定隔江相望,所以江东塘长历来只需负责江东地面的海塘修筑及河道疏浚差役。而盐课由州县包补代征后,便借包补 300 两盐课为名,要求免修筑海塘的杂差,竟一度得逞。由此可见,即便州县代征盐课,保留盐课之名对州县及地方大族来说,仍十分重要。承担盐课时常成为他们垦种荡地和优免杂差的幌子②。

松江分司的其他盐场也同样面临类似的置废问题,只是这些盐场靠近南汇嘴,因所处的海岸不断有新的陆地生成,原有荡地之侵占开垦的同时,又有新涨的荡地抵消,故尚能维持盐业生产。

入清以后,继续面对荡地民田化,盐场和灶户的生存空间受到挤压的老问题,盐课的征收一度出现州县征收还是盐场征收的反复③。但总体的趋势是,州县不断介入盐场的事务,两浙盐场的地位不断下降。康熙四十三年(1704)裁松江分司、浦东等场,雍正二年(1724)又裁二

---

① 乾隆《宝山县志》卷 5 上《田赋上·盐课》(《上海府县旧志丛书·宝山县卷》上册,上海古籍出版社 2012 年,第 103 页)记载:当清浦场划入宝山县后,三百两盐课仍存在,并由宝山县征收解送盐司。

② 孙和鼎:《修江东海塘议》,收录于佚名:《江东志》卷 9《议》,上海社会科学院出版社 2006 年,第 213—215 页。

③ 乾隆《金山县志》卷 7《盐政》,第 183 页。

场,总归一场兼理①。松江分司被裁撤,下沙盐场被合并,这些重要的调整均表明,松江分司下辖盐场的盐业生产不断缩小,其地位下降直至最后被裁撤只是时间问题。

综上,从国家赋役制度层面出发,无论是户籍的严格区分,还是州县钱粮荡课的包补,抑或是盐场存废的诸多讨论,均无法跟得上环境变迁与人的能动性步伐。这集中体现在,明中后期浦东地区的盐司、州县不断发起清丈田荡,企图分清各自所属田荡,以各负其责,恢复明初疆界分明、不同户籍人群各安其职的格局,但每一次努力,均以无功而返告终。

(原文载《经济社会史评论》2016 年第 4 期)

第四节　海外之变体:明清时期崇明盐场兴废与区域发展

崇明位于长江尾椎,现为我国第三大岛,在历史上,它并非一开始就显现为巨型沙洲的形态,而是一千多年来由陆续涌现在长江口的大大小小的沙洲经过反复涨坍合并而成,表现为独特的"沙洲—海岛"景观。无论从自然地理变化还是历史文献记录上,崇明岛沙洲之雏形均不早于唐代②。然而,直至宋代,这里才开始有较为正式的行政建制,先后设有军镇、巡检司和盐场等。元初,以"天赐"盐场为基础建崇明州。入明,降崇明州为县,相沿至今。与不少沿海边疆地区类似,王朝先通过控制崇明所提供的海洋消费物——食盐,逐渐将之纳入帝国行政体系。崇明的历史,也一直与当地盐场的兴废纠缠不清。有鉴于

---

① 乾隆《金山县志》卷7《盐政》,第183页;李卫:(乾隆)《敕修两浙盐法志》卷2《图说》,《中国史学丛书初编》第44册,台北:学生书局1966年影印本,第261页。

② 张修桂:《中国历史地貌与古地图研究》,北京:社会学科文献出版社2006年,第268—276页。

此,从盐业生产和销售的角度探讨明清崇明历史的变迁,进而理解历史时期沿海边疆地区的社会结构,或不失一种可能的途径。

过往对于明清盐业史的研究,可谓汗牛充栋,然多集中于与食盐专卖制度及其运作的层面[①],具体到盐业生产地——盐场的研究,则一向比较薄弱,即便有也多侧重于自上而下的制度梳理[②],落实到特定社区的研究殊为少见。近年来,这一局面虽有所改观[③],但两浙盐场仍旧淡出于研究者的视野之外。属于明两浙三十六盐课司之一的崇明"天赐场",在明清两朝几经撤立,渐衍生出一套颇具特色的"沙洲—海岛型"盐业管理制度。又因紧邻长江以北的两淮盐场,崇明一带长期乃淮盐走私往两浙盐区的重要孔道。故考察天赐盐场的兴革,不仅有助于从一个比较独特的角度了解崇明岛区域发展的脉络,而且可展现明清时期"沙洲—海岛型"盐业社区的独特风貌。

一、从盐场到州县

存世文献对崇明早期历史的追溯多起自元明之际,其中以洪武《苏州府志》为早:"崇明在东海间,旧属通州海门县,视淮浙相去甚远。旧志云:唐武德间,海中涌出二洲,今东、西二沙是也。宋续涨姚刘沙,与

---

① 吴海波、曾凡英:《中国盐业史学术研究一百年》,成都:巴蜀书社 2010 年,第 176—215 页。

② 参见徐泓:《明代前期的食盐生产组织》,《台湾大学文史哲学报》1975 年第 24 期第 1—33 页;徐泓:《明代后期盐业生产组织与生产形态的变迁》,《沈刚伯先生八秩荣庆论文集》编辑委员会主编:《沈刚伯先生八秩荣庆论文集》,台北:联经出版事业公司 1976 年,第 389—432 页;刘淼:《明代盐业经济研究》,汕头大学出版社 1996 年,第 69—192 页。

③ 参见李晓龙:《乾隆年间裁撤东莞、香山、归靖三盐场考论》,《盐业史研究》2010 年第 4 期;叶锦花:《王朝制度、地方社会与盐场兴衰——广东香山场与福建浔美场之比较》,《盐业史研究》2010 年第 4 期;徐靖捷:《僵化制度下的弹性运作——从乾隆三年盐斤漂失案看明清香山场的变迁》,《盐业史研究》2010 年第 4 期等文。

东沙接壤，今崇明旧治是也。"①内中之"旧志"为何，已不得其详，或指已佚的首部崇明方志——元至正《崇明州志》②。盖其时离崇明至元十四年（1277年）立州未久，出于追溯本州岛来历的实际需要，"唐武德涨沙"之说应运而生恐不难推断。该说不仅为明清崇明县志所承袭，甚至不少研究崇明岛形成的当代学者亦对之深信不疑。然而，民国《崇明县志》却提出不同见解："崇志始于元季。上距唐初，历年六百，故老传闻容或未确……凡沙洲，均由日渐淤积而成，无从指定岁月，谓紫唇吐气，随而腾涌，说固涉于不经，即谓海中忽涌二洲，亦于涨坍之理未甚明确。"③"紫唇吐气，随而腾涌"乃后世之渲染，姑可搁置一边。有宋一代，全然未见崇明沙洲成长于唐代的直接史料却是事实。20世纪80年代，上海市开展海岸资源综合调查，通过对长江口的C14测年发现，崇明岛东部分布着两条距今1152±50年和1040±65年长达十余公里的沙带④，均不早于五代，或可印证民国崇明县志的质疑。目前有关崇明早期历史的材料多出自南宋，《舆地纪胜》曰："吴改顾俊〈沙〉为崇明镇，周显德中废。"⑤说的是西沙前身顾俊沙⑥在五代杨吴时期置镇之

---

① 洪武《苏州府志》卷1《沿革》，《中国方志丛书》，台北：成文出版社有限公司1983年影印本，第106页。

② 据陈金林等著《上海方志通考》（上海辞书出版社2007年，第374页）：至正《崇明州志》，元程世昌修，朱晔、朱祯纂辑，至正十二年（1352年）始修，十五年成书，稿本未刊，明正统后佚。

③ 民国《崇明县志》卷1《地理志·沿革》，《上海府县旧志丛书·崇明县卷》下册，上海古籍出版社2011年，第1583页。

④ 陈吉余主编：《上海市海岸带和海涂资源综合调查报告》，上海科学技术出版社1988年，第93页。

⑤ 王象之：《舆地纪胜》卷41《淮南东路·通州》，成都：四川大学出版社2005年，第1787页。

⑥ 据正德《崇明县志》卷2《沙段》："西沙，在东沙之西，隔海水七十余里。唐武德间，始有顾俊沙，续涨张浦沙、黄鱼朵等七沙，岁久合而为一。"（《上海府县旧志丛书·崇明县卷》上册，上海古籍出版社2011年，第20页）

事,能在五代设军镇,恐距崇明沙洲形成,已经历过上百年的发育。北宋时期,仍置崇明镇,属通州海门县①。

　　元明时人将崇明沙洲形成的时间确切地定于初唐武德间,其蓝本或出自乾隆《崇明县志》所引之宋白《续通典》:"武德初,大江中涨二沙,因置东沛洲,在通州东南,与通州海门界。"胡三省《通鉴注》亦云:"东沛洲,在泰州东南大江中,元是海屿沙岛之地。"虽然乾隆《崇明县志》综合二则史料判断:东沛洲属海门县,"崇明旧与海门并隶通州,又非添涨于海门坍没故处,致来疑影也",故东沛洲与崇明无涉②;但至元十四年设州之前,崇明本隶海门县,而不是与海门并隶通州。这样一来,乾隆志的理由并不充足,问题的关键在于,东沛洲二沙与洪武《苏州府志》所提之东、西二沙是否同指。李焘《续资治通鉴长编》卷22称:"国初以来,犯死罪获贷者多配隶登州沙门岛、通州。沙门岛皆有屯兵使者领护,而通州岛中凡两处,豪强难制者隶崇明镇,懦弱者隶东北洲,两处悉官煮盐。"东北洲即东沛洲之别称,从这段材料可知,其与崇明镇所处的西沙绝非一地,进而或可判断,东沛洲二沙与作为崇明雏形的东、西二沙亦毫无关联。后人之所以将两处分属不同时空进程的沙洲含混对待,或出于上溯本地历史的"美好愿望"。

　　如上文所述,北宋初年,崇明镇所在的沙洲与东沛洲均为罪犯流徙之地,从"豪强难制者隶崇明镇,懦弱者隶东北洲"看来,前者较后者似要寥落许多。无论如何,当时崇明镇已经以食盐生产为主要产业。绍兴元年(1131),张琪、邵清叛乱,"据通州崇明镇沙上",作为进犯江阴

---

　　①　参见王存等撰:《元丰九域志》卷5《淮南路·东路·通州》(北京:中华书局2005年,第199页):"海门〈县〉,州东二百一十五里,三乡,崇明一镇。"

　　②　参见乾隆《崇明县志》卷1《舆地志·沿革》(《上海府县旧志丛书·崇明县卷》中册,上海古籍出版社2011年,第773页);另按,宋白乃北宋初年人,《续通典》原书已佚。

的基地，后被两浙西路安抚使刘光世派兵平定①。各种迹象表明，虽然五代时期崇明之西沙就曾设立军镇，但直至南宋初年，这里仍罕有人烟，王朝对之也缺乏有效控制。正德《崇明县志》称：西沙"宋设边海巡检司，旧有平等、道安、释乐三村"②，未知其据，对于巡检司和村落的建置年代，更是不甚明了。

　　除了东、西二沙和姚刘沙外，建中靖国初，在东沙西北又涨一新沙洲，后名"三沙"，"政和间，圮于海，绍兴二十二年（1142），复涨成陆"③。南宋时期，与东沙并岸的姚刘沙发育渐趋稳定，"地多产芦苇，自后各改其利，献于官，乃有韩侂胄、张循王、刘婕妤三庄"，除了出产芦苇，当地还兼鱼盐之利，于是开发益盛，开禧三年（1207），以韩侂胄败，庄废④。嘉定十五年（1222），鉴于姚刘沙的鱼盐之利，更置天赐场⑤，设天赐盐场提督厅⑥，"移浙西江湾、清浦亭户过此煎盐，近灶处有天赐港，故名"。宝庆元年（1225），拨隶淮东总领所⑦。自此，崇明地区的财赋主要以盐课的形式被纳进王朝财政体系。淳祐初，又在三沙置富储庄，纳税于淮东制置司⑧。终宋一世，崇明地区虽沙图日涨，然"涨则辄为豪家所占，法纲未张"⑨，表明其开发仍处于相对混乱的初级阶段。

---

　　① 李心传：《建炎以来系年要录》卷47《绍兴元年辛亥九月甲午朔之癸亥》，北京：中华书局1988年，第844页。

　　② 正德《崇明县志》卷2《沙段》，第21页。

　　③ 正德《崇明县志》卷2《沙段》，第20页。

　　④ 洪武《苏州府志》卷1《沿革》，第106页，正德《崇明县志》卷1《沿革》，第17页。

　　⑤ 洪武《苏州府志》卷1《沿革》，第106。

　　⑥ 蔡景行：《更建崇明州记》，钱谷《吴都文粹续集》卷10《公廨》，《景印文渊阁四库全书》第1385册，第257页。

　　⑦ 正德《崇明县志》卷4《天赐盐场》，第31页。

　　⑧ 正德《崇明县志》卷2《沙段》，第20页。

　　⑨ 万历《新修崇明县志·叙》，《上海府县旧志丛书·崇明县卷》上册，上海古籍出版社2011年，第67页。

元至元十二年(1275),以"民物阜繁",省檄横州知州薛文虎前来招徕安抚,薛文虎到后,"请于朝,乞升姚刘沙为崇明州,改崇明镇为西沙以属之",十四年丁丑六月,正式升崇明为州,隶扬州路[1],并"以文虎知州事,因天赐场提督所为州治"[2]。张修桂根据洪武《苏州府志》所绘的《宋平江府境图》和《元平江路境图》,发现天赐盐场司署和崇明州治均位于姚刘沙之上,与文献颇合;进而判别,宋末元初,也即崇明置州之前,三沙已与姚刘沙—东沙合并成巨型沙洲,这直接导致姚刘沙的政治经济地位已凌驾于更早开发的西沙崇明镇之上[3]。在西沙,不仅镇的设置被撤消,改为西沙巡检司,原有的三个村落,也"惟道安在,更名曰乡"[4]。

从表面上看,崇明州成立以后,当地以"田庄—盐场"为主社会经济结构并未发生根本改变,这从至元年间的课程类目上可以直接窥见:"江淮永丰庄、江浙宝成庄共输芦课钞三千八百六十一定三十两五钱;盐课,军民灶户共纳中统钞四百六十三定三十两八钱;酒醋课,岁办中统钞八十九定一十五两九钱;商税,岁纳中统钞一十五两六钱五分。"[5]对应于从南宋继承下来的课税种类的延续性,元代崇明州芦课和盐课的数量之可观亦颇值得注意,这些数字初步奠定了明初当地赋税及盐课的原额。因此,无论从任何角度看,元初课税标准的确定,对于崇明地方历史进程的影响可谓深远。另外一项不亚于此的重要事件是,至元二十一年(1284),天赐场改属两淮运司[6],这表明崇明步入州县行政系列后,原来盐场管理体系并未顺带融入,游离于州县系统之外的"盐管型行政序列"在当地仍具有顽强的生命力。

① 洪武《苏州府志》卷1《沿革》,第106页。
② 正德《崇明县志》卷1《沿革》,第17页。
③ 张修桂:《中国历史地貌与古地图研究》,第274页。
④ 正德《崇明县志》卷2《沙段》,第21页。
⑤ 正德《崇明县志》卷3《课程》,第28页。
⑥ 正德《崇明县志》卷4《天赐盐场》,第31页。

崇明建州以后 70 年左右，州治"为潮汐冲啮，弗克"[①]，至正十二年
(1352)，达鲁花赤八里颜、知州程世昌、同知王也先不花徙州于北十五
里[②]。当地的盐业生产也同样深受风暴潮冲蚀的影响，"韩庄芦荡坍
圮，益以梭儿等荡一十三处煮纳官盐"[③]。历史自然地理学的研究成果
显示，自建炎二年(1128)黄河改道南徙，部分黄河的泥沙由南下的黄海
沿岸流夹带至长江口，在涨潮流的推动下，进入长江河口段参与沙洲的
建造过程，从而促使长江河口沙洲数量骤增，但初期的来沙多表现为潜
沙、暗沙，即使形成沙洲，也多不稳定，加上洪水和风暴潮的冲蚀作用，
促使崇明沙洲发育在很长一段时间都不稳定，忽涨忽坍的现象极为显
著。而在众多新沙洲合并的过程中，原先的东沙—姚刘沙—三沙也遭
受严重冲刷，大部坍没，或被新沙洲所覆盖，名称均已湮灭[④]。在这种
情况下，自建州以后直至万历十一年(1583)，崇明治所被迫迁移了五
次，煮盐场所的变动则更频繁，最严重的后果是隆庆元年(1567)天赐撤
场。这是后话，暂且不表。

至正十三年(1353)，崇明为张士诚所据，十九年(1359)，归于明[⑤]。
经历连年动荡，当地已"荡拆衰耗，〈户口〉十去八九"[⑥]，洪武二年
(1369)，改州为县，八年(1375)，"以崇去扬远甚，遂附近改隶苏州"[⑦]。
与州县归属相应，天赐盐场也由两淮运司"改属两浙都转运司"[⑧]，正式
成为两浙三十六盐课司之一。

---

①　蔡景行：《更建崇明州记》，钱谷《吴都文粹续集》卷 10《公廨》，第 257 页。
②　万历《新修崇明县志》卷 1《舆地志·沿革》，第 75 页。
③　正德《崇明县志》卷 4《天赐盐场》，第 31 页。
④　参见张修桂：《中国历史地貌与古地图研究》，第 276—291 页。
⑤　顾祖禹：《读史方舆纪要》卷 24《南直六》，北京：中华书局 2005 年，第 1194 页。
⑥　正德《崇明县志》卷 3《户口》，第 27 页。
⑦　万历《新修崇明县志》卷 1《舆地志·沿革》，第 75 页。
⑧　正德《崇明县志》卷 4《天赐盐场》，第 31 页。

二、天赐场的"沉浮"

天赐场归属两浙都转运盐使司以后，与同属的其他盐课司在制度上仍有着细微差别。其中最大的区别在于，其他三十五场多采取"聚团公煎"，"团"成为最基本的生产组织形式，灶丁只是作为"团"的成员参加盐业生产活动①，例如，距天赐场最近的清浦场盐课司"内分三团"，灶丁在团下从事生产；而天赐场则"不分团，听民逐便煎煮，以其有涉海之险也"②。不过，明初天赐场仍有"灶丁正二百五十六丁，三丁帮一，共计七百六十八丁"③，且"有赡盐田荡九百二十四顷二十亩零，煎盐上纳课止银六百十五两八钱"④，至于灶丁之上是否有类似县级以下里甲组织形式的"总催"、"头目"，则不得而知。或许正是由于天赐场盐业生产缺乏有效的组织化，自宋元以来，官方对盐业生产的掌控力度相对有限，贩卖私盐的现象比较严重。吴元年（1367）到任知州的刘秩，发现本州岛"有天赐盐场，豪民与官吏党结私贩"，刘秩"严制以法，奸党弗逞，乃诬构以事"⑤，或可见禁绝私盐之难度。

明前期，崇明沙洲发育极不稳定，不仅对盐业生产的组织化产生比较大的负面影响，而且导致盐课司衙署如同县治一样频繁搬迁。公署原在旧州治东南隅，后"因坍，再迁于乡村十七图，去县东一十里，寻圮于海，正德十二年（1517），盐法御史成公巡历至此，命迁于奉圣寺东"⑥。新涨沙洲上不断增加的巨大鱼盐之利与这一过程相始终。弘治年间，崇明县人施天泰、天常兄弟四人盘踞在尚没被官方控制的半洋

① 刘淼：《明代盐业经济研究》，汕头大学出版社 1996 年，第 121—133 页。
② 正德《松江府志》卷 11《官署上》，正德七年刊本。
③ 正德《崇明县志》卷 4《天赐盐场》，第 31 页。
④ 万历《新修崇明县志》卷 2《营建志》，第 86 页。
⑤ 正德《崇明县志》卷 5《官绩》，第 36 页。
⑥ 正德《崇明县志》卷 4《天赐盐场》，第 31 页。

沙之上，与同县富户董仙相互勾结，"出贩盐江海"，后因日久怠慢董仙，被董仙告发为盗，苏州知府林世远派兵围剿，收复半洋沙，更名为"平洋沙"①。嘉靖年间，又爆出秦瑶、王艮据南沙拘乱之事，"通州人秦瑶，常熟白茅人黄艮（即王艮——引者）并居崇明南沙，南沙广十余里，长八十里，岁多取稻菽萑苇之利，亦鸠众攫鱼盐为奸，其同县富户号耆民者十余辈，日夜诣（疑为"诣"——引者）官府诉瑶艮等为盗状"，由兵备副使王仪出兵剿灭②。这两次事件与其说是叛乱，不如说是不同利益集团分赃不均所致。以后者为例，秦、王走私集团的组织结构相当之严密："巨舟装鱼盐，泊近洋，小舟分载入港，托贵官家为名，州守以下皆有馈，举动无不知，凡所仇恨，执杀之，投海中为常"③，但还是不免得罪利益锁链之外的群体，终于落得个彻底出局的悲惨结果。直至明末，类似的事件可谓连绵不绝，明清鼎革以后才告一段落④，诚如太仓州知州万敏所云："崇明诸沙，负江阻海，利私醵者恒世其业不数十年，辄一大獗。"⑤

伴随着私煎私贩的日益横行，天赐盐场的命运却每况愈下，先是"盐场坍海，灶户逃移"⑥。弘治年间，"冯夷作难，〈姚刘〉全沙沦没，刮煎之众十亡八九，额课六百余两无从措办"，崇明知县悉力招抚，但"止存旧灶四十六家，又单丁冷族，力不能支"⑦。嘉靖二十六年（1547），总

---

① 嘉靖《太仓州志》卷 3《兵防·平海事迹附》，《天一阁藏明代方志选刊续编》第 20 册，上海书店 1990 年影印本，第 232—234 页。

② 陈如纶：《冯侯弭盗记》，嘉靖《太仓州志》卷 3《兵防·平海事迹附》，第241—243 页。

③ 乾隆《崇明县志》卷 8《武备志二·纪兵》，第 900 页。

④ 乾隆《崇明县志》卷 8《武备志二·纪兵》，第 900—908 页。

⑤ 万敏：《太仓州平海记》，嘉靖《太仓州志》卷 3《兵防·平海事迹附》，第250 页。

⑥ 万历《新修崇明县志》卷 2《营建志》，第 86 页。

⑦ 《巡盐御史杨鹤题为酌议天赐场事宜并裁革冗员事卷》，王圻：（万历）《重修两浙鹾志》卷 21《奏议下》，《四库全书存目丛书》"史部"第 274 册，山东：齐鲁书社 1997 年，第 797 页。

理两浙、两淮、长芦、河东四盐运司盐政鄢懋卿巡历崇明，"佥民户以充灶，拨民荡以补场，庶几救焚拯溺"①。此举虽可在短期内补充一定数量的灶丁，却从此开启了民灶不分及民荡、灶荡不分的先例，为万历朝的灶荡纠纷埋下伏笔。迨后"海寇狂逞，巢穴其间，即搜而入于册者"，新佥灶户复为散去②。

面临灶荡坍没、灶丁不足的困境，隆庆元年(1567)，刘督台题议裁革天赐场官③，以求一劳永逸。然而，存在了300余年的盐场虽被撤销，原来由天赐场负责缴纳的灶产荡课却不可相应豁除，而是改由崇明县带征，具体做法是，将天赐场盐课摊入全县田赋之中，"不分民灶管业……编入会计征解运司"④。为保持课税之"原额"，类似这样的处理方式，应该说非常符合明王朝的一贯作风。可令人棘手的是，原属盐场的灶荡此时多已沦没江海之中，"维时官虽革去，场无寸土，每年积逋，计无所出"，为避免在新政执行过程中出现不必要的争端，更为了让坍塌的灶产有迹可循，该县遂有"灶坍一亩，拨补沙涂二十八亩"之规定⑤。明末清初是崇明岛大型沙洲合并完成的最后阶段⑥，万历初年以后，崇明县治就没再迁移。沙洲冲坍之事虽仍屡有发生，但新涨沙洲的成长亦相当迅速。崇明县地因坍涨靡常，一向有"三年一丈，涨则增其税，坍则去其粮"之例，按照最新的"补灶"规定，那些刚涨出的沙地要

---

① 《巡盐御史杨鹤题为酌议天赐场事宜并裁革冗员事卷》，王圻：(万历)《重修两浙鹾志》卷21《奏议下》，第797页。

② 《巡盐御史杨鹤题为酌议天赐场事宜并裁革冗员事卷》，王圻：(万历)《重修两浙鹾志》卷21《奏议下》，第797页。

③ 《巡盐御史杨鹤题为酌议天赐场事宜并裁革冗员事卷》，王圻：(万历)《重修两浙鹾志》卷21《奏议下》，第797页。

④ 王圻：(万历)《重修两浙鹾志》卷6《岁办课额》，第518页。

⑤ 《巡盐御史杨鹤题为酌议天赐场事宜并裁革冗员事卷》，王圻：(万历)《重修两浙鹾志》卷21《奏议下》，第797－798页。

⑥ 张修桂：《中国历史地貌与古地图研究》，第279页。

上缴涂税，而老沙地则纳坦税，"涂税轻而坦税重，〈坦〉每亩科银四分有奇，而涂每亩止科粮一厘五毫，必二十八亩，始足抵灶一亩"①。此项规定所导致的后果，绝不仅仅停留在坦、涂之间巨大的税额差别上，更为当地人打着"灶民"的旗号报垦沙涂开了方便之门，甚至所有新涨滩涂，均有潜在的可能被报为补贴灶产之用。实际情况也确实如此，"一时膏腴尽为抵灶，而里排三年丈拨，竟无尺寸"②；"嗜利奸民郁钝等七十八家，靡不以灶为奇货矣，见海边一有涨涂，辄以拨补办课为名，乘机佃占，侵至一千三百八十余顷"③，新涨水涂已远远超过了原来盐场固有的"场地"。于是，有人想出增加灶课及备荒银等种种办法，企图维持对新涨滩涂的"合法"占有④，以使不断滚大的"雪球"不致融解并化为乌有。

随着越来越多的人卷入"拨补灶荡"的利益争夺之中，以原姚刘沙灶产的名义侵蚀民地的现象亦愈发突出，"灶产增一尺，民地减一寻；盐课加一分，民粮损百分。致排年一千一百户纷纷冒灶，仅存八百户，势几无民，县且无以自立"⑤。虽然灶课也归崇明县带征，但毕竟不像民粮一样直接计入该县会计，而是要解运至盐运司。崇明知县何懋官洞悉其中利害，万历九年(1581)，他以"人非真灶，地非盐场，况革场裁官已久，安用奸民冒灶焉"为基调，移文上官，但在提出具体建议时，又表

① 《巡盐御史杨鹤题为酌议天赐场事宜并裁革冗员事卷》，王圻：(万历)《重修两浙鹾志》卷21《奏议下》，第798页。

② 康熙《重修崇明县志》卷4《赋役志·备考·天赐场盐课考》，《上海府县旧志丛书·崇明县卷》上册，上海古籍出版社2011年，第228页。

③ 《巡盐御史杨鹤题为酌议天赐场事宜并裁革冗员事卷》，王圻：(万历)《重修两浙鹾志》卷21《奏议下》，第798页。

④ 参见万历《新修崇明县志》卷2《营建志》(第86页)："奸民充灶……扩占膏腴，年渐得利，灶课日加，增出备荒羡余名色银陆百八十三两。"

⑤ 《巡盐御史杨鹤题为酌议天赐场事宜并裁革冗员事卷》，王圻：(万历)《重修两浙鹾志》卷21《奏议下》，第798页。

现得相当务实,并没有刻板地要求执行膳盐荡地之原额,而是主张可在原有盐课基础上加课银 874 两,以足 2000 两之数;他深知,必须要有这样的妥协,才可将剩余"弊产"均拨概县,并令"民与灶同受偿国课,亦民与灶共输,上不亏课,下不病民"。由于兼顾了民灶双方的利益,其提议得到了巡盐御史马象乾的批准①。终使以上争端暂告一段落。

万历二十八年(1600),崇明新涨出沙涂 900 余顷,这对那些贪图二十八抵一的逐利之徒来说无疑算是个天赐良机。其时恰好又逢知县李官去任,新任知县张世臣甫一上任,就已贻误了先机,他本想仿效何懋官调和民灶的先例,"议将二十九年至三十一年新涨水涂,一半给与灶户,以偿昔年赔课之费,后不为例"②,但无奈之前两浙巡盐御史周家栋已以"民既佃灶之田,即当税灶之税"为由,知照府县"将前拨之产查照灶课续量加银五百两"③。那些尝到甜头的灶户闻知此讯后,立刻蠢蠢欲动,企图以备办新增盐课为名,谋占沙涂。作为崇明县的最高行政长官,张世臣当然不希望眼睁睁地看着"灶家另立门户办纳"盐课的既成事实,更想将新涨沙涂尽量会计入本县征收④。但最终还是不得不作出让步,接受 500 两的新征盐课。

至此,崇明县的盐课,已由原来的 600 余两,猛增至 2670 余两。具有讽刺意味的是,此时离天赐场裁撤不过 30 多年,盐课之增加显然不是因为当地盐利重兴的缘故,更多的还是出于补贴灶荡的丰厚回报引致一部分人以承担灶课为名换取沙涂之需要。尽管如此,也不是所有人都可加入到这一行列中来,万历二十八年(1600)这次抢占沙涂,主力

① 万历《新修崇明县志》卷 2《营建志》,第 86 页。
② 万历《新修崇明县志》卷 2《营建志》,第 86 页。
③ 《巡盐御史杨鹤题为酌议天赐场事宜并裁革冗员事卷》,王圻:(万历)《重修两浙鹾志》卷 21《奏议下》,第 800 页。
④ 万历《新修崇明县志》卷 2《营建志》,第 86 页。

军仍然是"郁敦显等七十八人"①。虽然我们不能确定郁敦显与郁钝
是否是同一个人，但由七十八户捆绑的利益群体在其中所起的主导地
位，或不难推断。知县袁梦鳌甚至发现："敦显等七十八名，贫乏不过十
余人，余皆有丁有粮编入民籍家道殷实者，假令此辈欲承灶产，则此辈
之民产当属之何人乎？"可见他们中的绝大多数既有灶产也有民田，身
份关系扑朔迷离。更令人瞠目结舌的是，两浙巡盐御史杨鹤曾调查过：
"郁敦显向所冒为宁灶永灶安灶者，皆附郭也，皆民产之腴田也"，其"室
庐皆杂处其间，桑麻遍野，菽麦盈畴，沟洫之水，直通城壕，皆甘泉
也"②。也就是说，郁敦显等人所冒占的灶地，甚至根本就不在新涨的沙
涂之上，而是打着缴纳灶课的幌子将自己在县城周边的肥沃田土报为灶
产而已；所谓"灶产"，也绝不用来煎盐，而是种植棉花、稻麦等作物，缴税
也绕开崇明县交到盐运司，难怪崇明县的父母官心里会不平衡！

　　正当崇明县民灶之争闹得不可开交之时，与崇明隔江相望的嘉定
县清浦场受风暴潮影响生存状况亦愈发艰难。万历三十八年（1610），
适逢曾任嘉定知县的韩浚调任两浙巡盐御史，遂有撤清浦场复天赐场
之议：

> 清浦一场，附丽嘉定县，国初丁荡繁衍，斥卤延袤，额设一官一
> 吏，征缮督课。自嘉靖年间风潮薄蚀，沙场冲没，灶户流徙，盐无可
> 办，引改别场，而原设官攒无所事事，至于擅受民词，荼毒一方……
> 又天赐一场，附丽崇明县，国初丁荡不乏而煎办原少，至隆庆元年，
> 其官若吏题准裁革。彼一时也，固自便之，乃今沙复涨矣，盐复饶
> 矣，而官吏未复，无论煎办买补，都无稽考，盐归私贩，而民灶混杂，

----

① 《巡盐御史杨鹤题为酌议天赐场事宜并裁革冗员事卷》，王圻：（万历）《重
修两浙鹾志》卷21《奏议下》，第798页。
② 《巡盐御史杨鹤题为酌议天赐场事宜并裁革冗员事卷》，王圻：（万历）《重
修两浙鹾志》卷21《奏议下》，第798页。

讼连祸结。夫有官无盐,官为虚设,有盐无官,盐从谁稽……而后即以清浦场官改选天赐,盖嘉定、崇明俱苏州属邑,一移改间而刍糈无更议之烦,官事有相资之益,彼此两便,上下咸宜,是亦今日之不可已者也①。

仅从数据上理解,既然崇明县的盐课一增再增,显然预示着其生产食盐的能力会相应提高,故此议在操作层面完全无可挑剔,况且,作为既得利益者的郁敦显也告称:"天赐有盐,与清浦不同,必不可有场无官也",事情似乎变得异常简单。万历四十年(1612),巡盐御史张惟任按行苏松道,商量复置天赐场场官事宜,"立法清查,要见何地应归灶户办课,何地应归民籍输粮,其立团聚煎之法,稽煎征课之规"②。他不仅要恢复天赐场,甚至还想改变崇明向无团聚煎盐的传统。知县袁梦鳌得知以后,立即条陈六事,据理抗争,然"受事地方前案未结,民灶纷纷讦告,讫无宁日"③。

要在短期内恢复一个盐场的确没那么容易,特别在盐运司和府县之间的矛盾不断激化的情形下更是如此。时隔二年,新任巡盐御史杨鹤又联合苏松巡按薛贞等亲自前往崇明勘察恢复天赐场事宜。杨鹤最初也以为:"灶有灶产,民有民产,民、灶各不相关,县、场各自为政,何复场之不可? 又思场之兴废,一视盐之有无。昔既以无盐而裁,今应以有盐而设,又何复场之非是? 且苏属二场,原系额设,既革,清浦又革,初制渐失,独不当爱礼存羊乎!"但很快发现,"求复场者,非为场为田也;欲据田者,非真灶,伪灶也……今灶户之所以欲复场者,争此新涨沙涂也,民户之所以不愿复场者,利此新涨沙涂也"。而那些称作"灶产"的

---

① 王圻:(万历)《重修两浙鹾志》卷6《岁办课额》,第518—519页。

② 《巡盐御史杨鹤题为酌议天赐场事宜并裁革冗员事卷》,王圻:(万历)《重修两浙鹾志》卷21《奏议下》,第796页。

③ 《巡盐御史杨鹤题为酌议天赐场事宜并裁革冗员事卷》,王圻:(万历)《重修两浙鹾志》卷21《奏议下》,第797页。

地方,皆"民居稠密,称乐土矣,无可煎销之地……旧冒灶户者,皆为薰为蕘,不堪产盐",即便崇明境有部分地区可堪煎盐,但"仅足供一方之用,欲资邻封,商贩不能也"①。杨鹤还敏锐地捕捉到,崇明的盐课在数十年间一涨再涨,至他去崇明时已达到 3500 两有余②,除了争夺灶产的因素之外,凭借引票私贩亦是推动力之一:

> 该县盐实无几,太仓、昆山、靖江三州县商人则愿认引票,宁多而不惮者,此岂别有术以取盈乎?究其所以多认引票,欲借引票为兴贩地耳。缘该县山前等沙,咫尺海门,候潮扬帆,来往瞬息,各州县商人一至崇明,土商牙行为之居停,或千或万,刻期可至,彼此相互奸比,一引官盐不鬻至十引私盐不已也③。

正是在不止一条利益链的联合驱动之下,崇明县的盐课才会在天赐撤场以后不长的时间内疯狂地增加了五倍左右。在杨鹤以前,两浙盐运司方面曾透露过这样的看法:"该县遍地产盐,自见销引票三千有余之外,尚有不尽之利,故议复场设官,不欲利归私贩"④,并拟将之作为复场的主要理由之一。杨鹤经过反复调查后认为,复场不能保证盐的产量,并会助长私贩,"三千有余之引票,各商越海买补从之如归市者,皆江北淮盐为之饵也",主张"引票尚当改赴别场买补,庶几可以杜越贩之奸耳"⑤。

---

① 《巡盐御史杨鹤题为酌议天赐场事宜并裁革冗员事卷》,王圻:(万历)《重修两浙鹾志》卷 21《奏议下》,第 798—799 页。
② 《巡盐御史杨鹤题为酌议天赐场事宜并裁革冗员事卷》,王圻:(万历)《重修两浙鹾志》卷 21《奏议下》,第 801 页。
③ 《巡盐御史杨鹤题为酌议天赐场事宜并裁革冗员事卷》,王圻:(万历)《重修两浙鹾志》卷 21《奏议下》,第 799—800 页。
④ 《巡盐御史杨鹤题为酌议天赐场事宜并裁革冗员事卷》,王圻:(万历)《重修两浙鹾志》卷 21《奏议下》,第 801 页。
⑤ 《巡盐御史杨鹤题为酌议天赐场事宜并裁革冗员事卷》,王圻:(万历)《重修两浙鹾志》卷 21《奏议下》,801 页。

随着对真相的了解越来越多，身为巡盐御史的杨鹤并没有站在两浙盐运司的立场上考虑问题，而是"参酌时势、人情"，保持中立的态度。在钱粮征派问题上，他比较赞赏何懋官"民灶合一"的处理办法："均派民灶，共输国课，既无偏属，可杜后争。"具体的政策甚至表现得更加激进，不仅钱粮应归崇明县征解，而且原派太仓、昆山、靖江三州县引票，亦应改派到清浦、青村、下沙等场，尽量减少崇明县与盐运司的瓜葛。总体而言，杨鹤基本上以不损国课为其宗旨，至于课税出于场还是出于县，田土属于民产还是灶产，并不十分重要，正所谓"何必一体之中自分秦耶？此崇明海外之变体，不宜与三十六场并论者也"①。由于杨鹤及薛贞等官员的共同努力和坚持，天赐场终于没有恢复，场官也未改选。这一相对稳定的局面一直维持到清康熙朝。

三、崇明场的复建与"盐斤加价"

天赐场设置问题的平稳过渡，使明末以后崇明盐政的重心主要转移到了缉拿私盐之上。万历三十一年（1603），两浙巡盐御史周家栋针对崇明已无固定盐场的实际情况，题定该县盐政之特例："不设商人，不发肩引，不颁灶帖，准肩挑六十二斤八两，自卖偿课。"②如上文所述，此例在当时执行得并不严格，利用引票贩卖私盐的情况可以说比比皆是，但不论如何，这项规定却一直为后世所效法或参照，甚至影响到整个清代，很多制度的变动均围绕此例而展开。

首先是缉私制度。崇明场革官裁以后，"盐课既编合邑，则肩挑步担，不干律令久矣，但装载出境者，即为犯禁"③。然而，在一个海岛沙洲林立的环境中，区分肩挑步担还是装载出境，是件非常困难的事，缉

①　《巡盐御史杨鹤题为酌议天赐场事宜并裁革冗员事卷》，王圻：（万历）《重修两浙鹾志》卷21《奏议下》，第801页。

②　康熙《重修崇明县志》卷4《赋役志·备考·天赐场盐课考》，第228页。

③　康熙《重修崇明县志》卷4《赋役志·备考·历禁考》，第229页。

拿私盐的尺度也极难把握。万历二十九年（1601），知县张世臣留意到，有"积恶牙埠，指官贩私，甚者邀截小民煎盐，抛掷河港，加倍重称，值不毂半"，不单使小民煎盐的兴趣大减，而且严重影响了本境土商的积极性①。经与盐院商议，他决定择殷实醇厚之土商五名，直接参与私贩的缉拿，"每名纳银五两，有私贩出境者，听商拿解"②，"至于煎户，不拘城乡沙涂，任自煎卖，第许零星肩挑，不得撺贩沿海去处"③。万历四十年（1612），出于防范"沿江奸民拘同土人贩运出境"的需要，又有盐快、弓兵之设，"凡出境盐船、盐犯，缉解正法"④。"盐快、弓兵"俗称"小哨"，他们虽担负平日巡缉之责，却时常与不良土商勾结，执法犯法，"张帜列械，捕盐者贩盐，人莫敢捕，捕之则曰：'我捕来之盐也。'"杨鹤得悉此情后，坚决主张，"欲私贩之屏迹，必将土商小哨亟为裁革，庶绝其祸胎"⑤，然此议并未贯彻。至天启初，因缉盐"获解甚少"，遂行缉盐缉船缉犯之制，厘定盐快、弓兵每年应缉私盐的数量，"在盐衙司所名下岁征取足"⑥。将缉盐数定额化，其初衷固然是为了加强缉拿私盐的力度，但反过来也会加剧缉盐扰民的几率。清初，崇明一带厉行海禁，"盐快不能得之于海，而务取盈于肩挑步担之小民以报功"⑦，令此风达到极致。

明清鼎革之际，不断有人借着改朝换代的契机钻取制度的缝隙，制造事端，灶帖和盐引之制相继出现反复。顺治二年（1645），巨棍汪复初假冒盐商，"诡以内地成例，诳呈巡盐裘，请发给大引三百七十五张，需

① 万历《新修崇明县志》卷 3《户口志·物产·盐课议》，第 93 页。
② 康熙《重修崇明县志》卷 4《赋役志·备考·天赐场盐课考》，第 228 页。
③ 万历《新修崇明县志》卷 3《户口志·物产·盐课议》，第 93 页。
④ 康熙《重修崇明县志》卷 4《赋役志·备考·盐快弓兵考》，第 228－229 页。
⑤ 《巡盐御史杨鹤题为酌议天赐场事宜并裁革冗员事卷》，王圻：（万历）《重修两浙鹾志》卷 21《奏议下》，第 800 页。
⑥ 康熙《重修崇明县志》卷 4《赋役志·备考·历禁考》，第 229 页。
⑦ 康熙《重修崇明县志》卷 4《赋役志·备考·历禁考》，第 229 页。

索灶户",被知县刘纬识破,事败①。顺治十年(1653),童学庸"假造灶帖,强派煎户",顺治十三年(1656),"地棍刘可铭翻灶帖之局,假冒引之名,每张索银一两二钱,着捕衙追比,灶户停煎"②。多亏知县陈慎深悉"崇明盐政不与内地相等"的道理,"申明不设商人不发肩引不颁灶帖之旧制",勒石仪门严禁,才平息此二事③。

康熙十八年(1679),巡盐御史卫执蒲执意崇明照内地派引,提督刘兆麒致书卫执蒲,缕明旧制,力请全豁:

> 崇沙蕞尔之地,兼以兵燹迁界之后,渔盐失业,民不聊生,所有盐课四千余金出于通邑田土,每年得以无亏。但民灶无分,相沿已久。顷奉老亲台,有计丁派引,按引包课之行,谅此海外荒陬,明鉴自有分别,然而人心惶惶,莫知所措。弟难局外,但身在地方,目击闾阎穷困,倘一加增引课,窃恐难于善后,叼在知爱,或不以越俎为嫌,谨备公牍奉商,果能邀恩格外,不特海外穷黎永戴生成,而老亲台之造福,实无量也。④

在刘兆麒的力争下,卫执蒲本拟派往崇明的盐引数额有了较大幅度的减免,改"以十三丁派一引,每年计丁,应派行盐引二千八百五十六引,照派所课,则卤地包课银七百四十一两四钱零,额征余粮银三千八百三十六两二钱零,此外惟靖江一县,亦于康熙十八年(1679)题定,照崇明县例"⑤。康熙十八年(1679)派引之举,系清朝首次尝试修订万历三十一年(1603)"不设商人不发肩引不颁灶帖"之旧制,为后来盐场的

---

① 康熙《重修崇明县志》卷4《赋役志·备考·历禁考》,第229页。

② 乾隆《崇明县志》卷6《赋役志三·盐法》,第872页。

③ 《附前县陈慎详文》,乾隆《崇明县志》卷6《赋役志三·盐法》,第872页。

④ 《附提督刘兆麒与两浙盐院卫执蒲书》,乾隆《崇明县志》卷6《赋役志三·盐法》,第872—873页。

⑤ 许惟枚:《瀛海掌录》卷2《盐课本末》,《上海史料丛编》铅印本,上海文物保管委员会1963年,第27页。

复建作了制度上的铺垫。

如前所述，无论在宋元时期还是天赐场撤消前后，崇明县的盐业生产一向缺乏组织化管理，"听民择地刮煎"是常态。虽然明末以降，灶地有从"县治西南渐徙而至东北"的趋势，但官方其实并无从了解盐业生产的具体情况。为改善这一状况，康熙三十七年（1698），"设官灶八十六副，安插于永宁等处六沙之内，责办灰场税银，于是刮煎者遂为端业。六沙外，不敢擅迁"①。此举既促进了官方对煎盐过程的实质性掌控，也向建立实体化的盐业生产单位——盐场迈出了扎实的一步。雍正三年（1725），六沙之外又涨出新的滩地，原有灶地"潮汐难到，地势渐高，土味日淡"，灶户黄天行等连名具呈，请求将灶地"迁改七溆、小阴沙地面"，盐司却以"杜私煎枭贩"为由不许私迁，谓："官灶既有定所，而乃私迁他处，自必售私越贩，故尔严禁"②。次年十月，盐粮县丞朱懋熹上文，建议在迁设之地设立保甲，"灶十户为甲，互相保结，一户犯私，九户连坐"，并承诺会同西沙巡检司督率弓捕、营汛严密巡查，终于得到兼管盐政的浙江总督李卫的批准③。

在如此严厉的控制之下，官方对盐业生产和销售的介入进一步加深，并更多地表现在销售环节，几乎所有与盐政相关的举措，矛头都指向如何有效地杜绝私盐横行这一最为核心的问题上。雍正六年（1728），李卫"委千总一员于崇明隘口稽查，发帑收盐"④；雍正九年（1731），又"以产盐既多，不无私贩之弊，委员收买余盐，每斤七文，赴松

---

① 《附灶地迁改详文稿》，雍正《崇明县志》卷8《备考》《上海府县旧志丛书·崇明县卷》上册，上海古籍出版社2011年，第487页。

② 《附灶地迁改详文稿》，雍正《崇明县志》卷8《备考》，第488页。

③ 《附灶地迁改详文》，乾隆《崇明县志》卷6《赋役志三·盐法》，第873—874页。

④ 延丰等纂修：《钦定重修两浙盐法志》卷8《帑地》，《续修四库全书》第841册，上海古籍出版社2002年影印本，第125页。

江配销"①。乾隆四年(1739),"因产盐甚广",浙江总督稽曾筠奏请复设盐场,名"崇明场"②,添设巡盐大使一员,管理巡缉收盐。新设的崇明场"并无额征场课,不聚团额,亦无灶丁,灶舍八十有六,不给灶帖……每灶铁锅三口,所产盐斤不设引,亦不运所,听民挑销,先济本地民食,如有余盐,发帑收买,尽数运赴靖江销引"③。可见复建崇明场并添设场大使的目的,主要以"缉私为尽职",若涉及盐业生产的其他环节,则基本遵循明隆万以来的传统。

　　然而,康雍乾三朝崇明盐政的良法美意并没有收到应有成效,"崇邑各灶,向来接济枭徒运往别邑,侵害江南引地,积习相沿,已非一日"④。淮盐穿越崇明境,源源不断地走私到两浙盐区的腹地,屡禁而不止。究其原因,恰恰是由于崇明乃"海外之变体","不设商人不发肩引不颁灶帖"之制度特例,具备着一种让人难以捉摸的适应力,一次次地将任何有关"数目字管理"的努力打回原形。以李卫收买余盐配销松江所为例,其初,每一环节的监督均十分严格,"所收盐斤数目,一月一报,宪台查核,以杜隐匿滋弊,一季一运,交松所大使收明,交商槯配候掣"。但苏镇总兵李灿深恐"余盐悉行收买",会导致崇明盐价的波动,提议将所收余盐,照收买之价,"给卖崇邑肩贩,接济民食,则灶户不致借阴雨盐少而故为价昂,于民食大有裨益"⑤。其建议颇合人情,但也极易造成对余盐的侵蚀,成为制度败坏的根源之一。

　　乾隆以后,官方对盐业生产的监控力度大幅度下降,道光六年(1826)和十九年(1839),先后将六沙额灶尽迁于箔沙、陈陆状、利民、小

　　①　乾隆《崇明县志》卷6《赋役志三·盐法》,第874页。

　　②　参见乾隆《崇明县志》卷6《赋役志三·盐法》,第874页;延丰等纂修:《钦定重修两浙盐法志》卷2《崇明场图说》,《续修四库全书》第840册,第565页。

　　③　延丰等纂修:《钦定重修两浙盐法志》卷7《场灶二》,第236页

　　④　《附总镇李灿呈文》,乾隆《崇明县志》卷6《赋役志三·盐法》,第874页。

　　⑤　《附总镇李灿呈文》,乾隆《崇明县志》卷6《赋役志三·盐法》,第874页。

阴、惠安等沙①，没再像雍正三年（1725）那样遇到重重阻力。与此同时，淮盐走私亦在晚清时期逐渐走上台面，并不断挤压浙盐销售的空间。有人援引所谓《户部则例》，说上面有言："崇明孤悬海外，商艘难行，听民买食邻盐，岁征包课。"将之作为当地"购淮盐以抵灶盐之不足"的理论依据②。然查同治十三年（1874）《钦定户部则例》卷 25 至 31《盐法》，并无此语。惟一与此有些关联的规定是："引地交界处所邻商盐店，只准开设数处，余俱移至三十里外，以杜侵越。"③崇明之例显然与此不合。指明《户部则例》所言为子虚乌有或许不难，但是，如果考虑到乾隆三十三年（1768）割崇明所辖之复兴、乌桂等十一沙及通州所辖之十九沙设海门厅这一事实④，则后属海门厅的原崇明县境之沙洲自此之后可以合理合法地改食淮盐，意义可能更为深远，其对崇明盐政所产生的影响绝不容小视。非常巧合的是，乾隆中期以后，恰好也是淮盐大肆涌入崇明之端。

同光年间，浙江盐运使几次三番委员前来崇明设立盐局，试图发卖浙盐，但均以失败告终。在当地人的心目中，"浙盐粗粒，味苦色黄，价又昂，民不服食；而淮盐自江北来，港口纷岐，随处卸运，虽巡船捕快，逻察綦严，只私贿丁役，即坦然销售，兼以盐质净细，色白味鲜，价又低贱"⑤。此观念已根深蒂固，人们对于淮盐、浙盐孰优孰劣的判断亦不必遮掩。光绪二十八年（1902），因偿还庚子赔款之需，盐价抽捐，每斤增价 4 文，当时崇明本地的盐业生产持续萎缩，"额灶仅存三十七，余皆

---

① 民国《崇明县志》卷 6《经政志·盐法》，第 1669 页。
② 民国《崇明县志》卷 6《经政志·盐法》，第 1670 页。
③ 同治《钦定户部则例》卷 31《盐法四下·巡缉私盐事例》，同治十二年刻本，第 12 页。
④ 光绪《崇明县志》卷 2《舆地志·疆域》，《上海府县旧志丛书·崇明县卷》中册，上海古籍出版社 2011 年，第 1151 页。
⑤ 民国《崇明县志》卷 6《经政志·盐法》，第 1669—1670 页。

停煎,本产灶盐只敷民食十之三,其七则取给于淮盐"①,这成为淮盐化私为官的重要契机,崇明一向不设"引商",无盐斤可计,乃筹变通之法,凡渔盐、淮盐入境,都要完捐,抵作加价②。"是年,大使贾芳会县详准浙运使,将运崇淮盐报官抽捐,化私为官,与灶盐三七配销"③,淮盐在崇明终于披上合法的外衣,转变成为官盐。

四、结语

诚如刘志伟所言,在传统中国,对食盐生产和供应的控制一直是贡赋经济与国家权力体系的重要一环。在东南沿海边疆地区,国家为控制盐业设立的机构,往往成为食盐生产地最早纳入国家控制系统的主要机制④。探讨历史时期崇明从盐场到州县的演变过程以及盐场兴废的历史,无疑有助于重新反思上述认识,且对我们深刻理解明清"沙洲—海岛型"盐业管理机制及其州县行政之间的紧张关系亦有裨益。进言之,无论崇明盐政与其上游的另一沙洲型县级政区——常州府靖江县多有干系,还是其"地产之盐,民煎民食"之制,为位于外洋的宁波府定海县所仿效⑤,均绝非巧合。

从天赐场甫一成立,官方的兴趣似乎就不全放在其盐业生产的控制上,不论是不组织"聚团公煎",还是制定"不设商人不发肩引不颁灶

①　民国《崇明县志》卷6《经政志·盐法》,第1670页。

②　洪道明等编:《崇明县志稿》卷2《盐斤》,《上海府县旧志丛书·崇明县卷》下册,海古籍出版社2011年,第2187页。

③　民国《崇明县志》卷6《经政志·盐法》,第1670页。

④　刘志伟:《珠三角盐业与城市发展(序)》,《盐业史研究》2010年第4期。

⑤　参见民国《崇明县志》卷6《经政志·盐法》(第1667—1670页):"崇明,故盐场也,民煮海滤灰,自煎自食,当灶产盛畅之时,食余盐斤犹可分济靖江,固无需于引盐也……崇明有巡盐大使一员,为浙江盐运使所辖,该县地产之盐,民煎民食,与定海略同。"另据康熙《定海县志》卷4《田赋·盐课》(舟山市档案局2006年点校本,第116页):康熙三十一年,巡盐御史"因援江南崇明县例,计丁包课……其民间食盐,止许食锅煎煮,自煎自食。"

帖"的特例，均表现出了极大的宽松度和随意性。这虽与崇明沙洲发育不稳定有关，但更大的可能或许是为了在两淮和两浙盐区之间制造一个"缓冲地带"。崇明特殊的地理位置，一直是淮盐走私两浙盐区的重要中转站，在这里设立一个以缉拿私盐为主要职能盐业机构，并不比建立一个产量丰富的盐场的意义要小。乾隆三十三年(1768)复建崇明场正是出于这方面的考虑。

即便如此，崇明盐政中直接针对私盐的种种努力却迟迟未见成效。明末围绕"天赐场存废"的争论，除暴露了州县行政系统与"盐管型行政序列"之间纠缠不清的复杂关系外，商人藉引票私贩在其中推波助澜的作用也不能忽略。万历朝喧嚣一时的"民灶之争"，不过是漫长历史长河中一个不大不小的插曲，之后，缉拿私盐逐渐成为崇明盐政压倒一切的核心问题。康雍乾三朝，官方曾针对缉盐做过诸多数目字管理的尝试，但仍不免功亏一篑，过于宽松的氛围往往成为严格制度的致命"黑洞"，"海外之变体"则自始自终见证了淮盐由私盐转变成官盐的历史过程。

（原文载《学术研究》2012 年第 5 期）

第五节 从计丁办课到丁田各半

——《剂和悃诚》所见西路场之一条鞭法改革

明初，朱元璋在全国先后设置六处都转运盐使司及七处盐课提举司，对食盐生产加以统制。就食盐产量及盐税收入而言，两浙都转运盐使司的地位均仅次于两淮。而在明代中后期盐政改革的进程中，两浙在票盐制度和盐课货币化等方面也一直走在了全国的最前列，因而备受关注。前人对于明清盐业史的研究，多以两淮盐场的相关制度为参照系,研究的重点不离盐业生产、运销、灶户管理等领域①,即便涉及到两浙,亦常不假思索地以"淮浙"并称,抹杀了两浙盐场的独特性。作为明代率先推行一条鞭法改革的地区,两浙盐场赋役制度的变化始终与州县均平赋役改革的步伐纠缠在一起,这一现象已被前辈学者对于明代赋役财政史的研究成果所证实。梁方仲最早留意到绍兴府在灶田与民田科则合并的过程中始终受灶户赋役优免权的掣肘②,并认为优免制度乃是使赋役制度更趋繁复的一个重要因素③。黄仁宇则将分给灶户的"草场荡地"视为田赋管理中的一个"变量"④。惜乎二人均未对限制灶户优免权与盐场推行一条鞭法的机制等问题作进一步的申论,为后人的研究留下不少空间。

现存的明代两浙盐政专书,主要成书于明万历以后,以王圻的《重修两浙鹾志》和杨鹤等所纂《两浙订正鹾规》为代表。二书全面反映了明中后期两浙的盐政制度及其实际运作机制,有助于我们厘清灶户优免权的限制,以及盐场一条鞭法改革等一系列有价值的学术问题。同时代以专门记录海宁县西路场盐业概况而著称的《剂和悃诚》⑤,则更加弥足珍贵,该书由两浙都转运盐使司嘉兴分司运判徐元旸所辑,全面细致地记述了万历年间海宁县西路场盐政改革的措施和过程,为研究明代两浙盐法的一部重要史籍,其中的一些史料已在刘淼的研究中得

①　[日]藤井宏:《明代盐场の研究》(上、下),《北海道大學文學部紀要》,1952年第1期、1954年第3期;徐泓:《清代两淮盐场的研究》,台北:嘉新水泥公司文化基金会,1972年;刘淼:《明代盐业经济研究》,汕头大学出版社1996年版。

②　梁方仲:《一条鞭法》,刘志伟编:《梁方仲文集》,广州:中山大学出版社2004年,第21—22页。

③　梁方仲:《明代一条鞭法的论战》,刘志伟编:《梁方仲文集》,第75页。

④　黄仁宇:《十六世纪明代中国之财政与税收》,北京:生活·读书·新知三联书店2001年,第176页。

⑤　按:《剂和悃诚》现藏于中国社会科学院历史研究所图书馆,有关《剂和悃诚》的版本情况,请参武新立:《明清稀见史籍叙录》,南京:江苏古籍出版社2000年,第151—155页。

到大量运用①。然而，由于研究尺度和关注问题的不同，《剂和悃诚》中仍包涵大量未被充分利用的信息，亟待挖掘。笔者相信，只有将《剂和悃诚》的使用置于文献形成和流传机制，以及时人现实利益要求的背景下，才可能充分揭示西路场在明后期盐政改革中的普遍性和特殊性，进而体现出典章制度的全国性逻辑及其在各地不同的运作机制。

一、西路场的困境和《剂和悃诚》的编纂

西路场位于浙江省海宁县，明清时期，另一个同在该县境内的盐场是许村场。然而，两场却不属于同一个分司，有着各自的独立性。许村场直属两浙都转运盐使司，西路场则隶属于嘉兴分司。当地盐业生产的历史至少可以追溯至汉唐时期，宋曾置蜀山、崇门及南路、黄湾等八场。入明以后，这八个盐场被重新组合，分别编入许村场和西路场②。其中，西路场大概对应于宋代的南路、袁花、黄湾、新兴四场。海宁县，旧称盐官，地处杭州湾北岸，唐以后，历朝虽多有修筑海塘之举③，但脆弱的海岸线仍不免遭受钱塘潮的巨大威胁，直接影响到盐业生产的正常进行。宋嘉定十二年(1219)，"盐官海失故道，潮冲平野二十余里，至侵县治，芦州、港渎及上下管、黄湾、黄冈等盐场皆圮，蜀山沦入海中"。至元代，海潮对杭州湾北岸的破坏更大，延祐元年(1314)海溢，"陷地三十余里"，泰定二年(1325)八月，"大风海溢，捍海堤崩广三十余里，徙民居千二百五十余家避之"。直至天历二年(1329)，"盐官海患已息，民得

① 刘淼：《明代盐业经济研究》，汕头大学出版社 1996 年。
② 参《南路盐仓记》，嘉靖《海宁县志》卷 9《诗文》，《原国立北平图书馆甲库善本丛书》第 366 册，北京：国家图书馆出版社 2013 年影印本，第 208 页；康熙《海宁县志》卷 3《建置志上·盐场》，清康熙二十二年刻本，第 14 页。
③ 陈吉余：《海塘——中国海岸变迁和海塘工程》，北京：人民出版社 2000 年，第 53—92 页。

安堵,乃诏改盐官州为海宁州",海患的威胁才告一段落①。明代潮灾之患仍不时爆发,比较厉害的年份是永乐六年(1408)、成化十三年(1477)、嘉靖九年(1530)、万历三年(1575)、崇祯元年(1628)等②,这些潮灾或多或少影响着西路、许村等场盐业生产及其相关制度的运转。

西路场的范围在王圻的《重修两浙鹾志》中有明确记载:

> 界域去运司壹百伍拾里,在海宁县地方,东至海盐县谈山界叁拾里,南至海洋,西至陈坟路贰拾里,北至桐乡县界叁拾里③。

其东、西二界实与鲍郎场、许村场相接,相对固定,南、北二界则随海岸线的变化而变动不居。涨坍不定和拆东补西一直是杭州湾北岸诸盐场生存的常态。其中,又以西路场为最特殊,其他各场"率多有墩有山有荡,惟西路每丁派墩七尺,坍涨莫测,而且绝无卷石之山,寻丈之荡"④。所谓"墩",专指直接进行盐业生产的场所,又被称作"滩场"或"灰场";而"山""荡"则指专门为盐业生产提供柴薪的燃料供给地。⑤后者由于可以方便地改种水稻或者花豆,因而成为各种生活在滨海的人群竞相争夺的对象。西路场作为两浙都转运盐使司三十多个盐场中唯一没有山荡的盐场,与当地的海滩"坍涨莫测"不无关系。然而,西路场的盐课并没有因此得到相应减少,有明一代,这种情况一直困扰着当地的盐民。

---

① 康熙《海宁县志》卷8《海塘志·海患考》,第2—4页。

② 康熙《海宁县志》卷8《海塘志·海患考》,第5—7页。

③ 王圻:(万历)《重修两浙鹾志》卷三《盐场额界》,《四库全书存目丛书》,济南:齐鲁书社1996年影印本,史部第274册,第468页。

④ 星石:《上陆都运灶议》,徐元旸:《剂和恫诚》上册,明天启补刻本,第12页。

⑤ 据杨鹤撰、胡继升、傅宗龙等补《两浙订正鹾规》卷3《灶丁荡地不许丈入民额》:"两浙各场灶荡滨连边海,原有二则,窳下者专主晒淋,宽平者可备樵采,二者相溷煎办盐课。"《北京图书馆古籍珍本丛刊》,北京图书馆出版社1998年影印本,史部第58册,第513页。

尽管如此，西路场的海盐生产仍主要采取煎煮的方式：

> 每年例定二月起煎，先用刀刮土，以牛挽之，贫则人力挑积堆垛。傍筑小槽如坑，广捌尺，长捌尺，封涂于底，覆以剖竹，铺以净茅，实土贰拾肆，挑于槽上，灌沃清水，渗及周，时泥融水溢卤，方溜入池，内亦随土之咸淡而为卤之多寡。每盘卤捌桶成盐陆拾斤①。

别的盐场都有足够的草荡为煎盐提供柴薪，唯独西路场匮柴乏薪，故显得格外珍贵，据谈迁《海昌外志》卷2《食货志·盐科》载："海上草荡，人给八尺。"可见，西路场并非完全没有物理形态上的草荡，只是相对于埼场煎盐的需求远远不足罢了。而当地人之所以再三突出西路场没有山荡，除了强调其特殊的困难，也有撇清"荡价"、"水乡银"等额外征收的考虑。从纯粹的技术层面上考虑，盐民还会适当引入了淋晒法作为补充。徐元旸所撰《嘉兴西路场通融赡册序》中将"缺淋晒者"与"缺卤煎烧者"、"缺佃赡办者"并称②，表明西路场的盐业生产曾存在多种形态。

如上所述，不稳定的生态条件使西路场的盐业生产陷入前所未有的困境。但这绝非问题的全部，如果考虑到人和制度的因素，盐场所面临的困难绝不止这些。徐元旸将西路场所遇到的问题，归纳为"三害"：

> 两浙都转运司属场三十有四，乃称西路，独受害者何？居西路，丁无田荡，所授仅七尺土耳，此坍彼涨，盈亏不时，而沙灰垛又为豪强所侵，贫者卒无寸赡，故其难在办课，害一；西路见丁起征，当褴褛时搜刮且尽，视入册若投诸汤火而莫敢应者，故其难在报补，害二；西路充催一分，其费十倍民役，无论绝灶多寡，皆属总催代偿，节遇清查，逃亡过半，故其难在编审，害三③。

---

① 王圻：(万历)《重修两浙鹾志》卷三《盐场额界》，第468页。
② 徐元旸：《嘉兴西路场通融赡册序》，《剂和悃诚》上册，第2页。
③ 徐元旸：《嘉兴西路场通融赡册序》，《剂和悃诚》上册，第1页。

第一害固然与海岸线的频繁变动有关,但其背后有更为复杂的制度背景。明初,确立了优免灶丁杂役的制度:"盖灶有丁,而丁亦有田,田之徭役,郡邑司之。"除了里甲正役之外,灶户在理论上具有优免杂泛差役的权利。盐课折银后,"国家恤灶劳苦,每丁止征徭银贰钱玖分,而免其役",继续维持着灶户优免杂差的权利。随着灶户制度自身运转逐渐出现了一系列的问题,加上"迨后墩荡为海水冲啮,灶丁徙散",于是"灶不必有丁,丁不必有田,而应免灶丁姓氏,强半入富民之籍。夫场催毕世不识业主何人,课无从办,往往卖妻鬻子,以偿富人奸胥,积年窟穴其中,诡冒侵渔,坐享徭银之利"①。赡灶田地与优免之利尽归势要富豪,而实际在场煎盐的灶丁只占在籍灶丁的很少一部分。以松江分司为例,"丁将三万人,非不多也,顷逾五千荡,非不广也,而额盐岁凡七万六千八百六引有奇,苟能上下同心效力,则国有余用矣。奈何人病登场,以数万之众而在灶亲煎者才三千一百七十五人,荡吞巨户,以三千一百七十五人,纵使下手而旺月乏柴,盐从悉就?雾横烟斜,积日累年,人但见卤灶煎盐矣"②。以十分之一左右的灶丁,竟然要负担全部盐课,其难度可以想见。

自洪武末年,监察御史陈宗礼"计丁办课"的建议被采纳后③,盐场附近的荡地和卤地也按照丁额进行分配。此时西路场"实在办盐灶丁一千五百二十丁"④。这一数字可以理解为该场灶丁数的最初原额。在两浙盐区,随着海势东迁,除了个别地区,海岸线外推乃是总体趋势,从河流中上游带来的泥沙,在滨海地区淤积出大片的冲积平原。新涨

① 王圻:(万历)《重修两浙鹾志》卷8《预申包铺二议》,第564页。
② 《盐政一览略》,正德《华亭县志》卷4《田赋下·盐课》,《原国立北平图书馆甲库善本丛书》,第314册,第256页。
③ 刘淼:《明代盐业经济研究》,第114页。
④ 万历《杭州府志》卷之30《田赋下·盐课》,《中国方志丛书》"华中地方"第524号,台北:成文出版社有限公司1983年影印本,第2271页。

出来的荡地、卤地，名义上属于官地，但常以盐场为单位，"均分灶丁"。至于每个盐场的灶丁具体得多少，则因时因地而异。西路场"原无官给草荡"，仅有"滩荡滩场玖千伍百柒弓肆尺捌分，每丁分拨有差"，其中"东仓沙塎壹千贰百陆拾壹丈肆尺，每丁分拨柒尺，西仓沙塎壹千陆百叁拾陆丈伍尺捌寸玖分，每丁分拨肆尺伍寸捌分叁毫"[①]。前述西路场"丁无田荡，所授仅七尺土耳"之句，恐专门针对该场东仓而言，西仓从未达到这个标准。如果根据东、西二仓每丁分配沙塎的数目来推算灶丁人数，东仓应为1802人，西仓为3571人，合计5373人。恰好与《剂和悃诚》中所云"西路额丁五千三百七十有三"[②]完全符合。另据嘉靖《海宁县志》卷2《田赋志·灶盐附》：西路场"管下见在灶丁五千三百七十三丁"，说明至少从嘉靖朝开始，西路场的灶丁原额已维持5373这个数字上未见变动。《两浙订正鹾规》卷3《清理丁荡规则·附额灶》在5373之外，还保留了另一个丁数：

> 西路场三千七百五十户今九百七十五户，灶丁四千八百六十八丁。今五千三百七十三丁[③]。

4868丁，或为洪武之后、嘉靖之前某个历史时段西路场灶丁的增加额数，至于这个数字最早出现在什么时候，已难以考证。如果暂且存而不论，一个更加值得追问的问题是：为何在灶丁严重缺额且急待报补的情形下，其总额数非但没有减少，却仍会稳步上升呢？究其原因，还是与灶丁的优免权有关，诚如万历《杭州府志》卷之30《田赋下》所云：

---

① 王圻：(万历)《重修两浙鹾志》卷3《盐场额界》，第468页。据嘉靖《海宁县志》卷3《盐场》：西路场"置东西二仓，廨宇一所，东仓，在厅侧，廒屋二十一间，西仓，在县东北五十五里，廒屋一十九间"，第167页。

② 星石：《上陆督运灶议》，《剂和悃诚》上册，第12页。

③ 据杨鹤撰、胡继升、傅宗龙等补：《两浙订正鹾规》卷3《清理丁荡规则·附额灶》，第507页。

凡灶丁,一丁免田百亩,所以舒灶力裕□□也。濠右大家,所治业既广,计规优免利,虽非亲子息,皆登报于籍,多者数十人未已。彼纳课有限,而所分草荡子沙,召佃予人,利且倍□。矧遇均平辄免,均徭又辄免,利以权利,生生不穷,是添丁则添业地也。何计不为耶?以故丁日增,产日盛,田连阡陌,赀累巨万①。

由于一个正丁至少可以拥有附着在 100 亩田上的各种杂役的优免权,这就意味着,只要灶丁数目不断增多,总体的优免规模就会相应增加,盐场及其附近的势要亦可乘机兼并土地。于是,各种虚报灶丁的手段层出不穷,有人甚至将未成年的儿童和非家庭成员也冒充到灶丁的队伍中来。另一方面,受照丁均派盐课原则的影响,"丁少则加银,丁多则减课"②,也对丁数的不断膨胀起了推波助澜的作用。而所谓"五千三百七十三丁",已逐渐沦为一个赋役优免的单位,与实际灶丁的数量脱离了联系。随着灶丁登记系统的形同虚设,报补灶丁焉能不难?

在这基础上,负责征收盐课的总催们自然无法按照册籍上虚报的丁数来完成其催征任务。虽然总催在职责上与州县的里甲相仿,在两浙盐区,"每场立团聚灶,每一团编总催十名,以辖众灶,定为版籍。见役曰该年,余曰排年,编审向有定规"③,但如前所述,由于盐场的册籍在某种程度上比州县更加不真实,所以,一旦有人担任总催,就难免会陷入"赔累不堪"的窘境。西路场计有总催 90 余名④,他们的催征和编审任务尤重于其他场分,"即使丁皆见在,犹或难支,况丁因课重而逃,催以丁逃而累,本名尚难支办,逃丁又累虚赔"⑤。摆在总催面前的无

①　万历《杭州府志》卷 30《田赋下》,第 2267 页。

②　万历《杭州府志》卷 31《征役》,第 2338 页。

③　据杨鹤撰、胡继升、傅宗龙等补:《两浙订正鹾规》卷 3《编审催灶附总催额数》,第 504 页。

④　嘉靖《海宁县志》卷 2《田赋志·灶盐附》,第 155 页。

⑤　星石:《上陆督运灶议》,《剂和悃诚》上册,第 13 页。

非是两条路：要么重新对实际的灶丁数目进行登记，清除那些"虚丁"，要么就得由他们本人代偿那些根本找不到课税对象的盐课。如果采取前者，不仅会使已经具备的优免权受损，直接危害既得利益者的好处，更会因为总丁数的减少，使每个丁所承担的赋税责任增加。如果总催们一味地选择包赔代偿，那么只能加速他们的破产。所以，徐元旸将第三害归结为"难在编审"。

以上"三害"，深深地困扰着西路场的总催以及普通灶户。从万历十一年（1583）至三十六年（1608）的二十余年间，在部分海宁籍在朝官员和众乡贤的不懈努力下，西路场先后争取到拨补亏课、征银抵课、均摊沙堘、借土刮煎等特殊政策，大大舒缓了原有的苦难和不均。在这一过程中形成的各种官文书、禀帖、书信等等，被两浙都转运盐使司运判徐元旸收集整理，编辑成书，题名《剂和悃诚》，前后经历万历初刻，天启补刻，最终装订成上、下两册。除了序跋，全书共收录文章三十余篇，全面展示了西路场在限制优免和均平盐课负担方面的一系列改革措施，有助于我们深入了解明后期两浙盐场的赋役改革。

之所以叫《剂和悃诚》，可从上册贾宗悌的序中得知一些信息：

> 不佞簿书稍闲，获睹龙泾徐先生远投海昌民灶均平二议，而又三复诸明公极所状酸楚若干篇，题曰：剂和悃诚。其于社稷生灵岂浅鲜哉？谓有资于人，譬之谷米羊豕，而其味长；谓有益于命，譬之参术归苓，而其剂良，几可以助天地补父母所不及者，诚于斯议有赖也①。

从这篇撰写于万历三十七年（1609）的序文中可知，贾宗悌曾在一个偶然的机会看到了一部书，里面收录了徐元旸的《海昌民灶均平二议》及其众乡贤所撰之反映西路场困境的文章，书名题作《剂和悃诚》。

---

① 贾宗悌：《序》，《剂和悃诚》上册，第5页。

贾宗悌阅后,将这些文字的作用比作人参、白术、当归、茯苓等济世良药,不可谓不贴切,这也是对书名的最好诠释。在这篇序里,他还交代了这部书的编撰和流传情况,据徐氏幕宾陆珠透露,该书系徐元旸"采积十余纪剞劂之工,始奏书",才由陆珠刻版行印①。

上册初刻版的最后一篇虽无题名,但从文字的内容上判断,应为陆珠于万历三十六年(1608)所写的跋。陆珠说,该书"向场灶均议,亦就刻辞,其心惓惓数十年,而近获奏……令次第各成帙,岂惟家喻户晓哉!当与循吏传并重不朽,且多伏谊者剂和之良图"②。既明确透露出该书编撰之本意,也再次表明了在"场灶均议"的过程中,当地人始终注意保留相关文献,才使记录着"剂和之良图"事迹的该书得以在短期内顺利刊刻。

确切地说,在陆珠的跋之后,还有一篇碑记,为陈与相在天启二年(1622)撰写的《海宁县西路场报功祠记》,这一篇连同徐元旸的《嘉兴西路场通融赡册序》,在版心俱注有"补刻"字样,而其他篇章均无这样的标注,据武新立推测,这两篇当为天启初年重刻时的补版。目前所存《剂和恫诚》的版式为:"每半页九行,每行二十一字,白口,单鱼尾,四周单边,竹纸,金镶玉装。"③补刻版每行多一字。另从徐元旸所撰《嘉兴西路场通融赡册序》的名称上判断,《嘉兴西路场通融赡册》或为《剂和恫诚》之别称,且意思更为直白明了。

徐元旸为松江府人,太子太傅徐璠之子,以父荫历任两浙都转盐运使司运判、南安府同知等职④。辑录此书时,徐应在两浙嘉兴分司运判

---

① 贾宗悌:《序》,《剂和恫诚》上册,第6页。
② 陆珠:《跋》,《剂和恫诚》上册,第34页。
③ 武新立:《明清稀见史籍叙录》,第151页。
④ 武新立:《明清稀见史籍叙录》,第151页。

任上①。在万历三十九年(1611)巡盐御史张惟任的一份题本中,称徐元旸为"嘉兴分司判官",当时徐本已预备升迁,却被张惟任临时扣住,让其负责杭州、嘉兴、宁波和绍兴等府盐场灶地的清丈工作,在清丈工作结束后,张专门为徐元旸请功:"判官徐元旸,原因清丈伊始,闻报升任,该臣题留添注者,今事竣,而劳绩居多,且其又支从五品俸已久,似又宜就近酌转,以励人心者矣。"②

当然,解除西路场困苦绝非徐元旸一人之功,他最大的功劳或许只是找机会把在解困过程中有突出贡献人们的言论刊刻了出来。《剂和悃诚》上册共 19 篇文章,其中前 11 篇文章主要是书信,上册的其他诸篇及下册 13 篇,则多为各种关于西路场盐政改革的行移官文书。上篇的书信,既有当地在朝为官的官员写给盐运司官员的,也有地方生员写给本籍乡官的。其中,所涉海宁籍乡官计有时任太常寺卿的陈与郊(号玉阳或隅阳)、柳州知府董成龙(号云泉)、泰兴教谕董成允(号中泉)、綦江知县马效武(号省岗)等,他们先后致书向都盐转运使游应乾、陆从平、处州府通判张世则、嘉兴分司运判姚烛等,反映西路场的具体情况。另外,贵州道御史许闻造(号星石)虽是海盐鲍郎场籍,却是"父给谏相卿自海昌迁盐,因为盐人"③,但其"亲戚族室西路居多",与海宁有割不断的纽带,也曾就西路场的诸多现实问题上书都运陆从平、运判范民望,提请解决。很难设想,如果没有这些在朝官员的努力,针对西路场的一系列改革措施将如何落到实处。据陈与相的《海宁县西路场报功

---

① 据王圻:(万历)《重修两浙鹾志》卷 17《官纪》:徐元旸"万历三十五年任",第 721 页。

② 《万历三十九年十月巡盐御史张惟任题为两浙灶煎日困九边商计渐诎谨竭虑图维清沙□□以裨苏息以裕转输事》,王圻:(万历)《重修两浙鹾志》卷 21《奏议下》,第 786 页。

③ 《星石公传》,《灵泉许氏重纂家谱》卷 9《列传》,光绪十九年刻本,上海图书馆藏,不分页。

祠记》称:董成龙、董成允之父董豫斋早就悯西路灶户之苦,惟苦于上达无门,心有不甘。待"长公暨予(陈与郊、陈与相)以次通籍,星泉两弟(董成龙、董成允)及其舅氏族星石许公(许闻造)后先辉映公车",豫斋先生跃然喜曰:"群贤人兢爽,吾之心其成矣乎!"①之后,此五人中的陈与郊、陈与相和许闻造又先后高中进士,位居显要,对于地方民情的上传下达有着得天独厚的优势,才使得西路场灶之困得以大幅度纾解。

在拨补西路场亏课一事的争取上,除了陈与郊、董成龙、董成允、马效武等人所起作用毋容置疑外,做实际工作的人却是以地方普通生员为主,陈与郊、许闻造的儿女亲家沈达(号见庭)乃其中关键人物,他不仅"独捐三百金,以充公费",率领众灶向巡盐御史孙旬呼吁,请求减少西路场课②,而且先后写信给陈与郊、董成龙、董成允、马效武,及时反映"西路课银独重,赡荡独无"等实情,为最终减课银一千三百四十三两二钱五分立下汗马功劳。在事成之后,他专门写就禀帖一封,除了澄明诸乡官及同道的功绩,还交代了包括自己捐助的 300 两白银在内的所有活动经费去向,以增加公信力:

> 兹籍上官垂仁体察,玉阳、云泉、中泉、省岗竭力陈楮,省东、东湖勤劳尽瘁,始克告成。诸凡费用,某不敢秩毫,取偿于亲友,诚恐未悉此情,或漏指名索报,使某心无以自白,且污名节,又贻后累。为此具禀③。

根据《海宁县西路场报功祠记》提供的线索,禀帖中的"省东"指朱采,号省东,"东湖"指的是马东湖,"东湖"是其号,除非有更精确的史料,否则很难将他与具体的历史人物对上号。《报功祠记》中提到的与

---

① 陈与相:《海宁县西路场报功祠记》,《剂和恫诚》上册,补刻第1页。
② 海宁市政协文教卫体与文史委员会编:《海宁世家》上,北京:人民日报出版社 2012 年,第 381—382 页。
③ 见庭:《禀帖》,《剂和恫诚》上册,第 11—12 页。

沈见庭、朱省东、马东湖同样性质的"尚义捐赀"者，还有董豫斋、沈怀庭、朱顺微、许省功、朱后山、吴丁村、黄草庄、董悍泉、沈学海、俞仰溪、沈海隅、马敬泉、沈惕庵等 13 人①。这些人中，沈怀庭（遵）、沈学海、沈海隅（承训）、沈惕庵（延春）与沈见庭均出自海宁盐仓庆善里盐业世家沈氏一族；马敬泉、马东湖之事迹虽然无考，但恐怕与马省岗一样，出自海宁世居黄湾花山，以煮海为业的扶风马氏②；另从《报功祠记》之上下文判断，朱省东与朱后山，董豫斋与董悍泉、董成龙、董成允之间，皆为父子关系。董成龙、董成允、马效武三人在写给处州通判张世则的禀帖中，开篇即称自己为"西路场灶"③，陈与郊在写给陆从平的信中也称"仆隶籍西"④。由此或可推测，万历年间西路场改革的主要促成者，大都来自以陈氏、董氏、沈氏、马氏等为代表的灶籍家族。然而，我们必须清醒地认识到，这些所谓的"尚义捐赀"者，也绝非铁板一块，不全都是出于公心才加入到这个队伍中，绝对不能排除不少实际参与者有着各自心里的小算盘。如前所述，优免制度自身所带来的贫富分化，使得那些纯粹为总催与普通灶户请命的责任人和大肆兼并灶地的既得利益者们，均可以在这场请求减免西路场负担的运动中各取所需。

另有迹象表明，历次活动领导者和主要参与者的身份多为龙阳社社友。董豫斋曾对儿子董星泉说："吾日夜患灶苦，尔龙阳社多贤者，不朽之业于焉在矣。"将解决西路场困境的希望寄托在龙阳社的身上。龙阳社的确人才济济，不仅陈与郊、董成龙、董成允、马效武、许闻造曾在龙阳社就读，与他们五人并称"乡先生七"的广西按察副使朱与翘（悍

---

① 陈与相：《海宁县西路场报功祠记》，《剂和悃诚》上册，补刻第 5 页。

② 参海宁市政协文教卫体与文史委员会编：《海宁世家》上，第 378—382、9—55 页。

③ 云泉、中泉、省岗：《上张三府揭帖》，《剂和悃诚》上册，第 18 页。

④ 隅阳：《致陆都运书》，《剂和悃诚》上册，第 18 页。

复），"亦龙阳社友也"。据称："灶苦杂役，惺复朱公力除之。"①除了以上诸贤，龙阳社还聚集着大量像董惺泉等在功名上没有大建树的学子。因此，笔者推断西路场盐政改革的主要推动者是龙阳社的社友，当不为过。不过，令人遗憾的是，有关龙阳社的资料，迄今似乎已湮灭殆尽，难得其详。笔者推测，其得名或与袁花镇附近的龙尾山有关，袁花地处西路场界内，自南宋以来就是盐业生产的重地。

如果没有《剂和悃诚》和西路场报功祠，万历年间西路场的种种事迹，恐怕也会像龙阳社一样，被淹没在历史的长河里。在一定程度上，《海宁县西路场报功祠记》之流传，比《剂和悃诚》更为广泛，甚至在乾隆《浙江通志》和民国《杭州府志》中均有节录。在《报功祠记》中，陈与相对朱采父子、沈氏昆季等大加赞赏：

> 初衷美之时，省东朱采以望八之年，不爱其死，为父老先，其族子后山朱思张每事竭蹶负荷，可称济美，见庭沈君达之不辞费，其季怀庭沈君遵之不辞劳，二难哉！学谕荆南陆君世友、文学海隅沈君曰孝，皆与豫斋同心悯灶者，沈之子（某）、陆之子（某）汇刻悃政传千世，此其人咸于西路有功②。

从中可见，沈达、沈遵兄弟对于西路场减课有倡率之功，陆世友父子、沈曰孝父子在《剂和悃诚》的汇刻上有突出贡献③。而朱采父子则主要集中在报功祠的修建上："祠哉，昔朱采曾创祠为尸祝计，未竟而圮，今思张即其地，黾勉拮据，蠲辰饬堂，展筵庀器，置主为位礼奠焉。"④可谓各有侧重。

随着报功祠的修成以及陈与相之《海宁县西路场报功祠记》补刻入

---

① 陈与相：《海宁县西路场报功祠记》，《剂和悃诚》上册，补刻第1页。
② 陈与相：《海宁县西路场报功祠记》，《剂和悃诚》上册，补刻第3页。
③ 按：此处"陆之子（某）"，很有可能就是徐元旸的幕宾陆珠。
④ 陈与相：《海宁县西路场报功祠记》，《剂和悃诚》上册，补刻第4页。

《剂和悃诚》，有关明万历年间西路场一系列盐政改革的总结终于以目前的样貌定型并保存下来。据《报功祠记》记录，报功祠主位供奉"御史四，运长二，分司三，府倅一，县令一，乡先生七"，其他尚义捐资者分列东西两庑。"乡先生七"皆是举人以上的当地乡宦，其中的六位前文已作交代，另一位为御史孙龙川，可能是曾任四川道御史的海宁籍官员孙乔。"御史四"分别指万历年间任两浙巡盐御史的孙旬、王业弘、叶永盛、方大镇等四人，被供奉在报功祠的正中。在他们任上，西路场先后争得"哀羡得减西路丁课"，"均徭役县解扣免场课"，"蒙轸患苦西路独免"，"均埠分给坍失贫灶"等特殊优待。下文将按照时间顺序，对之一一加以介绍。

二、哀羡得减西路丁课

在两浙 34 个盐场中，西路场"丁多荡少"的特性，早在嘉靖《海宁县志》中就已被充分揭露出来：

> 海宁灶户之苦不可胜言，而西路尤甚。裋褐办盐，而鲜草荡之结，总催赔贴，而兼民杀之繁。灶耗废而征科概施，公差多而困惫益甚，势至于此，不知将何以善其后①。

嘉靖《海宁县志》成书于嘉靖三十六年（1557），至少从那时起或者更早，由徐元旸所总结的"办课之难、报补之难和编审之难"的现象就已存在，甚至可以说已经非常严重。据此或可进一步判断，陈与郊曾在万历初年的一封信中所总结的：西路场"百余年来，称两浙极患之地久矣"②，亦不为过。而且，确实如嘉靖《海宁县志》的编者蔡完所预言的那样，针对西路场境遇的解决方案一而再、再而三地被搁置起来，始终没有人能够出头"善其后"。直至万历十年（1582）由巡盐御史孙旬组织

---

① 嘉靖《海宁县志》卷 2《田赋志·灶盐附》，第 155 页。
② 玉阳：《上张三府掌科咨》，《剂和悃诚》上册，第 8 页。

的一次大规模的灶地清丈,才出现了矫正西路场积弊的最初契机。

按照制度规定,灶地每五年要清丈一次。但在实际运作过程中,却"向来因仍旧额,不行清丈"。由此造成了一系列的混乱,"新垦者独享无税之利,坍塌者坐受赔贩之苦,甚至奸民豪右敢为兼并之谋,地亩版图揸入民田之内"。随着富灶兼并和民灶田相互诡寄的现象愈发普遍,直接导致"灶日困,课日亏"。两浙巡盐御史孙旬对此深恶痛绝,决心全面整顿三十四场之盐政,对灶荡及滩场实行前所未有的严格清丈,将民户侵占的灶界田荡"改正还灶",清出来的田产,"不宜复照民粮起科,均当递减,以示宽恤"①。清丈工作由盐运司和地方有司配合进行。浙江布政司派遣的官员是因弹劾吏部尚书王国光被贬的处州通判张世则②,在陈与郊、董成龙、董成允、马效武等人的书信中,称之为"张三府"。据称,张世则"立心公正、作事周详",是此次清丈中除了孙旬之外最为关键的人物之一。从清查的结果看来,他与盐运司的掌印官们配合较为默契,"要见各场原开熟荡若干,额征课银若干,今丈出新垦熟荡若干,照依原定则例增银若干,某项当补亏课场分岁额,某项当留备荒,某项当佐支销公用等费,供长会计,衷益通融,毋使数有隐遗,灶有偏累"③。事实证明,这次清丈工作的成效相当不错,共丈出"开垦并改正还灶田地荡税银共四千四十四两五钱叁分陆毫二丝八忽七微三尘二渺"④。

---

① 《浙江等处承宣布政使司左布政舒为敷陈肤议酌处醝政未尽事宜以祛宿弊以仰裨国计事》,《剂和悃诚》下册,第 40 页。

② 按:有关张世则的履历可参万历《续处州府志》卷 2《官师表》,《南京图书馆藏稀见方志丛刊》第 88 册,北京:国家图书馆出版社 2012 年影印本,第 373 页;乾隆《诸城县志》卷 30《列传二》,《中国地方志集成·山东府县志辑》第 38 册,南京凤凰出版社 2004 年影印本,第 224 页。

③ 《浙江等处承宣布政使司右布政徐为敷陈肤议酌处醝政未尽事宜以祛宿弊以仰裨国计事》,《剂和悃诚》下册,第 47 页。

④ 《浙江等处承宣布政使司左布政舒为敷陈肤议酌处醝政未尽事宜以祛宿弊以仰裨国计事》,《剂和悃诚》下册,第 41 页。

凭空增加了四千余两羡余地荡税银，孙旬并未将之上交给国库，而是采取"核定税亩，衷益课银"的原则①，将丈荡余税，"裨补患场岁额"②，也就是说，除了抵扣部分备荒用银和公费开支外，拟将这笔钱的一半左右，在两浙所有盐场中选取几个最为艰难的场分，用以抵补它们的亏课，解决灶户的实际困难。但是，具体应该如何分配，究竟哪些盐场能够达到贴补的标准，则莫衷一是。西路场生员沈达风闻此消息后，一方面，以"西路课银独重，赡荡独无"，与朱省东"具至使司及本分司"③；另一方面，即刻致书恰好移席归乡的陈与郊，反映这一最新动向：

> 本场苦无灶赡，承役者十九倾家，十五累累。往时查无裨补，虽欲加恤，其道无由也。迩幸题准丈量，各场余税总解之运司，拨补亏患。院行守道，委处州张通府会同运司端议前钱某项，应补患场岁额某项，应留备荒某项，应拨公用支销，此千载一时不可失也④。

陈与郊阅信后，也觉得这是一个千载难逢的好机会，接连写信给都盐转运使游应乾、处州府通判张世则和嘉兴分司运判姚烛等，"陈之当路，拨补斯场"⑤。为增加成功机率，沈达还向董成龙、董成允、马效武等三位乡官求助，力陈"此事为概场义举，机会一失，无容再遭命"⑥。董、马等三人联名给张世则写一份揭帖，从揭帖的内容看来，显然是经

---

① 《浙江等处承宣布政使司左布政舒为敷陈肤议酌处醝政未尽事宜以祛宿弊以仰裨国计事》，《剂和悃诚》下册，第 40 页。

② 《万历十一年六月十八日蒙盐院孙准发为约沈达朱采等为急苏极患事》，《剂和悃诚》下册，第 48 页。

③ 见庭：《禀帖》，《剂和悃诚》上册，第 11 页。

④ 见庭：《上陈都谏书》，《剂和悃诚》上册，第 10 页。

⑤ 玉阳：《上姚公祖书》，《剂和悃诚》上册，第 8 页。

⑥ 见庭：《上中泉云泉省岗三公书》，《剂和悃诚》上册，第 11 页。

过了一番斟酌,其言辞更具针对性:

> 夫各场丁灶,照户办盐,族迨百丁,止照原户输办,且有赡荡租利至黉缘报顶籍规荡利而不可得者。至西路场之课以丁计,成童尽隶尺籍,皓首乞无已时;而赡荡则无寸土,又各场所绝无矣。姑举松江分司清浦灶丁五千七百,岁课千一百两,每丁课止二钱耳,虽以坍荡告疲,尚存万六百亩。近议将本分司所属丈荡羡银七百两,悉抵清浦课,每丁止办银八分,而赡荡尤有余利。西路灶丁五千三百七十有三,岁课三千两,每丁五钱六分,以此无荡之课,视清浦三倍之苦乐,殆星清□也。欲求照例赐补①。

他们首先强调,西路场与其他各场最大的差异有二:一是"课以丁计",二是"赡荡无寸土",定下该场"人地关系紧张"的基调。接着拿西路场与当时有着类似危机的松江分司清浦场进行比较,二场灶丁数额虽然相当,但岁课却相差三倍之多,清浦场每丁只纳二钱,西路场每丁须纳五钱六分,如果算上清浦场额外的一万余亩荡地,两场之间的悬殊,则更加昭然若揭。

从前引沈达的禀帖中可以窥知,海宁籍乡宦出面争取,只不过一条明线,除此而外,始终还存在着一条暗线。在这条暗线里,沈达等人上下奔走,打点各种关节,肯定没少花银子。但无论如何,众人的努力终于取得了预期的成效。经过反复的斡旋和争取,孙旬对于西路场的印象已经非常深刻:"痛思清浦场灶丁数与西路相等,清浦办课千两,尚有坍存草荡万亩,蒙怜场患蠲恤。西路课银三千,并无寸土抵赡,苦逾十倍。"②他的认识,显然受到了董成龙等人揭帖的直接影响。最终,他毅然决定,在两浙所有盐场中,惟有西路场与清浦场、穿山场符合贴补的

---

① 云泉、中泉、省尚:《上张三府揭帖》,《剂和悃诚》上册,第9页。

② 《万历十一年六月十八日蒙盐院孙准发为约沈达朱采等为急苏极患事》,《剂和悃诚》下册,第48页。

标准，"西路之沙堘，清浦之缺额，穿山之课重，均属繁苦，委当通融拨补"。在四千余两羡余税银的分配上，"拨补西路场银一仟三百四十三两二钱五分，穿山场银二百六十三两七钱，清浦场银三百两又七十四两三钱三分"，其余充作公费和备荒之用①。西路场共分得了总额的三分之一左右，贴补的力度较大。这意味着，该场灶丁从万历十一年（1583）开始，实该征银一千六百三十五两五钱二厘四毫二丝五忽②，每丁每年"减课二钱五分，去岁征几半矣"③，虽然比清浦场缴纳的数额还是要高，但较之以前每丁纳五钱六分，已大幅度减少了。

减课虽然给灶丁带来不小的实惠，并在一定程度上缓解了西路灶丁的困苦，然而，诚如徐元旸所云："夫法有时，敝恩有时，穷至今日，而肥瘠能尽均乎？民灶能尽清乎？绝者能尽补而逃者能尽复乎？苟其不然，三害如故，奈之何？场不日荒，灶不日散且毙也。"④只要没有触及土地兼并和诡寄影射等弊端，像这样的"头痛医头脚痛医脚"式的改变，显然不可能取得一劳永逸的效果。

三、均徭役县解扣免场课

对于西路场的灶丁和总催来说，羡银补课所带来的一时欢乐，仅仅维持了十年左右，就又不得不面临灶户依旧离散流亡的老问题。万历二十三年（1595），许闻造的《上陆都运灶议》，将西路场与两浙其他各场进行了比较，认为西路场有"五难"，分别是：视各场无山荡难，视各场课重难，视各场收丁难，视各场总催难，视各场善后难。第一难固属先天条件，难以根治。第二难，在西路场已大幅减课的条件下，似乎显得毫

---

① 《浙江等处承宣布政使司左布政舒为敷陈肤议酌处鹾政未尽事宜以祛宿弊以仰裨国计事》，《剂和悃诚》下册，第42页。

② 《处州府通判张为急苏极患事》，《剂和悃诚》下册，第45页。

③ 陈与相：《海宁县西路场报功祠记》，《剂和悃诚》上册，补刻第2页。

④ 徐元旸：《嘉兴西路场通融赡册序》，《剂和悃诚》上册，第2页。

无道理,然而,盐场丁课的轻重总是相对的,如果和邻近的的鲍郎场比,西路还是要高出一倍左右,"鲍郎即额丁止三千一百四十一丁,额课仅四百七十三两三钱,每丁岁课一钱五分,西场额丁五千三百七十有三,额课一千六百余两,每丁岁课三钱有奇,按丁计课,多寡径廷"。从根本上说,课重实是受丁多之累:"丁寡则易充,故一家总报一人,而额丁自足,丁多则不易补,一家虽尽数入册,而原额尤虚"。由此直接导致负责催征的总催成为"重役":"催灶一名,倍民役十名之费……丁因课重而逃,催以丁逃而累,本名尚难支办,逃丁又累虚赔。"总催与逃丁之间,长年上演着猫捉老鼠的追逃游戏,"催逐逃丁如逐寇盗,丁避催役如避鹰鹯,甚乃变姓名杂庸保,或为养子赘婿,于阻奥之区长往不还"[1]。

　　归根结底,导致西路场陷入困境的主要原因在于丁额过多,在籍灶丁不足以承担沉重的丁课。如果能按照实际的承受能力来确定丁额数目,自然可以实现"丁寡则易充"的目标。然而,有明一代,西路场的丁额非但没有减少,甚至有一定幅度的增加。究其原因,皆是"免田法"不受制约所致。从成化弘治之际始,灶户的优免差役,因每户灶丁多少而异[2],灶丁的多寡逐渐成为享受优免最重要的指标之一。一方面,贫灶无力置田,无田可免,富灶诡报虚丁,却概得冒免,造成享受优免的登册灶丁日益增多;另一方面,在两浙盐区,曾推行正丁一丁、余丁二三丁的帮贴制,原先只有正丁享有免田百亩之优待,余丁被排斥在外,后来余丁也渐加入免田之列,改由正丁一丁、余丁三丁共同分享免田百亩的优待,即每丁免田 25 亩[3]。两股合力一起,共同见证着西路场在册灶丁数额的迅速膨胀。由于余丁和正丁一样,均可以登记在优免册籍当中,

---

　　① 　星石:《上陆都运灶议》,《剂和悃诚》上册,第 12—13 页。

　　② 　徐泓:《明代后期盐业生产组织与生产形态的变迁》,《沈刚伯先生八秩荣庆论文集》编辑委员会主编:《沈刚伯先生八秩荣庆论文集》,台北:联经出版社事业有限公司 1976 年,第 389—432 页。

　　③ 　刘淼:《明代盐业经济研究》,第 149—150 页。

使得西路场陷入"丁多荡寡"的怪圈中而不能自拔，"富灶避役，将田诡立民户……富者田多免多，而课不少增，贫者田少免少，而课不少减"，"虽有优免之名，竟无抵补之实，弊患日深，催灶愈困"①。

许闻造非常清醒地意识到了免田法的巨大危害。他在写给嘉兴分司通判范岷望的信中指出："祖制办盐，灶户每丁免田二十五亩，原无无田不免之条，奈何奉行德意者逮富遗贫，使良法美意先于所缓，而遗于所急。"②他敏锐地发现，正是由于存在"无田不免"的制度缺失，才导致富豪势要千方百计地诡寄优免，进而严重影响着盐场赋役的公平。欲摆脱以上困境，如果不对灶丁的优免权加以必要的限制，任何没有触及到体制的改革举措都无法落到实处。

对于西路场来说，可供借鉴的成功制度先例，乃是早些年由松江分司下沙三场催灶夏禹绩所提出的"灶田概不优免，与民一体征银发场抵课"之法。该法在《两浙订正鹾规》中曾有详细记述，现节录如下：

> 万历十五年……下砂三场灶户夏禹绩呈词……议将该场九团富灶之田，画入有司，岁编均徭，征银在官，类解运司，抵作众灶盐课，原额不敷，明示各灶自行办补……如议，帖行该县，将九团富灶田亩并征银数目造册报院，以凭查考……候于万历十五年秋粮会计内派征十六年均徭，并行造册，扣算编银，征解运司，抵作众灶盐课。其不敷之数，明示各灶通融办补③。

夏禹绩"系下砂三场九团人"④，该团与当时两浙其它盐场的情况大致类似，那里的富灶亦常常利用优免杂差固有的制度漏洞，在不增加

---

① 《两浙都转运盐使司为垦救偏患裕因苏灶事》，《剂和悃诚》上册，第 20 页。
② 星石：《致范运判书》，《剂和悃诚》上册，第 17 页。
③ 据杨鹤撰、胡继生、傅宗龙等补：《两浙订正鹾规》卷 3《上海县包补缘由》，第 521 页。
④ 万历《上海县志》卷 3《赋役志上·田粮》，《上海图书馆藏稀见方志丛刊》第 23 册，北京：国家图书馆出版社 2011 年影印本，第 192 页。

丁课的前提下,将自己名下田亩的全部或者大部分改头换面,皆可享用免田优待的政策。据万历《上海县志》载:该县"灶户充总催者犹多诡名,谓之逃催,额课率累本印该年,若夫不堪编催之灶,莫能究其有无,存亡间或有之,不至各场已百年矣。"①作为总催的夏禹绩,自然与西路场的同行们有着同样的痛苦经历,他率先提出了一套解决方案,提议对九团的田亩进行登记,按照实际亩数征收银两,抵作众灶盐课,如有不敷,各灶自行补办。

对实际的田亩加以登记,相比于更为严格而全面的清查,所能取得的实效固然有限,但却首次将富灶的田产作为课税客体,其意义无论怎么形容都不过份。之前两浙各场面临的共同课题乃是,征收盐课时,皆以丁为课税客体;而厘定优免时,却造成事实上的丁、产分离。无产的贫丁可能交纳重税,有产的富灶却独享免田之利。以富灶田亩充抵众灶盐课,虽在形式上有违早已形同虚设的"免田法"的精神,改变了原本按照灶丁人数计算优免权多寡的原则,却因课税客体的变化,大大均平了积累已久、早已失衡了的盐课负担。不仅如此,对于存在严重漏洞的"免田法"加以改变,既可保证盐课的足额征收,也符合一条鞭法改革的总体趋势。夏禹绩的提议很快被采纳,自万历十五年(1587)起,下沙场九团的一部分灶课改由上海县均徭项下统一征收,再从上海县总的条鞭银中进行扣算,将之转解给盐运司。

后来夏禹绩之法被写入两浙鹾规,为两浙各盐场竞相援例打开了方便之门。许闻造给范氓望的信里所提西路场之解决方案,即以该法为蓝本:"必于概县田地之中,总扣该场应免之课于灶里名下,除其发场征解运司,无产贫丁既沾吻沫湿之微,有田各灶兼被休养补助之惠,庶民灶得均利病,掾胥无从干没,而司县无害于掣肘,斯画一之定规久长

---

① 万历《上海县志》卷4《赋役志下·徭役》,第254—255页。

之善策也。"①

不过，许闻造的方案离夏禹绩率先推行的"扣算编银征解运司"之法，已经过去数年，在一些制度细节上，他还借鉴了三江场的部分经验：

> 灶田概不优免，与民一体征银发场抵课者，此十四五年间下沙三场催灶夏禹绩等所呈允也。后因征银发场，反滋奸书干没之弊。故扣算免例，纂贮徭银，径解运司抵场课者，此十七八年间三江场催灶王子盛所呈允也……详较得失，变免田为征银，改发场为县解，法愈变而愈精矣②。

在许闻造看来，号称"完善"的夏禹绩之法，在具体的运作中也存在着一个较为严重的制度漏洞，那就是从州县征银到转解运司的过程中间，多了一个发场收储的环节。尽管征解银两在这一环节停留的时间本该非常有限，但仍难免滋出生"奸书干没之弊"，所谓"积书漏减，发场延久无稽"③，指的就是这种情况。万历十七八年（1589、1590）间，三江场总催王子盛有针对性地提议取消盐课征解中的中间环节，由州县径解运司，才使弊端得以一定程度上的消除。许闻造在给范氓望的信中专门提到"除其发场征解运司，无产贫丁既沾吻沫湿之微，有田各灶兼被休养补助之惠"，显然有其针对性。

经过许闻造一系列的铺陈，万历二十五年（1597），由西路场催灶徐嘉言、许胃等出面，向巡盐御史王业弘痛陈该场弊端，提请将该场"额灶伍千三百七十三丁，每丁照例计田二十五亩，与民一体征银，总扣灶里条鞭，充数解司"。建议很快得到了王业弘的批准。王业弘让徐嘉言等会同海宁县各区里书，根据各自手中的优免灶丁册籍和实征田地文册，将"催灶立户有田者，开造姓名亩数"，造册送嘉兴分司。结果，从催灶

---

① 星石：《致范运判书》，《剂和悃诚》上册，第 17 页。

② 星石：《上陆都运灶议》，《剂和悃诚》上册，第 14 页。

③ 《两浙都转运盐使司为垦救偏患裕因苏灶事》，《剂和悃诚》上册，第 20 页。

册籍系统"查出有田灶丁二千八百六十六丁,无田灶丁一千七百九十丁",共计 4656 丁;而海宁县的登记系统"止有四千六百六十四丁"。对于两个系统的统计数字为何会相差 8 丁,徐嘉言等人的解释是:"盖因民册十年一造,灶册五年一清,而新报者未入民册之故也。"①实际情况却要比徐嘉言的解释复杂得多。根据许闻造的观察:

> 灶隶本场,不出于九围之内,田寄各户,实星散于三百六十里之中。灶田固寄民畗,民田亦诡寄灶户。在本县则权能统摄,夫灶在该场,实势能出令于民。况每岁编徭,三年一发,耳目易眩,虚实难查,两亏民灶之脂,徒餍奸胥之吻②。

在海宁县的里甲系统中,民里一共只有 360 多个,西路场的灶田却"星散于三百六十里之中",也就是说,灶户已将优免灶田诡寄入整个县境,而不仅仅局限于其从事盐业生产的九围范围之内。若加上"民田亦诡寄灶户"名下的情况,无论对于西路场还是海宁县的册籍登记来说,都将是一个极其复杂且难以精确统计的技术难题。然而,在催灶和里书的实证册中,两者之间的误差控制在 2‰ 左右,不能说不是一个小小的奇迹。这在一定程度上或可表明,所谓"见在丁数",不过是催灶里书们为了对应优免灶田随意编造出来的一个"赋役单位",与实际灶丁数目几乎没有任何关系。

在接到催灶和里书上呈的优免灶丁等册籍后,一个新的问题摆在了王业弘面前。到底是按照原额的 5373 丁还是见在的 4656 丁作为标准,来厘定例免抵课之银呢? 对于催灶们来说,显然是按照原额丁数更加有利,因为这样他们可以将按照田亩征收的盐课数目最大化,而夏禹绩之法有着"原额不敷,明示各灶自行办补"之隐患。于是徐嘉言等才一再强调:"该场灶额五千三百七十三丁,每丁免田二十五亩,此祖宗相

---

① 《两浙都转运盐使司为垦救偏患裕因苏灶事》,《剂和悃诚》上册,第 21 页。
② 星石:《上陆都运灶议》,《剂和悃诚》上册,第 14 页。

传以来数百年之令甲也。"最终还是按照原额5373丁，"每丁免田二十
五亩，灶顾与民一体征银，每亩六厘，共银八百五两九钱五分，抵减概场
灶课。自二十五年为始，并入本县条鞭徭银内，通征扣出，竟给县批，着
灶里领解本司"①，"尚余八百二十九两五钱五分零，在各灶照丁该场派
征，照旧依限起解"②。也就是说，自此以后，西路场的盐课一部分并入
州县的条鞭银中照田亩征收，另一部分仍然照老办法随丁派征。但无
论如何，已使长期困扰西路场之"计丁办课"与"照丁免田"之间的矛盾
得到大大舒缓。其好处，诚如许闻造所总结的那样："盖以本名例免之
银，抵概场应完之课，民无丝毫之损，灶有更生之乐。"③

万历二十八年（1600），忠义右衔百户高时夏奏称："浙、福余盐山
积，岁可变价得三十万"。此说一出，立刻引起派驻浙江的税使太监刘
成、高寀等人的积极关注。两浙巡盐御史叶永盛发现，高时夏所奏并非
实情，据理力争，终于以岁增三万七千两课银的代价，使两浙盐场渡过
了这一难关④。有迹象表明，该事件似乎对西路场也曾构成过些许威
胁，据《海宁县西路场报功祠记》记载：

> 税珰出，请加诸场税，且及西路。御史叶公曰："此赢者西路
> 也，吾不佐诸君子为德有卒耶？"竟得免⑤。

那么，最终使其幸免于难的"诸君子"到底是何人呢？叶永盛虽未
挑明，但从陈与郊写给陆从平的信中可获知一些端倪：

> 今闻加额，不得已税灶荡灶地以充。窃恐有荡地者以往年衰

① 据杨鹤撰、胡继生、傅宗龙等补：《两浙订正鹾规》卷3《各县额课》，第
457页。
② 《两浙都转运盐使司为垦救偏患裕因苏灶事》，《剂和悃诚》上册，第23页。
③ 星石：《上陆都运灶议》，《剂和悃诚》上册，第15页。
④ 参叶永盛：《浙鹾纪事》，《武林掌故丛编》清光绪刻本，第15集，第12页；
叶永盛：《浙鹾纪事附录》第4页。
⑤ 《海宁县西路场报功祠记》，《剂和悃诚》上册，补刻第3页。

益,借口不知。荡地虽加税,譬犹民间田亩加粮。今取民之有田加粮,与民之无户无寸地加粮者较之,孰可聊生,孰不可以聊生乎?故西路一场向在热毒海中,而各犹在清凉之境,一旦火龙为害,岂容毒海中益热也①。

可见,依然是靠着官场人脉以及当地人处理公务的一贯方式,才令西路场没有受到增课的连累。

四、均埠分给坍失贫灶

至此,不仅西路场的税额基本固定下来,课税客体也从单一的灶丁改为田亩、灶丁各半。正是由于田亩正式成为课税客体,围绕沙埠的争夺愈发激烈起来。如前所述,由于杭州湾北岸坍涨不一,沙埠在西路场从来都是稀缺资源。不过,即便经历了万历初年的清丈,亦未能触及沙埠的分配问题,这从徐元旸写给催灶黄阶等人的批文中可以窥探一二:

> 本场九围,实办伍千三百七十三丁,远近众灶一体办盐,每丁止靠沙土七尺,自古埠有坍涨不一,赡必得失均分。旧制五年一清,额法通融裨补,不许偏美独累,醛规昭然。自十八年,本分司李踏勘,有无相通,西坍东补。二十四年,场官张副使荒熟品搭、照丁抵赡己来,节遇清丈,历被豪势把持,衙门中阻,呈首有清之名,无清之实,贫丁寸土全无,强灶逾制盈丈,结党烹分余利,含冤到今②。

从材料中可见,无论是五年一清丈的旧制,还是万历十八年(1590)和二十四年(1596)的"西坍东补""荒熟品搭"等诸多努力,均因"豪势

---

① 隅阳:《致陆都运书》,《剂和悃诚》上册,第 19 页。
② 《万历三十五年十一月初五日蒙嘉兴分司徐批发催灶黄阶张宾王琛等呈为恳天一视同仁丈土清丁立石永遵均泽事》,《剂和悃诚》下册,第 60 页。

把持，衙门中阻"，变得有名无实，土地集中的现象一直非常严重。

西路场共被分成九围，其中，一二三围属东仓，四五六七八九围属西仓，前者"三山环绕，永无坍涨"，后者则或东坍西涨，或西坍东涨，极不稳定①。自徐元旸万历三十五年（1607）就任嘉兴分司通判以后，就不得不直面西仓沙埠的再分配问题。虽然按照制度规定，盐场的沙涂荡地应"照丁均派"，"务要肥瘠相兼，毋容催灶人等受财作弊……亦不许豪强占管及擅赴有司告佃升科"②。然而，豪强兼并膏腴、任意垦田从来都未能杜绝。西路场虽无田荡，"各围豪强吞并沙埠灰垛，任意膏腴，收租充腹"的情况却相当普遍，其直接后果是："遗累穷丁失业赔纳，缺埠煎办"③。

尽管西路场西仓六围沙埠的土地形态并不十分稳定，但仍长期被豪强势要所把持。他们将多占的田土租佃出去，对佃取租，形成"业主—佃户"型的盐场经济形态。在与西路场毗邻的海沙、鲍郎二场，"煎盐不必皆灶户，卤地山荡灶户尽佃诸民，坐取其租"④，佃户已在盐业生产中占绝对多数。甚至有人提议："将佃客姓名籍之于册，一如编审里长之法，荒熟各自为里，亩多者为役头，亩少者为甲户"⑤。

万历二十五年（1597）西路场照田征银抵课之法的推行，非但没有减弱，反而强化了这一经济形态的稳固性。征银县解的流程为："查将属县之灶每年审编之期，将场灶免田银数造册发场，于业户名下追银，

　　① 《万历三十五年十一月初五日蒙嘉兴分司徐批发催灶黄阶张宾王琛等呈为恳天一视同仁丈土清丁立石永遵均泽事》，《剂和悃诚》下册，第62页。

　　② 《两浙鹾规清理丁荡类则一款》，《剂和悃诚》下册，第37页。

　　③ 《两浙都转运盐使司嘉兴分司为出巡事》，《剂和悃诚》下册，第38页。

　　④ 康熙《海盐县志》卷6《赋役志·盐课》，《中国地方志集成·浙江府县志辑》第21册，南京：凤凰出版社2010年影印本，第172页。

　　⑤ 樊维城：《盐场厘弊说》，天启《海盐县图经》卷6《盐课》，《四库全书存目丛书》史部第208册，第451页。

以抵众灶应纳之数"①。课税客体虽是优免灶田，可课税主体却是业户。就田问赋，最终还是要落实到就人问赋上，所以西路场采取的也是从业户名下征银，"以抵众灶应纳之数"。这种现实主义的征收方式，在一定程度上是对富灶兼并灶地的一种默许。

在西仓六围沙塗的再分配上，徐元旸很难绕开以上现实而自行其是，虽在形式上，他继续坚持通融均抵、照丁分给沙塗的原则，但这里的"丁"更具有赋役单位的意义，而不一定对应于具体的灶丁。相对于越来越虚化的"丁"，"围"和"仓"渐渐成为分配沙塗最为有效的单位。

万历三十五年（1607），"东沙大溃，涨复无期"②，按照以往的惯例，须按"五五均分，有无相济"的原则，对西仓六围的沙塗进行重新分配。然而，各围催灶各居一方，各执一见，方案很难统一。徐元旸清醒地认识到，任何应对之策，都必须建立在对沙塗保持的现状有一个全面了解的基础之上，他派遣公正弓手"到实在塗所，自东至西，丈量得熟塗九百丈，又稍熟塗草塗七百三十六丈二尺"，并对坍剩尖沙及海塘外之塗头的状况也进行了一番调查③，经过再三斟酌，他提出了一个方案：

> 议将见在熟塗四伍六七八九围，陆股均分，每丁该得二尺□寸，稍熟草塗，亦作六股，每丁该得二尺零七分。见丁算派尺寸。佃户毗连统租及坍不尽尖沙塗头并见坍水浦，皆系海面难量，随塘湾曲约计二千余丈，分作东西两节，陆分均抵各灶各课。每年着落见催对佃征收验解，如有不敷，照丁派补。但见坍水浦坐临海口，涨复无期。倘有涨时，据其实土照直再丈细派，良善催灶俱各允服

---

① 《两浙都转运盐使司为垦救偏患裕因苏灶事》，《剂和悃诚》上册，第21—22页。

② 《万历三十五年十一月初五日蒙嘉兴分司徐批发催灶黄阶张宾王琛等呈为恳天一视同仁丈土清丁立石永遵均泽事》，《剂和悃诚》下册，第62页。

③ 《两浙都转运盐使司嘉兴分司西路场盐课司为出巡等事（一）》，《剂和悃诚》下册，第68页。

无异，虽有三四海霸亦不敢阻梗矣①。

此方案的要点是，先将西路场西仓的沙塝，"东至西丈明"②，再细分成熟塝、稍熟草塝、佃户毗连统租、坍不尽尖沙塝头、坍水浦等几种类型。其中，熟塝、稍熟草塝按照见在丁数派算尺寸，其他类型的沙塝，或刚刚坍陆成海，或发育尚未稳定，只粗略地分成东、西两节。所有沙塝，无论目前是何状态，皆六股均分，每围可以保证分得一股。这一方案既照顾到了所谓"见在灶丁"的利益，也非常注重平衡西仓各围的利益。在徐元旸看来，"各灶均沾尺寸"，自认为相当公平。然而，在具体操作中，却受到了极大阻力。这些阻力并非来自海霸，竟然来自以沈清为代表的七八九围催灶。

在推行方案之初，徐元旸曾拘集西路场西仓的见排总催、村居滨海灶户并公正及谙熟海务人等，会同众佃户，对现存沙塝加以编号，"估计塝垛漕泥大小多寡，斟酌损益，定议租价银数"，在厘定好新的缴纳租银的标准后，按照序号，将之"通融均摊四伍六七八九围"，用以抵补"催灶折本盐课等项内堆垛尚有坍去者"③。另为防止业佃关系的紧张，还针对业主收取租额的多寡作了专门的规定："遇坍则煎灶有余，而沙土窄隘，土贵而租应量增；遇涨则煎灶有限，而沙土常赢，土贱而租应量减。"④徐元旸认为，这样做可谓"一箭三雕"，"村灶始得抵对灶补之课，佃户可免除包头横索之害，见催亦无倾家之患"⑤。然而，他却忽略

① 《分司徐奉宪节行事理务要》，《剂和悃诚》上册，第 26 页。

② 《两浙都转运盐使司嘉兴分司西路场盐课司为出巡事（一）》，《剂和悃诚》上册，第 29 页。

③ 《两浙都转运盐使司嘉兴分司西路场盐课司为出巡事（一）》，《剂和悃诚》上册，第 29 页。

④ 徐元旸：《嘉兴西路场通融赡册序》，《剂和悃诚》上册，第 3 页。

⑤ 《两浙都转运盐使司嘉兴分司西路场盐课司为出巡事（一）》，《剂和悃诚》上册，第 30 页。

了一个极为关键的事实,自万历二十三年(1595)以来,海宁县连遭海潮危害,"四五六围尽行坍没,常年苦办钱粮,迄今力已尽,而财已竭",而"七八九围埠垛如故,所得租银,除抵课,尚有余赀盈家"①。四五六围自然会对他的方案举双手赞成,而七八九围则极不情愿,甚至极力反对。很快,就有八九两围催灶数人宣称,万历三十三年(1605),曾有吴镜、沈延春、陈王所等写立议单,上书:"西则老沙,俱归七八九围管业,东则如今有涨,复有新沙,俱归四五六围管业,各听天命。"②加上有包头③"四横阻扰"④,局面一时非常混乱。

以上议单如果成立,会直接导致四五六围和七八九围各自为政,徒增争端。徐元旸显然不愿看到这样的结果。他不仅将此议单斥为"出自一时乡愚苟且之私,何得藉此为词,阻碍今日见行均恤之意"⑤,并不许"包头仍前虎踞"⑥,还对以沈清为代表的七八九围催灶表示出极大不满,认为他们"便益得惯,一旦而掀其平,有大拂其心者,鼓惑驾捏,连天弊之词,卦院耸告,更不思向之便益者,便益于埠垛之租"⑦。

------

① 《两浙都转运盐使司嘉兴分司西路场盐课司为出巡事(二)》,《剂和恫诚》上册,第 32 页。
② 《两浙都转运盐使司嘉兴分司西路场盐课司为出巡等事(二)》,《剂和恫诚》下册,第 69 页。
③ 按:从《剂和恫诚》的相关记载看来,"包头"应为业主和佃户之间的中间群体,但其具体职能不详。前文曾述,有人提议将鲍郎、海沙二场的佃户按里甲制加以编制,或是针对包头之弊而言。
④ 《两浙都转运盐使司嘉兴分司西路场盐课司为出巡等事(一)》,《剂和恫诚》下册,第 68 页。
⑤ 《两浙都转运盐使司嘉兴分司西路场盐课司为出巡等事(二)》,《剂和恫诚》下册,第 69 页。
⑥ 《两浙都转运盐使司嘉兴分司西路场盐课司为恳天一视同仁丈土清丁立石永遵均泽事》,《剂和恫诚》下册,第 65 页。
⑦ 《两浙都转运盐使司嘉兴分司西路场盐课司为出巡事(二)》,《剂和恫诚》上册,第 33 页。

这里所谓"便益得惯"，指的是多年以来西路场西仓"七八九围每丁沙埠盈丈，向被海霸踞业"①之事实。如果不是四五六围的情况的确非常糟糕，徐元旸恐怕也不会如此动怒，甚至不惜揭露盐场豪强兼并土地之老底。他曾与海宁县典史陈某一起会勘四五六围沙埠，结果情况很不乐观，"老埠见在者，一围半也，而南涨有嫩沙埠，东则有坍剩沙，夫此时不内处分，将来告而不绝"。三围之中，只剩下一围半而已。为了将更多的沙埠变成课税对象，徐元旸甚至打起了新涨子沙的主意，"南则子沙新涨大海之中，离远堤塘二十余里，轮值梅雨秋汛，存坍不可逆料，每年八月终为期一次查理，如凝实堪以晒泥淋卤者，亦议起租抵课"②。尽管如此，新涨子沙毕竟不够稳定，即使将之勉强纳入抵课，也不过是杯水车薪，难救一时之急。在这种情势下，徐元旸仍坚持把七八九围的新老沙埠一起计算过来，与四五六围"通融均派"，才可解燃眉之急：

> 埠土自系朝廷锡予，非比民田，各置专一，假如一九围催逃灶绝，报出五六围空丁顶补，其埠即系五六围顶丁之业，岂得私相买卖，专以某围赡某围，某甲赡某甲。为今之计莫如扒平统算，东坍西补，西缺东偿，下得彼此周全，上得推恩近易，则绝灶有埠□顶，逃催有灶思归矣。③

鉴于四五六围面临难以起课的窘境，徐元旸不得不搬出"王土王民"的大道理，用以抵制"专以某围赡某围，某甲赡某甲"本位主义思想。并向七八九围的催灶承诺，今后"倘四五六围沙土涨增，亦照前例清丈，

① 《两浙都转运盐使司嘉兴分司西路场盐课司为出巡等事（二）》，《剂和悃诚》下册，第 69 页。
② 《两浙都转运盐使司嘉兴分司西路场盐课司为出巡事（二）》，《剂和悃诚》上册，第 31 页。
③ 《万历三十五年十一月初五日蒙嘉兴分司徐批发催灶黄阶张宾王琛等呈为恳天一视同仁丈土清丁立石永遵均泽事》，《剂和悃诚》下册，第 64 页。

估计造册,均分衰益,以西仓灶埠赡西仓盐课"①。将"仓"作为沙埠分配最基本的核算单位,既透露出盐场一条鞭法改革进程中的某些重要迹象,也使"见丁计派"谎言被彻底戳穿,为了保证盐课的征收,盐场官员不得不对豪强兼并沙埠的行为做出一定程度的让步。当然,均摊沙埠的最终促成,绝非徐元旸一人之功,时任巡盐御史的方大镇也功不可没,据《海宁县西路场报功祠记》载:"惟是埠沙决徙无恒,贫丁之埠,故者海若夺之,新则豪右夺之,其存几何? 御史方公均溃涨定征派,而租得与埠消息,西路视诸场,自是无畸害焉"。此处之所以选择以徐元旸的行为为中心进行叙述,主要还是由于《剂和悃诚》收录了多篇徐元旸的文章的缘故。

就在西仓六围进行沙埠"扒平"改革的同时,另外一桩针对西路场缺土淋煎的赡灶之举也渐次展开。万历三十五年(1607)七月,经巡盐御史方大镇批准,允许西路灶丁"借许村余土淋卤回煎"。此法虽"止救煎灶十一之急,而远乡十九多命待哺嗷"②,但对于实际从事盐业生产的贫灶却意义深远。

与西路场同在海宁县的许村场,"老沙延袤百里,每岁产盐,纳计二十余万",借给西路场灶户的却全是新涨之埠,"低洼潮没,难以建舍"。而能够不辞劳苦前往借土摊煎者,基本上都是地地道道的贫灶,即便他们想要"建庐舍,置锅盘,挈家搬运茕困",也往往缺乏资金③。故一般采取"直于本埠括土取卤,回场煎办"的办法,进行盐业生产。

然而,回场煎办同时也意味着回场掣卖。由于两浙各场盐引价格

①　《万历三十五年十一月初五日蒙嘉兴分司徐批发催灶黄阶张宾王琛等呈为恳天一视同仁丈土清丁立石永遵均泽事》,《剂和悃诚》下册,第 63 页。

②　《万历三十六年二月二十八日蒙本分司批允催灶朱伟俟等呈为远近沾恩永遵德政事》,《剂和悃诚》上册,第 28 页。

③　《万历三十五年八月十七日蒙钦差巡按御史方批发西路场催灶金有马元顾明等呈》,《剂和悃诚》下册,第 50 页。

不一，"西路引贱，仁〈和〉、许〈村〉引贵"①，在许村场刮取盐卤，回西路场摊煎烧卖，则很难保证没有不逞之徒借机夹带私贩②，这或多或少触犯了掌握许村场管理权的杭州盐商的利益。他们担心"运卤回场，杭商买补不敷"，且必致私贩。于是百般阻扰西路场灶户刮土回煎，并强制其在本地就埠煎烧，"改仁许掣销"，甚至提出"盐贮许村，另设新仓，听彼商买补"的要求。西路场催灶金有、马元、顾明等显然不同意这种说法，他们宣称，该场灶户跨境借土煎盐前，已向西路之商预借资本，"少者数两，多者拾余两，若使盐归彼商，则西路之灶将何完商？西路之商将何销引？"再者，"昔年许村坍则借租于西路，今日西路坍则借租于许村"，互通有无，乃二场一向遵守之惯例。西路借煎许村之举，遭到如此多的阻力，也是方大镇始料未及的，他在发出"杭商于西灶既慨然于当日之允借，何恣然于今日之淋煎？"的感叹之后，力图调和杭州盐商和西路场灶之间的关系："商灶本系一体，情形各有缓急……倘异日西路涨，则仍旧故土，不许久恋，若许村坍，则亦可借西路回煎之例，不许抗执。在西路今日不得再有觊觎之心，在杭商不得再生别议，在他所不得妄援引例刻榜"③。在他和徐元旸等盐运司官员的极力斡旋下，才使西路场借邻土运煎的风波告一段落。

五、结论

西路场在万历年间的诸多改革举措，通过《剂和悃诚》的生动呈现，为后人了解明后期两浙盐场赋役制度的变化打开了一扇窗口。从中我们不仅可以发现西路场在两浙34场中的独特性，如丁多荡寡，如涨坍不

① 《万历三十五年八月十七日蒙钦差巡按御史方批发西路场催灶金有马元顾明等呈》，《剂和悃诚》下册，第50页。
② 《浙东山埠采买柴薪文卷》，《剂和悃诚》下册，第49页。
③ 《万历三十五年八月十七日蒙钦差巡按御史方批发西路场催灶金有马元顾明等呈》，《剂和悃诚》下册，第52页。

一等等,也可透过灶田优免制度的一系列改变,体察到课税客体"从丁到田"的结构性转型。梁方仲先生早就注意到一条鞭法的核心乃是编派方法的统一,进而以课税客体及其根据的原则来分析赋役合并编派的具体方法①。就西路场而言,促使它改革的契机,一方面出于其自身生态条件的限制,另一方面,则是出于免田法对"无田不免"的制度缺失所致。

明中叶以后,西路场贫灶和富灶之间的分化日益严重,贫灶无力置田,无田可免,富灶诡报虚丁,优免毫无限制。虚丁的大量存在,使得明初延续下来的"计丁办课"制形同虚设,为豪强势要兼并沙墩打开了方便之门。更有甚者,民灶之间的相互影射诡寄的现象已非常普遍,"或本无田,而诡民田于灶户,希求冒免之恩;或本有田,而诡灶田于民间,规免总催之役"②。随着"计丁办课"与"照丁免田"之间的矛盾越演愈烈,西路场不得不援引下沙三场、三江场等盐场改革的成功经验,改以例免之银,抵概场应完之课,将一部分赋役负担课之于田地,并纳入州县的条鞭银系统代为征收,如此既可以在一定程度上起到均平盐课轻重的功效,也使盐场赋役制度中的课税客体从户或丁转移到田地之上。这些以限制灶丁优免权为出发点所引发的一系列制度连锁反应,与同时期江南地区州县所进行的均田均役改革有着类似的肌理,是盐场一条鞭法改革中最重要的环节之一,其意义比单纯的盐课数量的调整及其定额化要大很多。

万历三十五年(1607),围绕西仓六围沙墩的诸多争端,乃是新旧制度交替之际的产物之一。形式上的照丁分给灶地,不得不向以"仓"为基本单元的通融均抵妥协。最终,"仓"代替"丁"作为赋役核算的单位。而这与课税客体由纯粹的丁到田、丁各半的转变,亦不无关联。

(原文载《史林》2015 年第 6 期)

① 梁方仲:《明代一条鞭法的论战》,刘志伟编:《梁方仲文集》,第 76 页。
② 《两浙都转运盐使司为垦救偏患裕因苏灶事》,《剂和恫诚》下册,第 23 页。

代结语　在时空交织下探索明清时代的制度与社会
——吴滔教授访谈录

采访时间：2021 年 3 月

采访地点：中山大学历史学系（珠海）

采访记录及文字整理：中山大学历史学系（珠海）中国社会经济史专业博士研究生徐伟庆

问：吴老师您好！感谢您于百忙之中接受此次采访。首先想请您分享早年的求学经历，谈谈您为何选择历史研究这条道路？

答：我走上历史研究的道路应当说是在各种因素交织影响下的结果。我从小辗转生活在西安、南京等文化古城，在这些古城浓郁的历史氛围熏陶下，我对历史萌生了初步的兴趣，也因此去翻阅了许多历史小说、古典名著乃至我姐姐使用过的历史教科书。在中学阶段，受益于这种阅读喜好，我在历史科目上的学习得心应手，这在某种程度上也成为我填报大学志愿时的指挥棒，1987 年我考入苏州铁道师范学院的历史学专业。

进入大学以后，我遇到了许多优秀的老师。苏州铁道师范学院的世界史专业,尤其是苏联东欧史方向素有一定的积淀,比如曾为我们授课的姚海老师在苏联东欧史学界可谓声名显赫;芮传明老师是当时国内唯一的中亚史博士,师从复旦大学历史系章巽教授,给我们讲授世界中古史。在中国史方面,我也有幸得到许多优秀学者的教导。例如,费国庆老师关于辽代经济史的研究、黄佩瑾老师对明代城市经济和国内市场的讨论等,都令我印象深刻,在此实在难以列举。另一方面,当时同学们也形成了浓厚的学习氛围,我们时常共同讨论学术问题,有时甚至会为一个问题争得面红耳赤,这种学习上的交流与思想上的碰撞让大家都受益匪浅。当时的同班同学南开大学历史学院的余新忠教授、上海大学文学院历史系的王敏教授等,现已在历史学界做出诸多有影响力的学术成果,多年来我们一直是相互砥砺的学术知音,保持着密切的联系。

从个人层面来说,我在上大学后始终保持着热爱阅读的习惯。大一时,我们的教室在四楼,图书馆在一二层楼,在下课后甚至课间休息时我常常钻进图书馆广泛地翻阅各类书籍,除了历史学专业以外,我也热衷于阅读哲学、政治学、社会学等学科的经典著作。当时对书中的许多内容未必能深入理解,我就采取不断抄书的方式加深印象。时至今日,许多具体的知识也许已经慢慢被我淡忘,但这种人文社会科学通识的培养与熏陶对我的学术历程一直有着深刻的影响。在广泛接触各个学科时,其实我也曾产生过转向哲学等其他方向的想法,但在本专业良师的引领与益友的砥砺下,我还是继续选择走在历史学的道路上。

除了上面谈到的这些之外,我的家庭也对我的选择产生重要的影响。我的父母都是理工科的大学教授,虽然专业不同,但科研精神是相通的。在耳濡目染下,我认识到要做好一件事情,光有兴趣还不足够,更需要有持之以恒的努力。他们身体力行地告诉了我:一辈子坚持自己的兴趣爱好是最快乐的事情。

问：您在本科毕业后进入了南京农业大学中国农业遗产研究室，该机构有着深厚的农史研究积淀，能否与我们分享这一机构对您的影响？

答：在南京农业大学中国农业遗产研究室（以下简称"农遗室"）的近十年光阴是我真正开始进行历史学研究的学术起点。南京农业大学农遗室成立于1955年，其前身是万国鼎先生在金陵大学创建的农业史资料机构。万国鼎先生在金陵大学时期就十分重视中国农史文献资料的整理，在南京农业大学农遗室成立后更是不遗余力地选派研究人员分赴全国各地搜求各类农史资料，集众人之力抄录出近1700册的《农史资料》《地方志农史资料》《农业史剪报资料》，被国内外学界誉为绝无仅有的中国农史资料大型孤本；编辑出版《中国农学遗产选集》（上编）等泽被后世的农史数据，因此在农史学界享有"万积山"的美称。

在万国鼎先生开创的这种学术传统下，南京农业大学农遗室几代学人取得的成果均引人瞩目。我在1991年进入南京农业大学"农遗室"时，依然感受到这一学术底蕴深远持久的影响。譬如，万国鼎先生辑释的《氾胜之书辑释》（中华书局，1957年）和校注的《陈敷农书校注》（农业出版社，1983年）、陈恒力先生校释的《补农书校释》（农业出版社，1983年）、缪启愉先生校释的《四时纂要校释》（农业出版社，1981年）和《齐民要术校释》（农业出版社，1982年）、李长年先生校注的《农桑经校注》（农业出版社，1982年）等，均是古籍整理与研究的经典著作。

这种从文献出发的研究路径也直接影响了我选择从事江南社会经济史的研究。我在进入南京农业大学农遗室以后，也沉浸于书本的世界中。有一次，我在图书馆发现了此前南京农业大学农遗室集体编修《太湖地区农业史稿》（农业出版社，1990年）时搜集的数十册太湖地区相关史料，这些丰富的资料汇编成为我了解和思考江南经济史研究的一条线索。1993—1996年我在南京农业大学"农遗室"读硕士研究生，指导老师是叶依能先生。在我读硕士研究生之前，叶先生就曾委派我撰写一篇关于明清农业自然灾害的研究综述,这是我在学术刊物上发表的第一篇文章(《建国以来明清农业自然灾害研究综述》,《中国农史》1992年第4期)。接续着对农业自然灾害的关怀,我选定"明清苏松仓储制度研究"作为硕士论文题目,更加坚定地循着南京农业大学农遗室从广泛搜集与整理文献出发的研究路径。当时,但凡翻阅到与仓储制度直接或间接相关的数据,我都会认真摘抄下来,最后形成了超过七十万字的硕士论文史料长编。

除了重视文献的搜集与整理之外,南京农业大学农遗室的另一大特色是注重历史学与农学的跨学科结合式培养。在1991年刚刚入职的时候,单位领导就安排我修读了作物栽培学等农学类课程,一辈子专研棉花的高踦教授在课堂上为我们讲授棉花种植的场景,现在回想起来我还历历在目。尽管当时我在上这些农学课程时也会感到艰涩和吃力,但在数十年来研治社会经济史的过程中,还是清晰地感觉到(有必要掌握)棉花种植、水稻种植这类知识。这种跨学科视野的追求与培养不仅在我心里留下深深的烙印,也对从南京农业大学农遗室里走出的许多优秀学者产生很大影响。比如,上海交通大学历史系的曹树基教授曾向我分享,他在南京农业大学农遗室期间还学习了农业统计学,这对他进行中国人口史研究帮助极大。

除了曹树基教授以外,从南京农业大学农遗室还走出了陕西师范大学历史文化学院的萧正洪教授、南开大学历史学院的王利华教授、复旦大学中国历史地理研究所(以下简称"史地所")的王建革教授、武汉大学历史学院的杨国安教授等许多富有影响力的学者,在学界有所谓"南农现象"的美称,我想这种现象的出现与刚刚提到的南京农业大学农遗室优秀的学术传统有着紧密的关联。这些出色的学者对新人也持续予以关注和帮助,进而又促成新一批出色学者的出现。正是在曹树基教授的鼓励和帮助下,2000年我选择了进入复旦大学跟随葛剑雄先生读博士。

问：如您刚刚所说，您在南京农业大学农遗室期间于明清时期江南的仓储制度与社会赈济方面着力颇深，而进入复旦大学攻读博士学位后，您则将清代江南的城乡关系作为论文选题，为何会发生这一研究转向或者说学术拓展？

答：在进入复旦大学史地所后，起初我的想法也是在硕士论文的基础上继续进行明清江南赈灾的相关研究。当时我在这方面已经形成一定的研究心得，也写出了一些有影响力的学术论文，如《清代嘉定宝山地区的乡镇赈济与社区发展模式》（《中国社会经济史研究》1998 年第 4 期）、《清代江南社区赈济与地方社会》（《中国社会科学》，2001 年第 4 期）等，可以说已经搭建好了博士论文的基本框架。

但葛剑雄老师并不支持我的初始想法。他认为这个题目的视野稍小，以我的学术基础不应该一直在这样的问题上发力，应当勇于拓展自己的学术园地。我在听完葛老师的意见后深以为然，也乐意进行自我挑战，但在新题目的选择上，我们并没有很快达成共识。不久后，黄宗智教授要举办《中国乡村研究》的创刊会议，邀请葛老师参加。葛老师因故不能出席，便委派我代表他参加。在讨论参会题目时，葛老师从他在南浔的生活经验出发，提示我"在城与在乡"的议题值得关注。我听完以后兴趣盎然，在细密梳理相关学术史的基础上，又大量阅读了方志、家谱等各类史料，最后我不仅带着这个问题去参加了黄宗智教授举办的会议，也将"清代江南的城乡关系"作为自己的博士论文选题。

城乡关系问题是一个古老而又常新的问题，学界常以城乡二分法或者城乡连续体来概括传统社会的城乡关系：前者从人口的规模与密度、居住形态和社会异质性的角度，将城乡分类进行论述；后者则完全打破二分法的框架，认为城市和农村各有其存在价值和功能，两者共同构成了一个完整而不可分割的共同体。随着城市化理论的流行，连续体说逐渐占据了上风。在城市化理论的影响下，从农村这一极向城市这一极的连续变化被设想成一个理所应当的过程,各种聚落形态都可以被确认为这一轴在线的某个位置。具体就江南市镇研究而言,我观察到以往明清江南市镇史的研究,更关注的是市镇的"中央性"机能。或者强调市镇在经济、文化、生活等方面无比强大的"向心力",或者从特定区域以外寻找研究空间,热衷跨区域的比较及与国内、国际市场的经济联系,很少注意市镇与农村之间的关系,乃至将农村在城乡关系中的位置悬置起来。

在撰写博士论文时,我致力于将经济、社会、文化等静止的要素还原到流动、鲜活的历史过程中去,通过揭示这种过程中的种种复杂关系,力图超越把研究单位简单地划分成二元对立的格局,以一种"模糊"的解释策略来避免"城乡一体"或"城乡二元"的简单理解模式,最终写成《流动的空间:清代江南的市镇与农村关系研究——以苏州地区为中心》,并在修改后以《清代江南市镇与农村关系的空间透视——以苏州地区为中心》(上海古籍出版社,2010年)为题付梓。

问:在博士毕业后,为何您选择南下中山大学历史系任教?这对您产生了怎样的学术影响?

答:在我此前的求学中,已经受到中山大学社会经济史研究的不小影响,梁方仲先生、陈春声教授和刘志伟教授的研究都给我带来巨大的启发。硕士期间我在关注明清仓储制度时曾阅读陈春声教授的《市场机制与社会变迁:18世纪广东米价分析》(中山大学出版社,1992年)一书,书中第四章对清代广东的赈灾和仓储制度的讨论精深独到,成为我思考明清苏松仓储制度的基点之一。

1998年8月,中国社会史学会在苏州大学举办"家庭、社区、大众心态变迁"国际学术研讨会,我在参会时第一次见到陈春声教授和刘志伟教授,但并未有机会进行交流,只限于对前辈学者的远远仰望。一直到参加《中国乡村研究》创刊会议,我终于与陈春声教授和刘志伟教授进行了正式的学术交谈，会上两位老师对我指导良多，也对我予以了较大的肯定和鼓励。

2002 年 12 月，柯文（Paul A. Cohen）在中山大学举办讲座。当时中山大学历史系邀请并资助了一些在读博士和青年学者前去听讲，我也怀着好奇心南下学习，一直到现在，我还清楚地记得讲座的主题是"1949——含混的中国历史分水岭"。这趟学习之旅是我第一次来到岭南地区，它加深了我对广州和中山大学的了解，再加上此前与陈春声老师和刘志伟老师的密切交流，让我感觉到这是我向往的工作环境。于是 2003 年博士毕业后，我选择南下广州，成为中山大学历史系的博士后，并于 2005 年以"百人计划"正式入职中大历史系。

中山大学历史人类学研究在当时已是如日中天。尽管我在进入中大前已经了解华南研究的许多成果，在阅读时触动很大，但我此前受到的学术训练主要还是学院式和书斋型，对华南研究中田野考察的领悟还不够充分，所以刚来时我受到比较大的学术冲击。2003 年我参加了第一届历史人类学高级研修班，在第一次跑田野时，温春来老师、黄志繁老师等人四处读碑，我看得云里雾里，在晚上讨论时也提取不出重要的内容。但随着不断地参与田野考察，加上科大卫、刘志伟、陈春声、郑振满、赵世瑜等各位老师在研修班上对族谱、碑刻、契约、传说等田野文献的讲授，我对历史人类学的感知也越来越深入。之后，我开始担任历史人类学高级研修班的导师，这又形成新的挑战和动力，激励我进一步自我提升，于是我在田野考察方面的功力与日俱增，在长期实践摸索中愈发自信。

除了历史人类学的研究路径之外，通过系统性的阅读及向各位老师的请教，我对中山大学社会经济史研究传统的理解也不断深化。现在回看早年写的文章，我感觉到自己的文风变化颇大。早年在写论文时，我有时思考问题还是稍显结构化，而在中山大学历史学研究传统的熏陶下，我感觉自己对历史学的理解变得更为通达圆融。

问:在您的论著中可以感受到您对日本学界中国史研究的熟稔,您也与佐藤仁史等日本学者长期保持密切的学术交流与学术合作,能否谈谈日本中国史研究对您的影响?

答:日本中国史研究对我的影响确实贯穿于我的求学生涯。早在上大学的时候,我已经开始接触一些日本学者的研究,但当时信息渠道有限,主要是通过《中国史研究动态》简单了解,整体上其实还是所知甚少。在南京农业大学农遗室从事明清江南仓储制度和社会赈灾研究时,我对日本学者的相关研究十分关注,尤其是夫马进的《同善会小史——论明末清初在中国社会福祉史上的地位》(《史林》65 卷第 4 号、1982 年)一文。当时我的日语学得还不太好,常缠着一位学日语的好友帮忙翻译,从中得到很大的启发。在此期间,台湾学者刘石吉教授曾去我们机构进行访问,我就硕士论文主题"明清苏松地区仓储制度"向他进行请教,他热心地向我推介了日本学界在江南社会经济史研究领域的许多重要学者,如森正夫、滨岛敦俊、岸本美绪等等,这也成为我当时了解日本中国史研究的一条线索。在读博期间,我更加广泛地翻阅了日本学者对中国社会经济史研究的丰硕成果,森正夫、稻田清一、川胜守、滨岛敦俊、岩井茂树等学者的相关研究对我撰写博士论文产生巨大影响,也成为我在博士论文中重要的对话对象。譬如,在处理明清江南城乡聚落等级与民间信仰等级之间关系的问题上,我注意到滨岛敦俊对"解钱粮"现象的解读,存在强调市镇对农村具有绝对统治地位的预设,对民间信仰在地方社会历史过程中所起的主动作用也有所忽略。

谈到学术交流和学术合作,我与佐藤仁史的结识始于刚刚提到的1998 年举办的"家庭、社区、大众心态变迁"国际学术研讨会。当时我们在同一组报告并负责互相点评,我的报告是嘉定县粥厂赈济的相关问题,佐藤仁史的报告主要分析上海县郊外农村的领导阶层所进行的乡土教育。在交流的过程中,我们感觉到彼此关心的问题有很多共通之处。比如，江南的基层社会、江南乡镇社会的空间性及其变迁等等。由此，我们成为学术知交，一直保持密切的学术交流。2002 年 8 月，我们一起在江南各地公藏机构对地方文献进行合作调查，发现相当丰富的不为人所知的文献资料，那种共同的亢奋感至今仍记忆犹新。

2004 年暑假，佐藤仁史介绍我以中方合作者的身份，加入兵库县立大学太田出助教授为中心的太湖流域社会史研究班，这个研究班受到日本 2004—2006 年度科学研究费基盘研究 B"有关清末民国时期、江南三角洲市镇社会的结构变动与地方文献的基础研究"的资助。在搜集和整理地方文献的过程中，我们逐渐达成一种共识：在文献调查的基础之上，也有必要加强实地考察在研究计划中的分量。此后数年，我们以吴江为中心，全面铺开实地考察工作，采访了数百位来自各个阶层的人士。当然，在合作过程中也难免存在不同学术风格的碰撞与磨合。当时我已深谙中山大学历史人类学的研究取向，佐藤仁史将这种风格敏锐地概括为"在田野中解读史料"；佐藤仁史则受到福武直、滨岛敦俊等两代日本学者调查传统的影响，重视将实地调查所获取的原始数据转换成成熟文本，也许可以称为"在田野中制造史料"。这两种工作风格虽各有侧重，但在方法论层面上并没有本质的异趣，共同构成我们持续合作的基础。我们目前合作出版的两本专著《嘉定县事——14 至 20 世纪初江南地域社会史研究》(广东人民出版社，2014 年)、《垂虹问俗——田野中的近现代江南社会与文化》(广东人民出版社，2018 年)也是长期学术交流与不同研究风格相结合的产物。

在密切的合作过程中，我常与佐藤仁史探讨日本学界中国史研究的许多问题。通过这种讨论，我对日本中国史研究的整体学术脉络具备更为充分的了解，对自己翻阅过的许多日本中国史研究的经典作品也有了更为深入的理解。在参加太湖流域社会史研究班的实地考察工作中，佐藤仁史常邀请他的导师山本英史先生参与讨论及进行指导，因此我对山本英史教授也较为熟悉。在准备出版《嘉定县事——14 至 20

世纪初江南地域社会史研究》一书时，佐藤仁史提议邀请森正夫先生撰写序言，于是我们将书稿呈交给森正夫先生。森正夫先生十分认真地写出了一篇极为出色的序言，而我与森正夫先生之间直接的学术交往也由此开始。

除了精深的学问之外，许多日本前辈学者奖掖后学的精神与气度也令我折服。在 1998 年的"家庭、社区、大众心态变迁"国际学术研讨会上，我还结识了川胜守教授。当时他正在关注农史领域的研究，得知我来自南京农业大学农遗室后，赠予我十几本论文的抽印本，令我感动与鼓舞。在与森正夫先生结交之后，先生每有学术成果出版都会赠予我一份，也时常关注我的研究进展。

在经年累月的广泛阅读与紧密深入的学术交流中，我对日本学界中国史研究相对熟悉。近年来我还与厦门大学的陈永福老师一起在编译《日本学者明清赋役制度史研究》，相关工作基本上已经完成，在不久之后应该就会问世。

问：多年来您深耕于江南社会经济史研究领域，形成诸多丰厚的研究成果，提出"前乡镇志研究"等具有影响力的研究路径，能否分享您在这一领域的研习心得？

答：江南地区从唐宋开始逐渐成为中国的经济中心，以太湖流域为核心的江南地区步入全面开发的历史进程之中，聚落结构和各种社会空间要素都出现重大变迁。其中，我认为最为突出的表现是市镇网络的形成，大量原本是乡村的聚落纷纷演化成为市镇。尤其在明中叶以后，当地传统市镇的军事及行政机能进一步退化，商业机能日渐凸显，其规模和数量远超过宋代。到了盛清时代，市镇经济已经呈现出空前繁荣的景象，市镇和农村之间逐渐形成一种生产、贸易、文化与信息传递的连锁体。

但明清时期并不是市镇形成的逻辑起点，如果完全不了解"成镇"

之前更早的聚落形态，就很难弄清楚市镇作为一种新兴的聚落层级如何选址并取得相对于周边聚落的区位优势。尽管也有一些学者从自然地理基础或者交通角度强调一些市镇的"区位"优势，但这些也只是区位理论所需要考虑的诸多因素之一。因此，我认为需要以具体的市镇为例，全盘考虑多种要素在其中所发挥的作用，并结合更大的空间尺度与区域背景进行思考。以此为出发点，我对南翔、安亭、陆家浜、濮院、章练塘、唐市等多个市镇的产生、发展与运作均进行过深入的思考与讨论。

要规避关于市镇的先入之见，必须时刻警惕市镇研究中可以说最重要的史料——乡镇志的"史源"问题，避免脱离历史语境或单调重复地使用这类史料。我曾投入较大精力将现存的所有乡镇志都翻阅过一遍。从生成年代来看，现有乡镇志大多数书写于清中叶以后，这类史料自然不能直接用来印证明代甚至宋元时期的历史事实。面对这些相对晚出的史料，我认为有必要留意清中叶以前"前乡镇志"时代各种文献的不同说法，追溯具体社区的人群活动和权力关系，结合对于地域社会影响较大的制度改革、社会变局进行知识考古，从中寻绎出与市镇兴起有关的人群的实践路径和策略，以便更好地理解相对晚出的乡镇志文本编纂中的权力话语。

以嘉兴府濮院镇为例，该镇的清代文献中流行的"开镇"故事颇为传奇：濮院镇古名"槜李墟"，宋建炎以前系一草市。待高宗南渡，著作郎濮凤以驸马都尉扈驾临安，于是卜居于此。其六世孙濮斗南援立理宗有功，擢升吏部侍郎，诏赐其第曰"濮院"，镇因兹得名。元大德间，濮氏后人濮鉴广置田宅，铺路造桥，大建寺观，设"四大牙行"，主营机业，四方商人因此云集濮院，遂无羁旅之苦，故又名"永乐市"。这也一度成为濮院镇研究中的主流观点。事实上，通过对读清中叶以前的其他史料，可以发现，濮院的传说基本上是居住在府城市心街的"濮氏"（又称"郡居濮氏"）在明万历以后出于家族利益而创造完善。随着织业技术革新，万历中叶濮绸逐渐热销，濮院附近各大家族纷纷购田置宅，导致地价飞涨，"加值过百金"。"郡居濮氏"通过创造祖先传说，"攀附"元代濮院巨族，试图追认并继承元代濮鉴等人在濮院添置的诸多产业，确立他们在濮院的地位和权力。这种历史书写逐渐被接受为"历史事实"的例子在江南并不少见。

对于明清江南市镇研究这一底蕴深厚的领域，除了对文本的反思与再解读之外，我认为综合性研究也必不可少。我在从事市镇研究时常常从赋役改革、社群流动和地方社会变化等角度出发，从空间结构的历时性演变入手，将人群的活动和制度的实际运作填充其中，重点考察市镇在乡村聚落中兴起的机制，以及市镇区划空间形塑的过程。以此为基础，再结合"前乡镇时代"文献的爬梳，探讨市镇形成之前聚落的早期历史，同样具有非常重要的意义。

以嘉定县南翔镇为例，南翔从聚落形成之日起，就与南翔寺之间纠葛不断。该镇最早的文物是唐代的一个寺院经幢，现在还保存在南翔镇的古漪园中。另一则有关南翔早期历史的记录，出自南宋初年《中吴纪闻》中记载因白鹤聚集而引发建寺的传说。到了元明之际，南翔寺附近的十字港格局基本奠定，人们开始围绕聚落名称的由来，尝试处理这两个版本之间有关聚落早期历史叙事的矛盾之处。到了明正德前后，伴随着南翔镇的日益发达，市镇建筑以十字港为中心的空间垄断倾向愈发明显，并正式形成了唐代经幢和宋代传说相互融合的趋势，其历史已被当地人前推到南朝萧梁时代，"因寺成镇"的说法初现端倪。入清以后，随着市镇空间进一步拓展并稳定下来，乾嘉学派的著名学者钱大昕制造了一个完整的南翔镇的历史谱系，强调南翔镇跟南翔寺的关系，把南翔镇的历史捆绑于佛寺的发展，正式提出了所谓"寺居镇之中，镇以寺始，一寺兴废，系一镇盛衰"的说法，将"因寺成镇"的空间历史叙事加以定型。"因寺成镇"作为一种独特的权力话语，并不是要反映它追溯的那个年代的历史事实，而是后人刻意凸显清中叶该镇空间一体化的某种策略。

总而言之，明清时期是江南市镇聚落兴盛的关键时期，但正如刚刚讲到的，现存的江南乡镇志大多是清中期以后所修，这些文献在追溯宋元旧闻时，难免有不够准确甚至失实的地方。所谓回归"前乡镇志"时代，就是要利用现存的少量明代以及之前的乡镇志，结合碑铭、文集、笔记等其他文献，对市镇早期历史的叙事进行必要的知识考古，将不断"层累"的文献放回到具体的历史场景中，挖掘具体人群和事件所起的作用，从中条分缕析出不同时期发生在各个市镇中的各种制度的衍化，进而分析各个"市镇"不同抑或相同的历史如何被创造，重新反思江南市镇起源以及街市布局成型的历史过程。

在这个基础上，我认为还需要将"结构—过程"、"经济—社会"等视角和分析手段引入市镇研究中，动态地把握市镇与乡村聚落格局的演变，尽量"复原"市镇在空间、制度、文化等多条脉络交互作用下产生、成长的复杂过程，突破以往市镇起源研究中区位决定论等单线逻辑的解释模式，从时空、文献和制度等多个维度推进江南市镇史的研究，从而为理解唐宋以来中国经济重心南移和江南社会的发展机制，提供一条更为清晰的历史演变的脉络。

问：近年来您对南岭区域具有浓厚的研究兴趣，在国内外均有相关成果发表，为何这一区域吸引了您？能否分享您对这一区域的理解？

答：可以说南岭区域是我和谢湜老师、于薇老师进行历史地理学探索与尝试的一个试验场。2003年，我在取得历史地理学方向的博士学位后，入职中山大学历史系做博士后，当时中大历史系已经有近20年的时间没有历史地理学方向的教师和课程。我博士后出站后，谢湜老师和于薇老师也相继从复旦大学史地所来到中山大学，于是我们三个自然而然地形成了一个历史地理学的研究团队。

在历史地理学方向课程的设计中，一方面，我们重视共同阅读地理学领域中的经典作品与基本理论,如区域学派的代表学者阿尔弗雷德·赫特纳(Hettner·Alfred)、R.哈特向(R·Hartshorne)等人的研究。在地理学区域学派的影响下,我感觉到社会史取向下的区域研究已经受到广泛的关注,但地理学取向下的区域研究还有值得探索的空间。另一方面,我们在开展历史地理学教学时十分注重实地考察,南岭最初是我们开展本科生和研究生实践教学的一个教学点。同时,在2010年前后,由于当时于薇老师对潇水流域的关注,我们对马王堆汉墓帛书古地图产生兴趣,于是开始实地探寻古地图上的九嶷山、深平、春陵等关键地点。在实地探寻与历史教学的过程中,当地族群杂糅、卫所林立的山地聚落空间形态愈发勾起我们的兴趣。

南岭是连接长江流域与珠江流域的要道之一,具有沟通南北的功能,从长时期的历史来看,南岭区域的南北信道随着各朝代首都的地理位置不同,而有东西移动的变化,具有高度的流动性。王朝国家的力量很早就进入南岭,现存马王堆汉墓帛书古地图就已经有驻兵的图示,五代时南汉和马楚政权都在这里留下深刻印记,宋至清此地都有王朝号称"难治"的瑶人,此外又有客家人,汉人则更不必说,相对稳定的族群关系与族群秩序是王朝国家治理南岭区域时的关注点之一。由于南岭具有"内边"的特质,有明一代在南岭设置了数量较多的卫所,如江永的桃川所、枇杷所等等,在进行实地考察时,这一点给我们留下深刻印象。尽管清代卫所裁撤,但明代的这一制度烙印有可能持续对当地社会产生影响。由于我们一直尝试将中山大学的社会经济史研究与历史地理学研究相结合,以及受到施坚雅所提出的融会贯通的市场网络概念影响,我们对这一区域的市场问题也具有浓厚的兴趣。我认为族群、卫所、市场可以说是南岭地区最重要的区域要素。

当然,这并不意味着其他要素不重要,而是这三个要素可以视为理解这一区域的一组核心要素集群。在地理学取向的区域研究中,我认为既要关注某个区域内部不同要素之间的关系和组合,也要注意不同区域尺度下的空间联系及其差异。族群、卫所、市场要素群的选择并不是一种书斋中的推想，而是立足于我们在这一区域进行过大量实地考察的丰富经验。在南岭的田野考察中，我们不断地变换着空间尺度，探寻过的地方远远比我们的研究成果来得多。通过这种空间尺度的变换式考察，我们不断地检验着这些要素集群的共性与特性。在南岭这个试验场中，我们希望融合历史地理学、历史人类学和社会经济史各自的研究传统，尝试做出具有突破性的区域历史地理研究。

问：您目前正在主持国家重大社科基金项目"明代价格研究与数据库建设"，能否谈谈您在推进这一项目时的研究体会？

答：这一项目具有十分重大的学术意义，也极具挑战性与复杂性。从我个人的学术历程来说，我在硕士期间进行仓储制度研究时已经关注到常平仓的设置与物价息息相关，当时也进行了一些计量研究的初步尝试。此后，在进行江南社会经济史研究时，我也在一些文章中探讨过市场的发育与银钱使用的问题。近年来，我对嘉定官布问题较为关注，布价也是明代价格数据中留存相对丰富的一种。对我来说，主持这一项目既是对我研习明代社会经济史的一种阶段性学术总结，也激励着我进一步拓宽自身的知识边界与学术视野。

在现代社会，物价的变动被认为是一种极为重要的经济指标，它可以显示货币购买力的升降、工商业的动态以及人民的生活状况，因此经济学家们热衷于编制物价指数，作为一般物价变化趋势的指标。通过物价指数，可以校正商品价格，给人们以比较清晰的实际价格。但在清代实施粮价奏报制度以前，中国古代不仅没有明确的物价指数的概念，甚至连相对正式的商品价格都极其缺乏，更遑论将零散的数据整理成系列的计量数据。因此，明代物价史料的搜集无论是从难度还是复杂性来说，均和前代没有本质差别。

现有明代价格数据的收集多集中于粮价，而绢价、布价、工价及各类农副产品等价格则尚付阙如。就粮价的收集而言,由于明代并没有形成清代系统的粮价奏报制度,粮价数据散见于各类数据中,在时间和空间上分布也不均衡。更重要的是,文献中的价格数据往往来自不同的体系和脉络,大体可分为市场价格和财政价格两类。以往的研究中往往对这两类价格不加区分、混同使用,呈现出混乱的面貌。官方文献中记载的价格大部分是为官价,多是政府出于赋税征收、军事供应、物料采办等超经济强制手段在特殊情况下记录的价格,通常表现为折价、灾荒价格、召商价等,与市价的关系复杂,不能简单地等同于市价。即便市价被较为准确地记录下来,但由于一般不是通过直接生产者相互之间的自由交换所形成的价格,也可能具有偶然、恣意决定的倾向。例如,直接生产者的商品出售往往迫于生计而进行,"贱买贵卖"的现象非常普遍。因此,明代价格史料的系统收集和分类整理是本课题所应处理的基础问题。

从数据库建设的角度来看,近年来数据库的建设在历史学研究当中越来越受到重视,并逐渐改变着当今的学术研究方式,背后体现了历史学科学化、计量化研究的发展趋势。数字技术在史学的应用,有效地扩展了研究史料和研究对象的范围,能够从数据结构上提供更多隐藏的信息和关系,也为开展国际比较提供了前提和基础。中国在这方面的发展并不落后于国际水平,然而,现有的数据库仍然存在不足之处,我认为主要表现在以下两点:一是纵观各数据库的内容,主要集中在人口和地理信息两个主题上,而专门的价格数据库建设,至今为止只见于王业键的清代粮价数据库,还有海量的价格史料有待数字化;二是多数中国学者往往更关注如何使用数据库,较少关注如何开发有针对性的数据库。现有的数字技术的利用手段较为单一,大多停留在对资料的直接存储、简单检索和统计分析上,我认为理想的数字人文应当包括可以通过文本挖掘重新组织、分析史料。因此如何改进数据库的设计和分析工具,也是我在推进这一项目时的关注点。

根据目前的项目设计，明代价格数据库建设将借鉴汤象龙、梁方仲、王业键等学者的成功经验，兼用数据库和现代统计表格的形式，对明代价格史料进行大规模数据统计分析。面对刚刚提到的明代价格的史料性质问题，我认为未来的工作或许可以围绕两个方向展开：一是探索公费账面化后徭役怎样以白银进行核算的问题，先尽量把"役"的因素定量化，再将之从折价中剥离出来，从而揭开市价的本来面目；二是采用相对价格的结构分析法，通过钞关、抽分厂的征收税则或者灾荒时期的异常物价所对应不同商品价值的比例关系，可推算出不同商品间的相对价格，从价格的整体结构上寻求突破。此外，我们的研究团队还打算综合利用 GIS 空间统计学中常用的全局性空间自相关分析（Global Spatial Autocorrelation Analysis）、局域性空间自相关分析（Local Spatial Autocorrelation Analysis）、空间回归分析（Spatial Regression Analysis）等空间分析方法，依托价格、收成、气候、灾害、仓储、税收、国民收入等方面的综合数据，为明代价格研究引入空间的视角。

概括而言，以往价格史的研究中往往有两种倾向。一种以历史学为本位，重视文献中对价格的定性描述，分析与价格相关的社会关系、权力结构等问题；另一种则受社会科学影响，重视对价格数据的计量研究，注意对相关机制的探求。在对明代价格史料系统搜集与数据库建设的基础上，我们将参照这两种学术脉络，展开定性与定量结合的研究：一方面，从文献中反映的价格分类出发，探讨明代财政折价与市场价各自的产生场域与机制；另一方面，结合数据库的计量工具，在更长的时段与更广的空间上进行明代价格长期趋势的分析与跨国比较，从而对明代财政与市场的关系、明代经济的历史定位等宏观问题作出响应。

以明代价格为切入点展开综合性、多层次、跨学科的研究，将有助于重新认识明清国家社会的运行机制，进而在全球史的视野下重新书写中国近世经济史。

问：除了学术研究者这一身份外，您也是一位深受学生喜爱的良师，可以分享您在高校历史教学以及硕、博士培养方面的心得吗？

答：在本科生教学方面，其实我也一直走在不断进行自我改进的道路上。在最初刚刚成为一名青年教师时，我就力图将学术前沿与研究心得传授给学生们，希望能让对这一领域真正有兴趣的学生能从中理解和思考各种重要的学术问题。常常有学生能通过我的授课明晰自己的学术方向，但也会有一些学生反馈说课程内容难度较大，不易理解。

这也许涉及到许多高校教师在授课时常遇到的一个难题：对有志于从事学术研究的学生来说，由于他们已经形成较好的阅读习惯与知识储备，讲授太多常识性内容容易让他们感到意兴阑珊；对未必太感兴趣的学生来说，输出太多干货又可能让他们听得云里雾里。多年来，我一直在寻求能兼顾这两类学生群体的授课平衡点。在这个过程中，开设面向全体学生的公选课程给我带来一些启发。在公选课上，我需要通过更具趣味性的方式，向非本专业的学生传授历史学的专业知识与思考方式。于是在开设面向本专业学生的课程时，我也逐渐尝试采取更加深入浅出的授课方式，希望能让更多同学有所裨益。当然，就核心教学理念而言，其实我未曾改变最初的设想，还是希望能在授课时提供更为丰富的思考维度与更为深刻的学术理解。

就硕、博士生的培养而言，总体上讲我一直坚信教学相长的道理，希望能和学生不断地进行平等的学术对话。面对硕、博士生们，我并不太喜欢给他们开列各种必读书目。比起开列书目，我认为更重要的是传授给学生读书方法、培养其读书习惯。毕竟，同一张书目其实难以适用于不同的学生，而学生如若能掌握读书之法，学会关联性阅读，就能够逐渐学会根据自身特点与学术兴趣形成属于自己的必读书目。读书并不是一项比拼记忆力的竞赛，而是逐渐促使自己的思考走向成熟化与体系化的成长过程。因此我在给硕、博士生授课时，每一学期都会更新课程的学习与讨论内容，在课堂上也注重通过精读经典的方式教给学生读书之法。

在指导学生撰写学位论文时，一方面，我还是充分尊重学生的学术兴趣与个人选择，比如我曾指导一个学生做江南方面的研究，结果她的关注点跑到高邮去了，我就提示她关注高邮就应当做漕运研究，阴差阳错之下，我也开始关注和从事漕运问题的研究。另一方面，我鼓励学生们要敢于去啃硬骨头，引导他们共同选择一些前人研究相对不足的领域，以期形成充分的共同讨论，使他们能够在彼此砥砺，以及关联性思考中将问题引向深入。近年来我指导的学生中最具特色的是两个方向的研究：一是漕运研究，二是藩王研究，正是在这种共同参与中，我们在传统议题中也发现了不少具有延展性的问题。

这种极具更新性的授课方式与培养方式也不断挑战着我的既有知识边界，有时难免会碰到我不太熟悉的议题乃至并不擅长的领域，但我也乐意去碰这些硬钉子，以身作则地去激励学生不断攻克难关。不论是本科教学，还是硕、博士培养，我都坚持同样的理念：既要重视学术传承，也要勇于进行创新。

（原文载《历史教学》[下半月刊]2021 年第 5 期）